Alberto Adriani

Antología

Barcelona **2024**
Linkgua-ediciones.com

Créditos

Título original: Antología.

© 2024, Red ediciones S.L.

e-mail: info@linkgua-ediciones.com

Diseño de cubierta: Michel Mallard.

ISBN rústica: 978-84-9007-672-9.
ISBN ebook: 978-84-9007-370-4.

Sumario

Brevísima presentación

La vida

Alberto Adriani (1892-1936) es una figura clave de la historia contemporánea de Venezuela. Adriani murió joven, en pleno ejercicio público. Graduado en Suiza de economía y ciencias sociales, pronto comenzó a escribir y interesado en temas económicos. La presente edición está basada en la de la Biblioteca de Ayacucho de 1998, a cargo de Armando Rojas, con el auspicio de la Fundación Alberto Adriani. En esta selección de textos sobre Venezuela, que Adriani nunca llegó a publicar, pone de manifiesto su lucha por erradicar la desidia que posterga el porvenir de un país; alimentar una economía fundada en principios científicos, y estudiar con criterio los problemas relacionados con la realidad política, económica y social de Venezuela. Alberto Adriani trazó una líneas nuevas para el futuro de su país adoptando los principios de la democracia, condenando las desigualdades y las estrechas tradiciones peninsulares.

La Venezuela que soñamos

Psicología comparada

El tipo criminal nato ante la sana filosofía

En esta época de revolución y de transformación profundas: cuando recogemos la herencia que nos dejaron los siglos XVIII y XIX, siglos de audaz revolución política y social, de atrevida reforma en todas las ciencias, en todos los sistemas, y en todo orden; en que la anarquía de las inteligencias, que la Reforma había provocado, descendió a la práctica, no dejando nada en su lugar; en que las ciencias recibieron nuevos elementos que cambiaron su faz y su futuro; en que el error se hizo Hidra de cien cabezas; en que las libertades recibieron nuevo poderoso impulso, y en que hasta el principio que había regido la evolución histórica cambió; cuando el materialismo ha cundido por todas partes desquiciando creencias y conocimientos; cuando el error de nuevas teorías ha invadido con audacia inconcebible los campos de la verdad; cuando las ciencias y principalmente las naturales avanzan con pasos de gigante, pareciendo que aun los errores se fortifican, es necesario que en el mismo campo y con las mismas ciencias con que los falsos sabios parecen vigorizar sus errores y combatir los dogmas de la ciencia verdadera, se esclarezcan y resuelvan los problemas que preocupan, huyan los ambages del error, y sobre sus escuálidas y desoladas ruinas, se alce el sólido e imponente edificio de la verdad.

De aquí que se haya hecho necesario asimilarnos al pensamiento contemporáneo por el estudio de las ciencias biológicas o más bien psicobiológicas, cuyas aplicaciones se han hecho numerosas porque son las invocadas por la escuela materialista y otras en sus errores, siendo asunto de todo combate e intensificando o anonadando deducciones por propia cuenta, universalidad que es efecto del predominio y desarrollo que la tendencia científica moderna tiende a imprimir a las ciencias naturales, y de éstas, a las biológicas, habiendo convertido hasta la Psicología en Psicofisiología, y siendo como el puente de unión entre ellas y la Filosofía.

Y es a esta nueva ciencia, la Psicofisiología, que la tendencia científica moderna ha convertido en proteica, con variadas y útiles aplicaciones, a la que convergen gran parte de las investigaciones del filósofo de hoy, llegando casi a absorber su entera actividad, la que representa la gran ciencia del porvenir, y con la cual el porvenir encontrará los más acertados procedimientos. De su desarrollo y aplicaciones hablan las nuevas ciencias que se han planteado, entre las cuales, la Psicología Social, que estudia la psiquis de una dada sociedad, considerada en el espacio y en el tiempo, y que sería como coronamiento de la individual; una Psicología Pedagógica, que estudia en sus adentros la enseñanza, y que tendería a hacer más fácil, más precisa y eficaz la acción del pedagogo; otra Religiosa que estudia las creencias y sus modalidades; mientras se ponen los fundamentos de una Psicología Jurídica, que deberá estudiar el mejor modo de interpretar y aplicar las leyes, dadas las condiciones intrínsecas y extrínsecas de los pueblos.

Y aun se ha formado una nueva ciencia, la Psicología Comparada, ciencia de vastos dominios, que comprende el estudio del hombre en sus estados de salud y enfermedad, del ser humano en sus diversos sexos, en diversas edades, colocados en diversos climas, basándose para sus investigaciones en las relaciones de lo físico sobre lo moral; como también comprende el estudio del animal para relacionar sus acciones con las del hombre. Como se ve, este estudio se ha hecho importante, pudiéndose obtener por medio de él, el conocimiento más o menos genérico de la psiquis humana.

Puede considerarse como una parte de tan importante ciencia, la Psiquiatría, que estudia las enfermedades o anomalías mentales, y cuya importancia se ha puesto de relieve por su resonancia en los campos social, jurídico y criminal, y que ha sido la generadora de la teoría lombrosiana, al menos en su actual estado y tendencias, que por otra parte pueden considerarse como la evolución gradual y sistemática de esa tendencia que creía existiera relación entre lo físico y lo moral, y que fuera posible por los rasgos fisonómicos del individuo, conocer sus pasiones dominantes y su modo de pensar, tendencia que resume ese deseo irresistible que en el hombre se afana por descifrar los misterios que la naturaleza encierra en todas partes, pero con mayor razón los que encierra el alma de sus semejantes.

Es en Grecia, esa gran nación que apenas nace y sin más luz que el cerebro de sus genios, con inimitable perfección y en idioma cuasi divino, modela la más grande epopeya que ha salido del humano entendimiento; que ya piensa y filosofa; que modela ya, con perfección de artífice y originalidad profunda, los elementos de todas las ciencias y de todas las artes; y en Platón, el divino, y en Aristóteles, esos que plasmaron los elementos, no solo filosóficos, sino de la ciencia universal, que han cristalizado a medida que ha ido evolucionando el pensamiento de las generaciones posteriores; que mostraron los dos cauces por los cuales ha seguido corriendo el pensamiento humano en sus investigaciones filosóficas; y en Galeno y en una obra especial de Polemón, en donde encontramos los primeros desarrollos de esa teoría, que se perpetuó en las ciencias misteriosas de la Edad Media, como en las llamadas Quiromancia, Podomancia, Metroscopia y Umbilicomancia, que continúa en el estudio del jesuita Niquezio, Cardano, De La Chambre, Lavater, y otros, con sus estudios fisionómicos, de cuya transformación nació la Frenología de Gall, de Spursheim y de Vimont, estudios que decayeron por completo después que fue de común acuerdo que el cerebro no era un conjunto de órganos que funcionaban separados, sino un órgano solo, anatómica y funcionalmente, para dar nacimiento a su vez, a la teoría de las localizaciones cerebrales, cuyo principal sostenedor fue Broca, y llegar por último a plasmarse en las teorías de la escuela que estudiamos.

La escuela sostenedora de estas teorías, que estudia las acciones morales, individuales o sociales, desde un punto de vista casi netamente biológico, se ha denominado Antropológica Lombrosiana, porque aunque sus tendencias eran antiguas, como hemos dicho, y aunque habían sido objeto de estudios precursores de algunos sabios franceses, ingleses e italianos, no vino a adquirir su forma y tendencias actuales, hasta Lombroso, sabio médico italiano de la Universidad de Turín.

Dije que en estos últimos años la tendencia y marcha de la evolución científica habían constreñido a los sabios a volver su inteligencia y sus investigaciones hacia esas ciencias naturales que habían constituido como imperialismo en el campo científico, acrecentando inmensamente sus dominios, invadiendo los campos de muchas otras, y ejerciendo protectorado en ocasiones odioso, sobre casi todas. Y era lógico que en este estado tan floreciente para ellas, se quisiera hacer sus vasallos los demás conocimientos, estudiándose desde este punto de vista los fenómenos sociales, las acciones morales y hasta el crimen mismo. Y fue como consecuencia y a favor de este estado, que la genialidad profunda de Lombroso dio pábulo y encauzó estos estudios, atrayéndose muchos cooperadores, que han llegado a formar escuela, entre los cuales sus compatriotas Ferri, Garofallo, Marro, Virgilio, Bonfigli, Morselli; los franceses

Tarde, Lacassagne, Manouvrier, Ribot y Topinard; los ingleses Maudsley, Tompson y Klark; los rusos Koowalewski, Minsloff y Tarnowski; varios españoles y americanos, entre los cuales Salillas, Quirós, Ilanas, Ingenieros; los alemanes y austriacos Benedikt, Krauss, Kurella, Kraft-Ebing, Kraepelin, y muchos otros de los países ya nombrados, y de otras nacionalidades.

Quieren los lombrosianos con sus estudios e investigaciones, hacer depender toda la vida humana con todas sus acciones y anormalidades de cualquier especie, de una acción del organismo, o sea anatómico-biológica determinante, que se desarrolla más o menos eficazmente según el ambiente externo moral o físico.

Es esta una consecuencia, deducida sin duda, de las pretensiones de la moderna Filosofía materialista, que negando el libre albedrío, considera cada acto humano como el producto fatal e inevitable de la acción combinada de una serie de factores, parte de los cuales ligados al ambiente externo, parte de los cuales pertenecerían al organismo individual, y como expresiones del modo de reaccionar del organismo, y en especial del sistema nervioso, a los estímulos externos, de modo que existiría una complicidad natural y social en la génesis del delito, considerando a su vez al espíritu, como una función de las células cerebrales.

Siendo las principales aplicaciones de estas teorías en el campo criminal, tratan de revolucionar los actuales métodos penales, contra los cuales se presentaron como avasallante y rumorosa oleada, para lo cual exponen como fundamentos su deficiencia para impedir las acciones delictuosas, y sobre todo las reiteraciones, abogando que no solo no corrigen al delincuente, sino que convierten al de ocasión en criminal de profesión; que no solo dejan de impedir el delito, sino que le dan pábulo. Y es de notar aquí mismo el manifiesto error de ellos, pues ya se ve que no dependen estos fenómenos, que por otra parte son tan complejos, de los actuales métodos penales sino de su modo de aplicación, requiriéndose para su legitimidad, una modificación de ellos.

Los estudios e investigaciones de esta escuela, han dado origen a dos nuevas ciencias: la Antropología Criminal, que estudia al delincuente bajo el punto de vista biológico; y la Sociología Criminal, que estudia el delito como fenómeno social y en sus factores sociales, indagando los medios más adaptados para prevenir e impedir tales fenómenos, o para efectuar la profilaxis y la terapia social de la delincuencia. Las cátedras destinadas a su estudio en muchas universidades y academias, los muchos volúmenes que se han publicado para dedicarlos a su estudio, y los congresos internacionales que en ellos solo se han ocupado, son resultados que hablan muy alto de su desarrollo e influencia, al menos en el campo jurídico-criminal.

Lombroso y sus discípulos fundamentan sus teorías sobre tres puntos: reincidencia, herencia y tipo criminal, constituyendo este último el punto más saliente e ingenioso de sus teorías.

Consiste el tipo criminal según ellos en determinada, fatal e irresistible tendencia con que nace un individuo para perpetrar un crimen. El principio raíz de esta tendencia sería una conformación interna o externa, de tal modo que sería como el molde en que se vacían determinadas tendencias que tienden a manifestarse. Este sería producto híbrido: de factores del organismo y en especial del sistema nervioso; de factores externos, o dependientes del ambiente físico, y social, en los cuales la acción se comete y adquiere formas especiales; y de otro factor: la herencia, que se manifestaría a través de un largo proceso degenerativo que tendería a implantar ciertas tendencias atávicas, siendo el tipo así formado, una desviación de la raza hacia el tipo primitivo y salvaje.

Este tipo se manifestaría antes del crimen y sería reconocido por el examen antropométrico de ciertos caracteres morfológicos y funcionales, acompañado de un examen de los caracteres psicológicos, sobre cuya mayor precisión están de acuerdo lombrosianos y los que no lo son, autenticidad que está de acuerdo con la importantísima y mucho mayor parte que el alma o la psiquis toma en toda acción.

Va el llamado tipo criminal nato directamente contra el libre albedrío, invencible Aquiles contra el cual se han arrojado en todos los tiempos los dardos obtusos del fatalismo, que han sido impotentes para herirlo y hacerlo flaquear, disponiendo cada día de nuevas fuerzas. Es inaceptable pues, toda teoría que lo ataque.

La lucha con nuestras pasiones que en ocasiones se muestran avasallantes, y que sin embargo son vencidas por la voluntad; esas impresiones que cambian por completo nuestra vida, y que no tendrían potencia para hacer flaquear esa acción biológica fatal e incontrastable; ese arrepentimiento que sentimos cuando ejecutamos ciertas acciones que hubiéramos podido dejar de ejecutar, y que no sentiríamos si supiéramos la necesidad de esas acciones; y muchos otros hechos de experiencia, son argumentos que como de nuestra conciencia, espía avanzada de nuestra personalidad, son de fuerza incontrastable.

El común sentir del linaje humano en todos los tiempos ha reconocido esa libertad, y ha consagrado en la moral los límites dentro de los cuales debe moverse: moral y límites que serían desprovistos de todo sentido, y como divagación que querría suponer moralidad que no existiría, y límites a los que ya los tendría azás demarcados. Y el sentido de todas las legislaciones que han venido rigiendo la tienen por base, y en consecuencia han dado el castigo de las malas acciones, y no como pura corrección que va en bien del delincuente, sino como expiación de acciones contra las cuales la sociedad pide venganza, y como escarmiento en los demás; y han dado el premio de las buenas, no como a bienhechoras necesarias, sino como productos de industriosa y enérgica actividad: es decir, como tratándose de acciones desmeritorias o meritorias, que reconocen libre elección del entendimiento y libre actuación de la voluntad, con ausencia de toda coacción y determinación intrínseca.

Otra cosa con la cual los lombrosianos desvirtúan el absolutismo de sus teorías, es el uso de las casas de corrección, que en el supuesto lombrosiano, o que toda acción es resultado de la reacción del organismo al ambiente físico o social, serían inútiles, pues es claro que las tales casas tendrían por objeto evitar las reincidencias, lo que sería obtenido en las casas mismas, pero retornarían al volver el individuo al primitivo ambiente; y dada esta inutilidad sería injusto que se obligara a la sociedad —que por otra parte debería hacer bienes a aquellos contra los cuales pide expiación de acciones que le son odiosas— a mantenerlas.

Pero no solo estas teorías están en contra de las anteriores deducciones, sino que son innobles, pues le quitan al hombre lo único que le puede enaltecer y hacerle superior no solo al reptil que se arrastra en el polvo, al batracio que vive y se revuelca en el fango, al insecto que se encierra en su capullo; sino a ese vegetal que crece y fructifica, porque dadas las condiciones en que se encuentra, no puede menos de crecer y fructificar; convirtiéndole en pobre loco que va en pos del ideal que no conoce; en Tántalo siempre en suplicio que quiere llevar a cabo muchos proyectos, que ve muchas maravillas con su inteligencia superior, pero que no puede actuar con su voluntad impotente; en máquina que no puede ejecutar sino lo encomendado, abatiendo o apocando esa, esa constancia y esa confianza, que dependen de su voluntad y que constituyen su genialidad. Como se hace de la humanidad entera bandada de brutos, tanto más desgraciados cuanto parecen más nobles, prostituyendo ese trabajo ennoblecedor que ha llevado a cabo, a costa de tanta lucha y de tantos sacrificios; y considerando esa civilización tan brillante que ha levantado como producto formado por segregaciones necesarias de cerebros que debían actuar dadas las condiciones del ambiente.

Más no se pueden rechazar totalmente esas teorías que tanto influjo han tenido y diremos hasta qué punto son aceptables.

Podemos admitir que esas tendencias sean, en cierto modo, productos de factores biológicos, entre los cuales el principal sería la herencia; podemos admitir que la herencia, ese notable y utilísimo factor biológico —a favor del cual, en cierto modo, la humanidad ha podido conservarse y conservar su civilización; con cuyo estudio el médico ha impedido muchas degeneraciones, aprovechando inmensamente la resistencia de la especie; y el ganadero ha podido obtener razas fuertes y productivas; y el agrónomo útiles ejemplares de nuevas plantas— pueda influir notablemente, pero no de un modo absoluto, pues que en ciertas circunstancias, así como se hereda el vicio, debía heredarse la virtud, y hemos visto que de padres honrados nacen hijos malvados, y viceversa.

Y el mismo tipo criminal se puede aceptar en sentido lato, y así como se dice que el poeta y el orador nacen —como que todo individuo nace con una aptitud marcada para tal o cual género de acciones— así también se puede decir esto del tipo criminal. Y ¿quién no ha visto a ciertos niños que desde pequeños dicen lo que van a ser, y niños que muestran muy temprano sus malas inclinaciones?

Y se puede admitir que por el examen de ciertos caracteres morfológicos y funcionales, auxiliado por el examen de los caracteres psicológicos, se pueda llegar a conocer el tipo criminal, pues es de experiencia que en ciertos temperamentos que se pueden reconocer por ciertas notas anatómicas, existen ciertas pasiones, pudiéndose conocer el carácter de los individuos en quienes está radicado; pero con las mismas restricciones, y no haciendo uso de absolutismos, pues que en la reacción química de los elementos se podrá conocer siempre el compuesto resultante; dada la fuerza con que se lanza un cuerpo, y el peso del cuerpo mismo, se podrá conocer con precisión casi matemática su trayectoria; dados los datos suficientes de un problema matemático se podrá hallar su solución perfecta; pero nunca se podrá penetrar en los misterios del corazón humano: mar insondable que solo se conoce en sus orillas, y cuyos elementos están en continuo cambio y repulsión. Pero las deducciones que se saquen de prudente examen son racionales, sobre todo si se nota que el alma está en íntima unión con el cuerpo y por él se manifiesta, y que estas tendencias puedan provenir, aunque en parte, del organismo, siendo esta la causa de que a determinadas tendencias correspondan ciertas notas anatómicas.

Pero el tipo criminal puede presentarse, no solo como dice Lombroso, antes del crimen, sino también después de él, como que está comprobado que el ejercicio de una facultad desarrolla el órgano correspondiente, y se ha visto que las repetidas acciones criminosas dejan impreso su sello en el individuo, de modo que se pueda con mayor o menor aproximación reconocer el tipo criminal. Este tipo así considerado en su formación, no se diferenciaría de los tipos del fumador, del borracho y del voluptuoso, que dejan reconocerse en ciertas notas anatómicas y fisiológicas; y no diferiría aun lo que en él sucede, de lo que pasa en el marino, en el nómade, y en los de cualquiera otra profesión, que dada ésta desarrollan a la larga ciertas facultades que se manifiestan en su modo de ser exterior.

Hemos dicho que se puede admitir la influencia de factores biológicos, y aunque sus reacciones a los ambientes físico y social, pueden influir y hasta adulterar la acción de la voluntad, pero nunca esta acción será fatal e incontrastable, de tal modo que no puede ejercer su dominio, y esto ni en los locos, cuyas acciones son productos incoherentes de una mente anómala y enferma, y no de una determinación fatal. Y está probado que instrucción y educación, con sus poderes de modificación y de progreso; la religión con su poder suavizador; y el estado económico, pueden modificar esa acción, llogando a influir de un modo notable en la modificación del carácter, principalmente en los primeros años; e impresiones en la edad adulta cambian por completo la vida modificando sus pasiones. Esto lo han reconocido los lombrosianos, al recomendar las casas de corrección, método inútil si no se reconoce la modificación del espíritu y de sus pasiones.

Ahora después de haber examinado uno de los puntos más importantes de la teoría lombrosiana, preguntamos: ¿llegará a ser aceptada la teoría, y aceptada en la práctica? Cierto que las teorías lombrosianas fueron exageradas, cierto que tienen mucho de extravagante, que fueron hijas de loca precipitación; pero ellas como resultado que son de la transformación de una antigua tendencia, y dadas su actual aceptación teórica, y su resonancia al menos en el campo jurídico-criminal, y aun cuando sea cierto que deberán sufrir una transformación más de acuerdo con las enseñanzas de la verdadera Filosofía, y encontrar un estado social más favorable, serán aceptadas y llegarán a su actuación sin duda.

Pero aunque su desarrollo llegue a ser inmenso, aunque ya haya sido su influencia poderosa, para llegar a la práctica, necesitarán una metamorfosis profunda, y jamás llegarán a ser desvirtuadas las verdades de la sana Filosofía, y de la ciencia verdadera, pues que la verdad es inalterable y eterna, y en las grandes luchas del pensamiento, tarde que temprano triunfa, y el error está destinado a flaquear y perecer.

Mérida, 21 de septiembre de 1916

Rectificaciones sociales

Cuando llegue a ser de nuestro dominio la lección que se desprende de la actual crisis de civilización, cuando sean conocidas las causas que llevaron a la guerra en un espantoso florecimiento de odios, encontraremos que debe ser necesariamente otra nuestra línea de conducta, que nuestros elementos de vida no han llegado a compenetrarse en el grado que es necesario para asegurar la estabilidad social.

No ha mucho la serenidad de pensamiento de Rodó, llegó a plasmar en fórmulas precisas, la ecuación social, en la que Ariel y Calibán, deben encontrarse sabiamente mezclados, para llegar a una vida armónica y estable; nuestros muchos pensadores alzaban su voz para advertir cómo había desequilibrio en las actuales sociedades, y llegaban a señalar la crisis que se desencadenaba incontenible sobre la paz angustiosa de esa hora de la civilización.

Y aun la guerra actual: una crisis de nuestra concepción de la vida; conflicto de civilizaciones diversas; lucha de los principios que las conforman; y a la vez, creo yo, un debate por la eficiencia de los actuales valores sociales, debate en que una u otra civilización, o una síntesis sabia de ellas, va definitivamente y por un largo ciclo, a prevalecer en el actual mundo todo uno, formando un solo cuerpo de intereses, fundido en una sola malla de ideales.

Veremos qué discrepancias han puesto desequilibrio y llevado hacia la lucha las dos corrientes de espíritu que en la cultura moderna, sin límites precisos, sin lineamientos a decir verdad inconfundibles, informan y ameritan el pensamiento de la época actual.

Empezaremos por Alemania que caracteriza una de ellas, porque Alemania fue para sus filósofos, los más robustos del siglo pasado, el pueblo cuyo espíritu debía prevalecer en todo un ciclo de la evolución humana.

Solo sabemos de sus orígenes cuando asolaron la Europa; solo sabremos después cuando se cristianizan, cuando amagan cambiar la instintiva orientación que los había llevado a la agresión contra los pueblos de más allá de sus fronteras; y cuando la Reforma vino a decirnos del racional rechazo del cristianismo puro, como la norma de su vida moral. En efecto, la Reforma, rechazo, o cuando menos, deformación de una moral, significaba que Alemania se orientaba por un largo espacio de tiempo a un desarrollo espontáneo y sin molestias de su espíritu.

Viene después la teoría kantiana, emanación filosófica del movimiento de espíritu que había llevado a la Reforma. La teoría kantiana que levantaba en alto el imperativo categórico de una desconocida e instintiva voluntad humana, cuando con un sesgo de ilógica no hacía igual para la razón pura, se convertía en la posterior filosofía alemana, como era de esperarse en el egoísmo, asiento seguro de un desmedido Calibán, y el egoísmo iba a poner desequilibrio en su evolución, cuando la preparaba por una lógica de sentimientos, al atentado contra los principios extraños de su civilización.

Preparada la base metafísica de su orientación histórica, se dirige ahora hacía la realización del plan de vida que se ha propuesto. Y la filosofía dice por boca de Hegel y de Fichte, la superioridad de la cultura y de la vida alemana, y su predominio, como panacea de las inferioridades y tropiezos de que la civilización adolece en otros pueblos. Y Nietzsche, y Max Stirner y Schopenhauer, son en su pensamiento la apoteosis de la fuerza, la representación de la moral sin escrúpulos, el rechazo de las normas. Y Bismarck, y Morke y (ilegible en el original) rinden himnos a la guerra, son en sus vidas la efectividad de la tesis imperialista. Por una no interrumpida evolución, Alemania se preparaba a asegurar el predominio de su espíritu, y debía chocar con los intereses de otros pueblos. Y oyó el reverso de su tesis que de un modo racional también se deducía del ideal greco-latino.

En efecto, el ideal greco-latino, en el cual circula el culto a la belleza y al derecho, por una tradición que lleva savia de justicia y de altruismo era por su vida muy diversa de la vida germánica; había descuidado la orientación práctica de su filosofía del vivir; había olvidado a Calibán que se alzaba tímido frente a sus competidores, al mismo tiempo que se restaba, por su imprudente olvido la energía suficiente para poder por sí misma contrarrestar en pausado y hábil equilibrio, la impulsiva actividad del germano.

Ambas civilizaciones salidas de imperfectas concepciones de la vida, ambas desequilibradas para llegar a tener un desarrollo regular, sólido y tranquilo, debían ocurrir a medios anormales, para llegar a hacer sentir el valor de cada civilización, cuando el necesario choque tuviera efecto. Y toda la organización nacional: vida interna, vida exterior, con las simpatías que la acompañan, vida económica, eficiencia militar, se pusieron frente a frente dispuestos a estrellarse ambos, o a prevalecer alguna de ellas, cuando la guerra se encendió decididamente en Europa y cobijó con su velo de odios y su efervescencia de simpatías, el mundo.

Cuatro años han pasado, y sigue con igual furor la lucha, y el inmenso y rudo dolor humano no es óbice para que cada día nuevas generaciones marchen, al asalto, y rindan en gestos de dionisíaco furor sus vidas.

Lentamente sin embargo, en la celda del sabio, se desenvuelve la labor crítica de las causas que llevaron a la crisis, y su análisis se cierne ávido sobre los elementos de la futura integración social. Mientras esto pasa en la inteligencia del pensador, en el corazón del pueblo, el insuperable instinto de la vida trabaja en moldear los sentimientos, que quizá de una vez para siempre, asegurarán la marcha fácil y sosegada de las sociedades. Y todo esto va a la integración de una civilización, hacia la consecución de una sabia síntesis de vida. En medio de la lucha, en una lucha en que todo lo que es fuerza en una civilización puede apreciarse mejor que nunca, pues un desesperado forcejeo por la vida allega cuanto vale, todo lo útil, todo cuanto existe, los pueblos comprenderán sus imperfecciones, lo inadaptado de su cultura, y presentirán la sociedad del porvenir, tal como debe ser si es su objeto, vivir.

Ya antes de la guerra las sociedades habían prevenido, gracias al milagroso e insustituible instinto de la vida, la necesidad de equilibrarse y se podían ver en unos mismos medios las más extrañas corrientes de pensamiento. Y así el «nietzschiano», el instrumento de la adaptación alemana, tendía a imponerse en medios de verdadero espíritu evangélico. Ya hoy no será equilibrio: será una cabal compenetración, una radical rectificación la que tendremos.

Así lo creo. Es imposible que esta guerra que ha hablado con voz de realidad, con la siniestra palabra del acero, de todas las virtudes, de todas las imperfecciones de los pueblos, no tenga sus gigantescas consecuencias en el moldeamiento de las futuras sociedades, conjuntos armónicos de Calibán y de Ariel, del ser que sueña, y del ser que vive de realidades, fundidos en un ejemplo de soberbia hibridez.

La América, amorfa en sus características de vida, sin criterio moral sino para apreciar la extraña, incierta de cualquier modo en su marcha histórica, verá la realidad, apreciará en lo que vale esta lección que diariamente nos llega del Viejo Mundo, del solar de nuestros abuelos de espíritu y de raza.

Caracas, 13 de septiembre de 1918

Un programa de gobierno

Una nueva faz de nuestro desarrollo; un nuevo camino empezaremos a transitar desde hoy: desaparecerá la tiranía, y con ella las obstrucciones que en toda hora entorpecieron nuestro desarrollo nacional.

Libertad en todos los campos de la actividad: en el trabajo, en la prensa, en la política: protección del gobierno a toda proficua iniciativa: protección para el que trabaja: queremos levantar de sus ruinas la industria y el comercio: queremos dar un impulso gigantesco a la instrucción: favoreceremos la inmigración que ha de traer a nuestras playas gente robusta de cuerpo y de espíritu, que levante nuestra raza que decae o se estaciona: tenderemos ferrocarriles: construiremos carreteras, impulsaremos nuestras comunicaciones marítimas, para que por mar y tierra transiten sin tropiezos las riquezas nacionales. Adonde no llegue la iniciativa individual allí estará la del gobierno.

Nuestra voluntad indeclinable, nuestro amor por la patria, encontrará a no dudar con el aporte de todos los venezolanos que sienten y piensan: todos en el radio de su actividad, pero animados por una misma consagración, deben trabajar por la patria.

Conciudadanos: todos como un solo hombre a trabajar por la grandeza de esta patria en cuyo pórtico hay escrita una epopeya que maravilla: la epopeya más gloriosa de América.

Septiembre 24 de 1918.

Vida nueva. La nueva orientación filosófica

La razón dominaba como reina y señora en la época que roza con el siglo pasado. El mecanicismo quería ser toda la filosofía, y aspiraba a resolver con sus fórmulas todos los problemas. La ciencia reposaba sobre la seguridad, y ningún asomo de duda envenenaba el pensamiento. Fue tal la seguridad con que informó su filosofía, tal el optimismo que difundió en torno de sí, al construir sus sistemas, que en un acceso de locura, se lanzó a hacerlos efectivos. Muy pronto (la acción) le hizo cosechar fracasos, y se llegó a aprehender que sus deducciones no resolvían el problema del espíritu.

El positivismo se encargaba de la reacción, aceptaba el método experimental, que se convertía en esencia de su doctrina, y hacía de él el solo método del conocimiento. Y se adelantó al conocimiento de las verdades relativas, y en un momento todo el edificio que parecía invulnerable, se tornó vacilante, y a poco se derrumbaba. Contra ese imperfecto organismo de verdades se habían ensañado con afán de demolición. Todo el siglo pasado, la labor única, exclusiva del pensamiento fue una obra de demolición. No ha mucho estaba todavía en plena fuerza. Tan solo hubo fugaces intentos de construcción, que no duraron mucho, ni dieron más que aspectos parciales de las cosas.

Durante esta época de transición la vida no ofreció en ningún aspecto estabilidad, ni seguridad. La ciencia no tuvo audacias: se distrajo en particularidades sin marcarse las líneas fundamentales de su esencia. Y la ciencia no era sino un resumen de la vida. En la historia no hubo programas por los cuales la acción pudiese correr sin tropiezos. Se desistió o no se consiguió el secreto del mecanismo de la historia. Se consiguió solo buscar algunos de sus factos. Y todos los anhelos propulsores, todos los programas civilizadores, se convertían en ilusiones porque no llevaban el sello de conformidad con la esencia de las cosas.

Dos siglos habían visto desechar dos concepciones de la vida. La una, la mecanicista, rígida y segura en su apariencia, presentaba en el fondo, y a la vista del hombre de temperamento científico, una falsía. La segunda, vacilante en su apariencia, imperfecta en su fondo, ni presentaba a primera vista una estructura perfecta, ni halagaba por sus programas.

Era necesaria una filosofía más amplia, de más halagadoras perspectivas, más penetrable al alma de las multitudes.

Hacia ella se orienta ahora todo el pensamiento. Vestido con los símbolos, con rara esencia mística, el pensamiento sondea el mundo espiritual, y aspira a encontrar en él el secreto de las almas y las cosas.

La ciencia presiente esos caminos. La filosofía trascendental nos muestra como un hecho cierto, leyes y modalidades, que deben existir en ese reino del espíritu, mientras la ciencia experimental allega todavía materiales para deducir sus sistemas, sin dejar de desbordarse en presentimientos. Todo indica que vamos hacia algo nuevo.

Un acopio de ciencia experimental, de nuevos procedimientos de investigación, nos abre el camino para podernos dirigir con audacia hacia el misterio insondable.

Felices, si al término de la jornada, tenemos la forma de descubrir ese mundo nuevo.

Caracas, 1.º de febrero de 1919

Progresos democráticos de la América Latina

El mundo ya no espera nada trascendental y salvador del futuro de las civilizaciones milenarias de Occidente que comprometen viejas y tenaces tradiciones. Solo queda una evasiva a la tenaz e infinita esperanza humana: la redención que preparan las nuevas combinaciones de civilización que se elaboran en este Nuevo Mundo latino, en esta América providente que acogió en buena hora los más altos principios de democracia, y aseguró contra el empuje restaurador de la Santa Alianza el definitivo predominio de los principios de la Revolución Francesa.

La humanidad no busca en el pasado las fórmulas perfectas de la civilización. Todas las síntesis de vida que elaboró el pasado resultaron imperfectas. Y si aceptamos para cada raza caracteres congénitos de espíritu que se traducen en su civilización y que ellos causan peculiaridades reacias a influencias extrañas, y buscamos en el futuro fórmulas universales de vida que realcen toda estirpe, debemos estar seguros que esa combinación triunfante saldrá de América. Solo el hombre americano, amasado con la sangre de todas las estirpes, fecundado con la obra de todas las razas y de todas las civilizaciones, puede elaborar la síntesis de esa pan-civilización futura, y al crear con ella la unidad del trabajo humano, acelerar el ritmo ascendente de la vida.

Las condiciones de la naturaleza americana, exuberante y pródiga; la epopeya de la conquista, milagro de energía humana, que nos asistió al nacer a la vida universal; la epopeya grandiosa, como las mitologías de las antiguas civilizaciones, que nos llevó a la vida libre; y los presagios de cien años adivinados en una vida inaudita por sus turbulencias, por sus desconcertantes contradicciones y sus afirmaciones viriles, son profecía segura de ese destino trascendental, en algunas de cuyas curvas, sinuosas como la vida, la humanidad verá el asombro de un nuevo mundo espiritual.

Enrique Ferri coloca el porvenir económico del mundo en América. Su aserto tiene bases seguras en nuestra situación geográfica y en condiciones extraordinarias de riqueza, cuya existencia es verdad trivial como un postulado euclidiano. En esta hora trágica en que se vigorizan las esperanzas humanas, como después de cualquiera de las grandes crisis de la historia, la visión de nuestra tierra exalta y consuela a los pueblos de vacilante porvenir económico.

Al lado de esa riqueza desbordante y heterogénea de la tierra vive el más complicado compuesto humano. Pero sobre este compuesto heteróclito culminará la síntesis perfecta y armónica de una raza: uniforme en su ser anatómico, proteica por su espíritu, universal por su origen y por su destino. Una diversidad de estirpes, múltiple ya en el aborigen, se complica hasta lo imposible después del descubrimiento. América, según Samper, es el valle de Josafat de los vivos. Desde 1750, causas mesológicas y circunstancias políticas moldean el tipo común. Después de la autonomía, con la adopción de una amplia democracia, las razas empiezan a fundirse libremente y conquistan todas las prerrogativas.

Sin tener peligros para el porvenir, como los tiene Norteamérica, en cuyo seno viven grupos de negros y de indios inasimilados, la América se depura en tranquilo ambiente del mestizaje, mientras se adelanta una raza superior definitiva. Así lo ha demostrado el antropólogo brasileño J. B. Lacerda, quien ha observado la regresión del compuesto híbrido hacia uno de los elementos componentes, que según todas las probabilidades, será el tipo de raza blanca. El futuro de América verá una raza uniforme, de espíritu original y proteico.

Mucho ha trabajado la historia por esa originalidad del porvenir. La conquista española y portuguesa desconcertó la evolución de los elementos autóctonos de América, destruyó su civilización, y bajo el hierro del conquistador o ahogada su sangre en la fusión con extraños emigrantes, desapareció el indio de raza pura.

La civilización ibérica se sustituye a la de esas sociedades primitivas, pero tampoco es incorruptible. Las influencias del medio y especiales condiciones a que fueron sometidos los criollos, preparan el desenlace futuro y son los primeros motivos que inician el porvenir.

Más tarde, el individualismo anárquico y disolvente de la raza, la etnología que se complica, las condiciones difíciles de vida que resultan de la doble tiranía civil y monacal, las aspiraciones audaces en la tierra pródiga, el ejemplo de las colonias del Norte que se hacen libres, y, por sobre todo, la atmósfera ideal del siglo, apartan las sociedades americanas de los estrechos moldes del místico espíritu español, hasta llevarlos a la autonomía política. Todas las tradiciones se derrumban, los moldes políticos cambian, cambia la orientación de la cultura, y en todos los aspectos de su civilización, quiere reinar vida nueva, hecha a fuerza de improvisación y de ideología. Los sucesos políticos y sociales, que

33

desequilibran las formas antiguas e improvisan las nuevas, crean esa ausencia de determinación, en la cual crecen según Hegel, las formas del porvenir.

Todavía no son adultas esas formas originales, esa obra armoniosa de creación. Ocupada la América en nivelarse con la cultura de los pueblos occidentales; afrontando los problemas imperiosos de la raza, desequilibrada por esa evidente disconformidad, que a veces llega a ser contradicción, entre la vida real y las formas ideales, no ha podido dedicarse a la audacia de las construcciones originales. Pero cualquiera ve ya señales —y en algunos campos se adivinan comienzos de audaces creaciones— de que la filosofía, la literatura, el arte, la religión, van a tener nuevas formas, van a recibir el soplo del genio creador en este continente nuevo.

Dentro de esa perspectiva en desarrollo de la civilización americana, hay un aspecto decisivo, que aunque no hayamos creado nosotros en sus formas ideales, lo hemos llevado en un impulso creador al campo de la realidad. Es el aspecto político. Él hizo en el ayer, al adoptar los altos principios de democracia, la originalidad de nuestra vida, cuando preparaba la destrucción de las castas y condenaba las libertades desiguales y las estrechas tradiciones peninsulares. Seguirá siendo capital, y cuando una nueva civilización surja será el eje infaltable.

Si en todos los campos de la vida americana cabe formular amplias y fundadas esperanzas, las mismas o quizás mayores, caben dentro del aspecto político.

Ver su estructura naciente, seguir el esfuerzo de adaptación de la realidad histórica a las formas ideales, y buscar los factores que favorecerán la cabal evolución política, tales son los objetos que quiere tener esta conferencia.

Tres siglos dura la dominación de España. Durante ese tiempo América ha recibido la civilización española, y sobre todo, vive en ella el espíritu español. Sin grandes habilidades colonizadoras, en un momento de impreparación, España nos tiranizó con sus virreyes, sus capitanes generales y sus monjes, y solo nos dejó su espíritu tenaz de libertad y de independencia, y la institución democrática de los municipios y de sus cabildos.

El individualismo español, que hizo páginas memorables para la libertad allá en la Península, perdura en sus colonias y con otros motivos hace la autonomía. Tiranía de los virreyes y tiranía monacal, obstrucciones económicas y obstruc-

34

ciones a la cultura, ideas que en Europa hacen la Revolución Francesa, y por fin, el ejemplo de los Estados Unidos como nación libre, llevan a la autonomía después de una guerra tenaz.

Aún no ha terminado la lucha cuando ya se reúnen los congresos inexperimentados, que seducidos por las ideas de jacobinos atormentados y fanáticos, en lucha contra un régimen intolerable, y por las formas políticas de la gran república anglosajona, justificadas por un avance triunfal, adoptan las formas políticas de la última ideología. República perfectamente democrática, libertades absolutas, como las quería el credo jacobino, y el federalismo norteamericano, son formas que adoptan casi todas las constituciones de la América Latina.

Así resultaba una organización perfectamente artificiosa, que iba a servir de orientación constante en nuestra vida hasta preparar el molde definitivo, pero que inmediatamente era perjudicial porque rompía con las tradiciones de la Colonia y no se acomodaba con las circunstancias del medio.

Bolívar ha expresado lo pernicioso de esa organización política en su manifiesto a los neogranadinos.

Los códigos que consultaban nuestros legisladores —dice— no eran los que podían enseñarles la ciencia práctica del gobierno, sino los que se han formado ciertos visionarios que imaginándose repúblicas aéreas, han procurado alcanzar la perfección política, presuponiendo la perfectibilidad del género humano. Por manera que tuvimos filósofos por jefes, filantropía por legislación, dialéctica por táctica, y sofistas por soldados.

El sistema federalista mereció sus más acerbas críticas. «El sistema federal —escribe— bien que sea el más perfecto, y más eficaz de proporcionar la felicidad humana en sociedad, es no obstante el más opuesto a los intereses de nuestros nacientes Estados.»

Bolívar en su proyecto de Constitución de Angostura, y más tarde, en su Constitución de Bolivia, propone instituciones más acomodadas a las circunstancias, «conciliadoras de las tradiciones del Nuevo Mundo con las útiles aspiraciones europeas». Nuestros ideólogos no quieren libertades recortadas, y las aspiraciones bolivianas son desoídas.

Chile y Brasil son en América los países donde dominan las ideas bolivianas. Chile, favorecido por condiciones geográficas, sin complicados mestizajes, sin esclavos, raza sensata y austera, goza de paz casi ininterrumpida desde 1830, en que Portales, el ministro omnipotente, toma la dirección de la política chilena e impone sabias instituciones al Estado. El Brasil fue favorecido por una pausada evolución política. Normalmente, de la Monarquía a la República, sin perjuicio del equilibrio social, se afianza la democracia. Ni fue perturbado el Brasil por tenaces intentos de jacobinismo, ni una prematura igualdad política y social fue atribuida a los esclavos que no dañaron la fuerza de las clases directoras. Luchas internacionales favorecieron también la unidad nacional, desviando fuerzas que de otro modo habrían llevado a la anarquía interna.

En los demás países, políticos inexperimentados y románticos se entregan, como dice García Calderón, al vértigo de las creaciones artificiosas. Se establecen parlamentos donde no existen clases sociales y no representan organizaciones respetables. Se establece el federalismo donde han existido centralizaciones seculares. Y periodos presidenciales de cuatro años —cuando el ideal serían presidentes inamovibles, mandatarios paternales— provocan la tiranía o son impotentes en el caos.

Frente a esas construcciones ideológicas, que subsisten y se perpetúan como ideales, se erige la dura realidad. Y en pueblos donde todavía se funden las razas, y solo se adivina el hombre definitivo; donde no hay civilización estable y protectora; y las instituciones son vanas e ineficaces por lo ficticias, va a comenzar la lucha para hacer carne esos ideales de abuelos soñadores, motivo que disfraza choques de intereses o ambiciones de partidos.

Una realidad traidora a la ideología que surge en una época romántica se impone en todas partes. Sin embargo, los antiguos credos no se olvidan: jamás se sustituyen. Mientras la vida sigue su curso fatal, la ideología acelera el porvenir. Juventudes apasionadas renuevan el culto a las nobles ideas, y mantienen y hacen virtuales esas tradiciones. En las actuales generaciones, dotadas de robusto optimismo, es un acto de fe que se hace virtual.

Esta ha sido la marcha de las ideas que no son sino anticipaciones o un plano más alto de la realidad. Sigamos ahora la historia.

Como observa García Calderón, dos periodos se suceden con ritmo seguro en la historia de cada una de las repúblicas latinas de América: el militar, turbulento, de continuas revoluciones y de rudas tiranías; y el civil o industrial, pacífico, equilibrado y progresista.[1]

La lucha afanosa por la independencia es en Venezuela, como en casi todas las colonias españolas, una guerra que anticipa persistentes conflictos de clases, o el choque violento de la realidad histórica y la vida ideal.

La emancipación crea una vida artificiosa: hace en el medio social y en el medio político antinomias resaltantes. Puebla de ideas nuevas, ideas de la enciclopedia, el ambiente cultural, académico y teológico. Circunda de prematuras reformas políticas —libertades absolutas, federalismo, igualdad de los hombres— el medio social y la organización política.

Tales antinomias exasperan el desequilibrado individualismo de la raza y violentan el choque necesario. Del mismo modo que la Europa de la Edad Media lucha por fundir el mundo bárbaro y la idea cristiana, aquí un rudo choque deberá resolver la antinomia de una sociedad colonial del molde teológico español, y de una organización liberal extremada, jacobina y francesa.

Y la vida de estas repúblicas después de la autonomía es una vida medieval.

Esta primera época —dice García Calderón, quien la llama nuestra Edad Media— es turbulenta, pero llena de energía, de color y de violencia.
El individuo adquiere como en las edades heroicas, como en los tiempos del Renacimiento toscano, del terror francés y de la Revolución inglesa, un prestigio extraordinario.[2]

Es que en los campos de batalla buscan los pueblos un mundo nuevo, la efectividad del recién hecho edificio político.

Y en esta edad media aparece el feudalismo. La falta de comunicaciones, la ignorancia de las multitudes, la defectuosa estabilidad de las clases directoras y la falta de instituciones providentes, hacen nuestros señores feudales, los «caciques», que amenazan disgregar las nacionalidades desde México hasta el Plata. La ficticia organización política sirve de pretexto a luchas de principios o ambiciones de partidos, que encuentran un elemento preparado para ello en el federalismo y en otras improvisadas instituciones. En adelante, robustecer

---

1   García Calderón, *Les democraties latines de l'Amerique*, pág. 70.
2   García Calderón, libro citado, pág. 72.

el poder central, poner un dique a la disgregación, hará providentes los autócratas, ya sean Portales o Porfirio Díaz, Rosas o Guzmán Blanco.

El caudillismo o la autocracia se hace una faz necesaria en la evolución de los pueblos latinoamericanos. En el momento en que con perjuicio de la unidad nacional, caciques bastardos y rudos se disputan el poder en las provincias, o aspiran al poder central, halagando con falsas promesas y con inútiles palabrerías, fuertes individualidades hacen y representan la unidad nacional, establecen reinados sui géneris en una organización republicana, y traen la paz y el progreso.

Resultan beneficiosas las cesáricas tiranías: Porfirio Díaz en México, Portales y Balmaceda en Chile, Rosas en Argentina, Santa Cruz en Bolivia, Castilla en el Perú, García Moreno en el Ecuador, Núñez en Colombia, Guzmán Blanco en Venezuela, y así otros autócratas, son agentes seguros de progreso.

Si al cabo llegan a ser perjudiciales, se debe a vicios congénitos de la autocracia. El mexicano Bulnes los analiza en frase candente al hablar del régimen de Porfirio Díaz.

El régimen personal es magnífico como excepción, porque bajo su imperio el pueblo se acostumbra a alcanzarlo todo del favor y de la gracia: a ser el esclavo del primero que lo quiera, la prostituta impúdica del primero que la acaricia.[3]

En verdad, dice García Calderón, la autocracia no es una fábrica de hombres libres.

Hablando el eminente constitucionalista mexicano, Rodolfo Reyes, de la crisis que derrumbó a Porfirio Díaz, dice:

que ella ha venido a confirmar una vez más la verdad de que las grandes dictaduras pueden hacerlo todo para el progreso material de los pueblos; pero son totalmente infecundas para preparar la consolidación del progreso nacional, cuando bullen en el seno de las naciones problemas que supone la obra lenta y definitiva de la educación, y el valor de arrostrar las consecuencias críticas y las desorganizaciones momentáneas que se requieren para alterar en su esencia el régimen vital de la sociedad. Los grandes dictadores, continúa, han querido

---

3   Bulnes, *El verdadero Juárez*, pág. 378.

asistir a su glorificación, y por eso aman solo las obras del momento, el orden ha sido la suprema de sus preocupaciones, por eso no saben alterar la organización que los apoya.[4]

Los grandes dictadores de América se han preocupado casi solo, en verdad, del progreso material. Pero ello ha resultado, sin embargo, beneficioso: ha favorecido la inmigración de hombres y de capitales, estimulado el cultivo de la tierra y la industria naciente, han hecho riqueza y fuerza que son bases primerizas de la civilización.

La civilización circundante, civilización cuantitativa, como la llama Guglielmo Perrero, no tenía otra obsesión que el progreso material. Las sugestiones resaltantes, las únicas que podían impresionar al ojo vulgar, eran sugestiones de progreso. Ellas orientaron la labor de los caudillos que se apartó de los problemas que son algo más que simple progreso: la educación y la cultura. No los ha preocupado esa comunidad de sentimientos y de ideas que hacen el alma nacional, el factor más precioso de equilibrio en la vida histórica.

El periodo militar que persiguió franca o hipócritamente, como fin o como medio, afirmaciones democráticas gratuitas, dañó la estabilidad y la fuerza de las clases directoras, sustituyéndolas o adulterándolas con los aportes que levantaba cada nueva revolución. El periodo civil o industrial que persigue el progreso, va constituyendo clases mejor constituidas, más estables, más capaces de favorecer la marcha normal de las instituciones y de la vida. Así nos beneficiamos con una mejor preparación para el porvenir, con el industrialismo que quiere dominar en este Nuevo Mundo latino.

La libertad gana camino. El periodo revolucionario hizo ganar a todos los hombres las prerrogativas de la democracia, fundió las castas inconciliables, propagó el credo liberal, y decidió el futuro para la franca democracia. La época burguesa del industrialismo afianza las conquistas de las armas, crea solidaridad en medio de la anarquía, y todavía puede resolver los problemas sociales que preocupan hoy a las viejas naciones.

Mientras seguimos camino de libertad, nos interrogamos: ¿dónde buscaremos el campo de acción propicio al ideal? ¿Dónde estará el definitivo equilibrio, la definitiva preparación?

---

4   Rodolfo Reyes, en su artículo publicado en *La Revista de América*, 10 de mayo de 1914.

A mi ver, en el problema americano, solo debe preocuparnos el problema de la raza, que en mi intento preciso, es no solo, la uniforme constitución étnica, sino también la unidad psicológica hecha por la historia y la cultura. Las razas mestizas como la nuestra, que es heterogénea en su sangre y su cultura, son desequilibradas, y al decir de Le Bon, ingobernables. «El mestizo —dice el mismo Le Bon— flota entre impulsiones contrarias de antepasados de inteligencia, de moralidad y de caracteres diferentes.»[5] Resolver el problema de la raza, es resolver los demás problemas económicos y sociales. Resuelto ese problema el ideal político se afirmará. En algunos países de América especiales condiciones sociales y fuertes oligarquías conservadoras, han procurado estabilidad política. Pero la cabal solución del problema político, las combinaciones definitivas de civilización, la actividad equilibrada e impetuosa, serán imposibles mientras domine el mestizaje.

Para la formación de la raza homogénea, del alma americana, entrarán como factores el aporte étnico y la educación.

El antropólogo brasileño Lacerda, ha observado la regresión del mestizo americano hacia el tipo europeo.[6] Aceleremos esa regresión. Oliveira Lima observa que en los pueblos de América que han recibido grandes aportes de inmigración europea, la vida mejora como por encanto, porque la raza se torna homogénea.[7] Impulsar la inmigración equilibradora es cosa imprescindible. *Poblar es civilizar*, ha dicho Alberdi. Donde la inmigración llega la vida se reforma, el medio económico mejora, porque la propiedad se reparte y adquieren valor las tierras del desierto; y con ella llega la actividad pujante, la democracia activa y virtual, la moral austera, y sobre la tierra feraz y ante el pasado prometedor, el triunfal avance de la civilización.

El problema educativo, el problema del alma nacional, de la modelación definitiva del alma americana, es problema difícil, pero cuya resolución debemos empezar desde ahora. La educación es para los sociólogos modernos, el factor capital de las transformaciones históricas. Y muchos que en América se ocupan de cosas sociales, entre ellos el argentino Colmo, piensan en la instrucción como factor casi exclusivo, como modelador casi único de un futuro inten-

---

5   Gustavo Le Bon, *Aforismos*, pág. 45.
6   Conferencia leída en el Congreso de Razas, de Londres, en 1911.
7   M. de Oliveira Lima, «La evolución histórica de la América Latina», págs. 259 y sigs. Ver: *Los países de la América Latina*, por Alfredo Colmo, págs. 56 a 58.

cional. Su resolución requerirá un preciso estudio de nuestras necesidades, una segura clasificación de los problemas según su importancia, y una hábil y audaz adaptación de factores sociales relativamente inútiles en las pasadas civilizaciones, como la filosofía, la literatura, el arte, y sobre todo la religión. Hacer de estas manifestaciones fuerzas vivas y virtuales por su sola existencia, encuadrarlas dentro de un juicioso programa educativo, y se hará fácil lo que hoy es ardua tarea.

Los aspectos moral, industrial e intelectual del problema educativo, son desiguales en importancia, desiguales en preeminencia, si se miran nuestras necesidades y la civilización actual. Deberemos darle según la importancia que cada una se merece el orden adecuado.

Antes que todo la educación que forma los hombres, los hogares, la patria: la educación moral dentro de la necesaria educación primaria. Ella deberá realizar milagros en estas patrias desprestigiadas y vacilantes. Ella hará en los hombres los firmes lineamientos del carácter: la dignidad, la sangre fría, el juicio sensato, la resolución segura, y con ellos, el hogar feliz, la patria grande y fuerte.

Y después de haber hecho en los hombres el carácter, que es lo que los hace superiores, deberemos el segundo lugar a la educación industrial, a la instrucción técnica. En este siglo industrial que busca la riqueza y la fuerza, que ama las cantidades, deberemos orientarnos y prepararnos según él. Si queremos industrias competidoras, si buscamos la producción intensiva de la tierra y el avance del capital, deberemos preocuparnos de la instrucción utilitaria. De nuestras Escuelas de artes y oficios, deben salir, como de las *realschule* alemanas, los directores y capataces de nuestra industria naciente, el utilísimo hombre medio, el *average man*, como le llaman los americanos del Norte.

En tercer lugar la alta cultura, y la educación artística. Solo después de estos aspectos imperiosos, lo que hoy es casi únicamente fría especulación, retórica inútil. A los universitarios de relumbrón, incapaces para la acción, que se sobrecogen ante las situaciones que plantea la vida, deben las repúblicas americanas, pasos infelices, tanteos viciosos. A su inferioridad se debe su influencia dolorosamente menguada. Y si debemos preocuparnos como cosa imprescindible de la alta cultura, empecemos por desterrar la instrucción clásica, vicio de los pueblos latinos, que según Gustavo Le Bon, adolece de los vicios del memorismo, la falta de observación, el dogmatismo, el menosprecio de la educación del juicio y de la voluntad.

Hagamos educación realista, preciosa a Alemania, y que le han imitado los grandes pueblos modernos.

Resolvamos así el problema de la raza, y el avance será imponente en un camino sin recios obstáculos.

Al organismo político le toca presidir ese avance. El Estado moderno cambia. El Estado-gendarme cede su puesto al Estado providencia. Bajo su acción y dentro de sus funciones estarán la dirección o inspección de los cuadros de la vida futura.

No se necesitará el trabajo de muchas generaciones, en la rápida evolución de nuestra vida. Cuando los factores que obran hoy y que deberán obrar en el futuro, no hayan terminado aún la modelación de nuestras sociedades ya serán como las quiere el ideal, las organizaciones democráticas.

Ellas informarán lo mismo que los sistemas de política que hizo toda nueva civilización, los sistemas constitucionales de las naciones esparcidas por todo el haz de la tierra. Será el primer aspecto de esa civilización universal que se espera de América, incorporada a la vida de los pueblos. América entonces habrá hecho algo por la redención de la estirpe, por la perfecta civilización, por el realce de la especie, finalidades que se esconden en el esfuerzo egoísta del hombre y son pertinaz aspiración de los pueblos.

Caracas, 14 de iunto de 1919

Intelectualismo

Después de la invasión bárbara desaparecían casi por completo para Occidente los elementos de la civilización antigua. Sin ese bagaje comprometedor para la libre expansión de la vida, y principalmente para la nueva concepción cristiana, la humanidad concentraba su espíritu, daba seguridad a sus ideas, y con la Biblia, y con restos de filosofía antigua, que aún conservaban los claustros, se puso a hilvanar una nueva civilización.

En tales condiciones la humanidad pudo penetrar muy hondo en el nuevo rumbo. Sin la anárquica influencia de las ideas esencialmente escépticas que habían elaborado la vanidad y la sutileza griegas, concentrando el espíritu, el hombre alcanza potencia inesperada, y florecen milagros constantes por el nuevo soplo de vida que ha llegado a su espíritu. La humanidad creyendo en las verdades de Jesús, estaba dispuesta a seguirle hasta el fin. Y aunque se habían descuidado aspectos necesarios, aun admitiendo otro mundo como necesaria y definitiva mansión, es de creerse que la vida habría encontrado y afirmado la solución necesaria.

No duró mucho la firmeza con que el hombre perseguía su nuevo ideal. La civilización que había informado la vida de Grecia y de Roma, vuelve, cuando rendida Bizancio al otomano, despiertan los pergaminos que han dormido dentro de sus muros, en Italia, el propio corazón de Occidente. El ideal de la vida greco latina se actualizaba en la exaltación de las energías humanas, en el dominio de la naturaleza por el pensamiento y por la acción, en la ruda lucha contra el destino. Su filosofía, su mitología, su arte, su entera concepción de la vida, persiguen el triunfo del hombre sobre el destino y sobre la naturaleza. Los días en que se actualiza ese concepto de vida son legítimo orgullo del hombre; pero su exageración desequilibró al cabo las sociedades antiguas. Por ella desaparecieron el soldado de Maratón y los íntegros hombres de las democracias griegas: se fueron de Roma los catones y los fabios.

Ese viejo ideal frente a otro que no pide triunfos aquí en la tierra, que no obliga a investigar misterios, que considera al hombre de paso hacia otra vida, que no da lugar a la satisfacción de ningún egoísmo, estableció una antinomia, por cuya anarquía, que ha alejado toda seguridad a la idea y a la acción, el hombre se ha hecho incapaz de creaciones prepotentes, dominadoras y armoniosas.

Un intento fugaz, el Renacimiento, quiere fundir esas dos concepciones disímiles, pero él pasa sin que llegue el hombre a hacer la síntesis de esa vida dual, ni a satisfacerse con la práctica de un doble programa de vida que es de esencia contradictoria.

El trabajo del espíritu después de establecida esta antinomia, ha sido buscar la hábil ecuación resolutoria, perseguir la síntesis posible. Y ese pensamiento inquieto, atormentado, inseguro, conquista con la imprenta, que inventó el Renacimiento, un poder dominador.

Frente a esa antinomia que aún queda en pie, el pensamiento no puede ser expresión perfecta de la vida necesaria, y parece que ante el problema angustioso de la Esfinge, ha dado por torcer de rumbo y alejarse del problema que lo desafía. Desde la Edad Media la ideología no ha hecho sino complicarse, y hacer vacilante y enferma la voluntad. Falta a la vida humana la fórmula equilibradora que le permita adentrarse en lo remoto del misterio. Le falta el *norte* seguro para desafiar circunstancias que hoy debe confiar al destino.

Y ese pensamiento que no tiene rumbo se ha tornado en los moldes poderosos y audaces de los libros, ¡en una orientación de las almas!... (No ataco el esfuerzo laudable de los que piensan sino de los que aceptan como un evangelio lo pensado.) El pensamiento de un libro en nuestra vaga y difícil cultura, es o debe ser un sistema —fórmula que los hombres han inventado para hacer respetable su pensamiento—, y ello significa adulterar ideas que hemos vivido, poner de lado soluciones hábiles que no encuadran bien dentro de la rigidez de sus líneas, no dar sino una explicación impenetrable e inútil de la realidad.

He aquí el defecto de los libros, soportable cuando son historia o ciencia experimental su contenido, pero que es atentario y venenoso cuando el pensamiento que quiere penetrar el misterio, es la ciencia hecha religión, observadora implacable e impasible, que no aparenta tener alguna finalidad humana.

Libros de esta última esencia de espíritu apadrinan los *Robert Greslou*, que Bourguet ha alcanzado estampar en *Le Disciple*. Ideólogos apasionados por todas las ideas, cuyos caracteres han sido falseados por los libros, sin sentimiento, o lo que es lo mismo sin sinceridad, que se satisfacen plenamente con los principios de la ciencia, sin preocuparse de los principios morales, tan necesarios en la vida. Ansiosos de experimentarlo todo, de hacer ocasiones para su ciencia inútil, que los satisface, sin embargo, se preocupan poco de los ideales benéficos, cultivan casi nada la voluntad certera y viril. Olvidando que la vida es también sentimiento y algo de destino, y todo ello dentro de un programa, poco o nada valen en las crisis. Son tan equívocos como su ciencia.

Sin llegar a dominar la vida, la ciencia establece una dualidad entre su visión racional y su contenido real. Nos resolvemos en una oscura subconsciencia, son místicos los motivos de nuestra acción, y nada de eso ha penetrado la ciencia.

En pueblos nacientes que no tienen líneas definitivas de carácter que defiendan la autonomía del espíritu, y donde por lo improvisado de la cultura, los libros son novedades que llevan a un *dilettantismo* peligroso, el intelectualismo es de temerse. Y esa literatura móvil del último siglo, que no es resultado virtual de la civilización, sino un juego de destreza intelectual, o dialéctica sutil, ha apartado las mejores energías de la vida necesaria de América: los ha apartado como energías viriles, esto es, capaces de engendrar estados sociales. El veneno de la literatura ha hecho en ellos la vida frágil, inconsistente —inútil si se llegara a comprobar que su labor intelectual no es un reclamo del medio—, y sin virtualidad de ideales. Una vana ideología, que van abandonando algunos países americanos, nos ha alejado, no de una autonomía, que sería prematura, pero sí de una juiciosa disciplina intelectual y moral.

Cuando el hombre llegue a perfeccionarse de modo que sea certero y seguro en sus instintos, y haya llegado a la concepción perfecta de la vida, ya podrá su palabra decir con seguridad lo que piensa y lo que siente. Entonces los libros serán la verdad, una verdad cabal y útil.

Pero el pensamiento aun cuando no aparente tener finalidades, es imposible se salga de los insistentes reclamos, que son como un instinto en la vida, y debe sin duda aprovecharse con esa labor, que no puede ser solo una diversión. Es indudable que la ciencia satisface a inteligencias medianas. Y para las almas que están por encima de la mediocridad, el intelectualismo exalta su sensibilidad, y es un estímulo y casi siempre una ayuda, de su propio pensamiento. En los procesos de civilización él es un eslabón necesario y conveniente, cuyas ventajas no es del radio de este trabajo investigar.

El que sea mi compañero en el siglo, y busque en sus veinte años la orientación definitiva de su vida, y trate de dar la solución a los problemas que le preocupan, no los busque desde el primer momento en los libros.

«En muchos casos los sabios son ignorantes que pierden de vista la sencillez de las cosas, oscureciéndola con fórmulas y detalles. En los libros se aprenden las cosas pequeñas, no las grandes.» Los libros dicen grandes cosas quizá, pero no como para hacerlas vivir en las almas: sus verdades son vagas, inconsistentes e inasibles. Tienen en esta época *cerebralismo* hasta los poetas; atienden muy poco a las sabias y solemnes revelaciones que aprenden de sus comunicaciones con las profundidades del yo. El pensamiento actual está más que nunca compuesto de ideas vagas; se prefiere la sutileza a la sinceridad. Antes que ese *cerebralismo*, está nuestro yo: un libro sincero, completo, sabio como cualquiera otro, más que los libros que se escriben. Respetemos sus decisiones, aun cuando un recato pueril, nos haga ver admirable por su belleza y por su habilidad, el *cerebralismo*, y tosco nuestro pensar. Nuestro destino se alumbra más con lo que dice el yo, que con la ideación hábil, pero trivial en el fondo, del cerebral.

Orientados por el yo, las ideas llegarán a confirmarnos lo que sabíamos o habíamos empezado a saber. Y para que nos confirmen lo que pensamos necesitamos de los libros. Con esa intención ellos serán también la vida, expresión de hombres que pensaron y sintieron como nosotros, pero que tuvieron la desgracia de no poder expresar toda entera la realidad. Merecen ser nuestros camaradas: son compañeros fieles que nunca nos envidian, y que si disienten de nosotros, nos dicen siempre lo mismo: su verdad.

Deberemos tener para ellos la franca y admirable hospitalidad del Rey oriental en el admirable cuento urdido por Rodó en *Ariel*. Que nuestra alma sea hospitalaria para todos los que la visiten, siempre que haya una hora en que no se pertenezca sino a sí misma, en que vuelva hacia las intimidades de su conciencia, sus sensaciones y pensamientos.

Agosto, 1919.

Paradojas de la vida histórica

Cuando las grandes naciones pierden sus competidores, declinan rápidamente. Parece que después de dolorosas ascensiones, que corona el triunfo, las naciones se deprimen en la pereza de crear y de superarse, y se avanzan hacia el goce y hacia la decadencia.

Grecia y Roma, dos grandes pueblos, de los que conocemos toda su historia, nos permiten observar este fenómeno histórico.

La decadencia que ya comienza en el preciso momento en que se combaten Maratón y Salamina, y en que la magnífica defensa de la civilización helénica, triunfa de los numerosos ejércitos que había concentrado contra ellos el indoimperialismo de los monarcas de Media. Roma se disciplina, crecen sus virtudes en la batalla, y combatiendo, aumenta y crece cada día esta gran ciudad imperial. Nada importan los peligros ni los obstáculos de los cuales siempre triunfa Roma; y ni aun importan las derrotas que en ocasiones le prepara la veleidad de la fortuna. Después de cada derrota sale más agresiva la tenacidad de Roma, y la historia afirma que en las épocas de desgracia se aligera el ritmo de la expansión romana.

Entre las desgracias que padeció Roma, ninguna comparable a las derrotas que le infligió Cartago. Pero estas derrotas vieron la magnificación de las grandes virtudes de Roma, la culminación de sus energías, que al fin vencieron la gran colonia fenicia. Vencida Cartago, convertido el Mediterráneo en *marenostrum*, en sus manos el imperio incontrastable del mundo, comienza el espectáculo de las bacanales del placer, de la anarquía y de la desorganización de todas las energías, y empieza con ellas a prepararse la decadencia, hasta el vencimiento de la ciudad invencible.

Y la historia podrá mostrarnos muchas otras ocasiones, en que los triunfos que se apoderan del poder político y de la riqueza han llevado consigo el enflaquecimiento de las virtudes, el debilitamiento en la tensión de las fuerzas sociales y la anarquía interna y preparado la decadencia.

La preparación constante para la batalla, la vigilia ante el enemigo, no permite el desgaste de vanas energías, que se orientan hacia los problemas inaplazables. Las fuerzas en tensión se superan cada día, y al margen de las energías que se economizan hasta la avaricia, crecen con lujuria las capacidades, se siente el deber de vivir y de crear.

Cuando han desaparecido los enemigos, desaparece el descontento, madre de esas superaciones, y la zozobra, madre de la vida activa. Entra en los pueblos el orgullo, el (ilegible en el original), la creencia de que se podrá siempre imperar sin grandes dificultades, y al aligerarse las condiciones de la vida, se hace pródiga la riqueza, el placer, la finalidad disolvente, se mengua lo certero, y se lanzan los pueblos a la decadencia.

Caracas, mayo 27 de 1920.

El porvenir de la América

Al alejarse los días turbios de la Edad Media, cuando el Occidente ha rescatado la vieja civilización, cuando vuelven el genio inquieto y creador, la energía y la audacia, y las ideas conquistan con la imprenta nuevo poder y nueva expansión, y el pensamiento y la conciencia reclaman ser libres, surge la América del seno del océano temido e ignorado, talla Atlántida soñada por Platón, ante la admiración de los hombres.

El nuevo continente que venía a la historia y a la vida universal, en momentos trascendentales, fue, desde entonces, por sus territorios nuevos y fértiles, por el vario clima que determinan su posición geográfica y su estructura geológica, por su posición en el planeta que le permite dominar los demás continentes, por su condición casi insular, por su forma alargada y por sus innumerables ríos, que facilitan sus comunicaciones, la grande esperanza humana.

Y América será en el porvenir el primer factor de la producción universal. Su fertilidad verdaderamente asombrosa, sus tierras todavía vírgenes, su clima que permite dos o tres cosechas al año, sus variadas zonas que permiten la heterogeneidad más completa de producciones, y las facilidades para la movilización de su riqueza, por vías hechas por la naturaleza, dan fuerza a la afirmación de Ferri, de que es en la América donde está el porvenir económico del mundo.

América es el continente llamado a aprovechar toda la obra de progreso llevado a cabo por los siglos. Sin intereses que comprometan la realización de originalidades innovadoras, América podrá llevar al campo de la realidad las iniciativas mejores de la humanidad.

Formada su población con el aporte de todas las razas, frente a condiciones indeterminadas de su economía, sin fanatismos tenaces, se puede afirmar que América practicará la democracia virtual, la democracia efectiva y completa, es decir que en ella no habrá obstáculos para el avance de los hombres y la imposición de sus capacidades.

Amasada su raza con la sangre de todas las razas de la tierra; realizado su progreso y su civilización con el aporte de todos los hombres, y de todos los principios y las ideas humanas; llevada por su situación geográfica y por su riqueza a tener mayor volumen de relaciones comerciales que ningún otro continente, y las consiguientes relaciones políticas y de cultura, América podrá practicar una política basada sobre altos intereses humanos, no llamada a contentar imperialismo alguno, sino en bien de todos los pueblos.

Dadas las desemejanzas irreconciliables, las desigualdades, y el sentimiento hostil a la acción humana que hoy representan las patrias, no puede haber en el mundo otra paz que la romana, es decir, paz impuesta por una grande agrupación. Y es imposible concebir ninguna agrupación humana que como América pueda representar ese papel.

Por su situación estratégica en el planeta, por su riqueza abundante, casi interminable, por su raza heteróclita, por su cultura multiforme, hecha con el aporte de todas las civilizaciones, por sus condiciones para la perfecta democracia, ella está llamada a tomar la policía de las relaciones del mundo, América es la gran esperanza, el milagro del porvenir. Es en su suelo todavía virgen donde culminará un día la civilización, el rudo trabajo de enaltecimiento de la especie, y en donde la humanidad asombrada presenciará la última etapa del progreso.

Ginebra, 11 de agosto de 1921.

La nueva Alemania y Walter Rathenau

Alemania retorna y retorna prepotente. Soñadora y grave, la raza alemana vive una historia trascendental como sus metafísicas, que se levantan audaces y dominadoras sobre la realidad. En el drama de la historia, Alemania es un actor que no ha representado sino grandes papeles. Se la odia quizá por ello. Pero puede enorgullecerse del papel dominante que ella ha desempeñado en la historia del mundo y ante el halago de las contribuciones trascendentales que el germanismo se prepara a hacer en el futuro.

Alemania ha estado presente en los grandes momentos de la historia. Hace quince siglos despedazaba el Imperio Romano con el martillo de las invasiones. Pero el Imperio, cristianizado ya, enseñaba una nueva moral y los fundamentos de un nuevo orden social y político a los invasores turbulentos y famélicos de presa.

Sobre las ruinas del Imperio Romano, la Iglesia, que había heredado sus instituciones y su ambición al señorío universal, marcha a la conquista silenciosa de las almas y parece que va a edificar sobre la arena móvil de las invasiones la Ciudad de Dios, cuando Alemania, orgullosa y rebelde, destruye con la Reforma esa unidad espiritual, despedaza en dos la cristiandad y precipita a Europa en el tormento de las guerras religiosas, dinásticas y nacionales.

Hace ocho años, los sistemas de política internacional, el encuentro de imperialismos contrarios y principalmente, el traslado, al campo internacional de la concurrencia económica y de la concurrencia social, con su doble y peligrosa tensión, provocaron la guerra. Alemania no fue, no podría ser, la sola culpable de la catástrofe, como lo afirmó durante la guerra esa admirable propaganda de los Aliados, que se burlaba de la verdad, si ello era necesario para asegurar la paz interior, mantener intacta la feroz intransigencia guerrera de sus ejércitos y conquistar entre los neutrales las alianzas y las simpatías que les aseguraron la victoria.

Pero era verdad que en Alemania las ideas imperialistas habían alcanzado una influencia concluyente y eficaz. Si ella no fue la causa de la guerra —tal vez pudo ser el motivo inmediato— fue la nación que con mayor celeridad y más perfecta preparación descendió a la lucha. En rudas batallas asaltó e invadió el Oriente y el Occidente, y en cuatro años destruyó media Europa.

Se puede hasta convenir en que el imperialismo alemán, triunfante en la lucha, habría sido un peligro para la cultura, lo que es difícil comprobar. Pero un hecho es cierto. Nada enseñaron los Aliados a la Alemania que sale de la guerra. Después del conflicto es en ella, por el contrario, donde se manifiestan con mayor vitalidad las energías creadoras. En la política, en la vida social, en la vida industrial aparecen nuevas formas renovadoras. Pero es quizá en la vida espiritual y, sobre todo en la vida filosófica donde se evidencian singulares y audaces iniciativas.

Adriano Thilger, uno de los espíritus más vigorosos de la Italia actual, analiza en un denso y luminoso libro —*I relativisti contemporanei*— la nueva orientación espiritual de Alemania en los sistemas y en las ideas de Vaihinger, Einstein y Spengler.

Vaihinger es el creador de la filosofía del *Como si*. Para él todas las concepciones de nuestro espíritu, todas las leyes de nuestras ciencias, todas las categorías de nuestros sistemas, no son otra cosa que símbolos, ficciones, llenos de contradicciones, sin consistencia real, que mudan de época en época y de persona a personas. La realidad está toda y sola en el material desordenado de nuestras sensaciones. El conocimiento tiene por objeto no ya revelarnos la verdad, sino permitirnos un comercio más fácil con el caos sensible. No existen las categorías de verdad y de error sino las de utilidad y de nocividad.

Einstein es el grande hombre del momento, el renovador más audaz de la ciencia en este siglo. Destruye los conceptos de espacio y de tiempo objetivos. Niega el fundamento de la física newtoniana y, con ella, de toda la física moderna: la concepción de un espacio inmóvil, homogéneo, isótropo, amorfo, vacío, existente en sí, independientemente de las cosas que lo llenan, indefinidamente extendido en las tres direcciones. El espacio, el tiempo, el movimiento, son conceptos relativos que varían con cada nuevo sistema de coordenadas que elija el observador.

Spengler es el autor de *La decadencia de Occidente*. Para él no existe una cultura única, que acumule en el curso del tiempo sus conquistas espirituales, acercándose indefinidamente a la verdad absoluta. Todas las civilizaciones se equivalen, son irreductibles la una a la otra y todas están igualmente destinadas a nacer y perecer. De la una a la otra no hay progreso. La labor del hombre realiza una obra de Sísifo: crear para destruir, destruir para crear.

Vaihinger, Einstein y Spengler son los comandantes de la pujante ofensiva que el pensamiento filosófico alemán lanza en la mañana de la derrota de los ejércitos del Imperio, a la disolución de la cultura de Occidente. Puede que vengan detrás otros demoledores, pero más lejos se divisan los reconstructores. En esta renovación espiritual se adivina una sorprendente vitalidad. Terminada la guerra, nacionales y extranjeros vieron adelantarse días sombríos para la patria alemana. Había perdido una guerra de envergadura excepcional. Se le había obligado a confesar su culpabilidad en ella. Contra todas las promesas, contra empeños solemnes, se le impusieron tremendas condiciones de paz. Desarmada, y desangrada, debió aceptarlas. Su territorio fue disminuido; se la obligó a renunciar a sus colonias, a su marina. Debió comprometerse, en fin, a pagar fabulosas indemnizaciones.

Arruinada, sin marina, confiscados sus bienes y sus empresas en casi todo el mundo, debiendo hacer frente a onerosas obligaciones, Alemania iría a perderse. En adelante sería imposible, al menos si perduraban las condiciones de los tratados, mantener intacta su población, cuyo crecimiento había hecho posible un incesante desarrollo industrial y un continuo acrecimiento de riqueza. Un quinto de la población debería ser entregada a la muerte o condenada a la expatriación.

Pero, sin embargo, el porvenir no era realmente tan sombrío. Contra la derrota y contra las dificultades podría edificarse una nueva Alemania, en muchos dominios más favorecida que el Imperio. En efecto, ha perdido territorio, pero Rusia se ha alejado, Austria-Hungría, con sus complicaciones balcánicas, ha sido hecha pedazos. Si se exceptúa a Francia, los estados confinantes son mediocres. Es más pequeña pero tiene más respiro. «La fuerza de una nación —dice Ganivet— se mide por la de sus vecinos.» Alemania será el centro de atracción de los pequeños Estados que la rodean. El centro económico y el centro político. Francia, o mejor, los partidos de la derecha que hoy dominan en el Parlamento y en la opinión anhelan despedazar, dislocar la República, pero no lo conseguirán, porque ni la política tradicional británica, que se opone a toda hegemonía continental, ni el interés de Italia y de otras naciones continentales, lo consentirán.

A pesar de las condiciones dolorosas en que la deja la derrota, y gracias a ellas, lo que parece una paradoja, Alemania se levanta de nuevo. La depreciación de la moneda favorece su industria, que hace ventajosa competencia a la de todo otro país de Europa. Las condiciones difíciles de la crisis la han llevado a perfeccionar la organización consumada de su industria y de su comercio. Deberá pagar una suma fabulosa de millares, pero está animada de un espíritu de empresa y de iniciativa que la harán vencer todos los obstáculos, liquidar el pasado y renovarse y engrandecerse en no lejano porvenir.

Las contingencias de la derrota y los enemigos del antiguo régimen, determinaron la creación de la República Imperial. Creyeron los Aliados que destruyendo la Monarquía se quitaba todo asidero a un Estado fuerte y agresivo. Los monarquistas también creían —y lo creen todavía, porque son impenitentes— que la República impuesta por la Entente había empezado siendo una vergüenza, era ahora la causa de la debilidad del país y seguiría siendo en el futuro un motivo perdurable de laxitud y de decadencia del pueblo alemán. Pero otros piensan lo contrario y con mayor razón. Son los hombres eficaces frente a los que no hacen sino llorar sobre el pasado. La Monarquía, que se apoyó sobre una nobleza dócil y fatigada, había sido con la disciplina del cuartel y la escuela y la ciencia burocrática, el rudo compresor de toda superioridad. Durante la guerra, Alemania —como los otros países— no produjo esa riqueza de individualidades, que en tan gran número revelaron las guerras del pasado.

La nueva vida democrática extinguirá el monopolio de la aristocracia, que se mostró lastimosamente incapaz en los días oscuros de la guerra, y conducirá a los vértices de la vida intelectual y de la vida política, las riquezas que se esconden en las capas sociales inferiores.

En la maraña de la derrota los problemas de la política internacional parecían insolubles. Era difícil encontrar los medios para una potencia nueva; difícil contraer y consolidar nuevas amistades, pero todavía más difícil, ejecutar los tratados de paz que le impusieron duros sacrificios. Los guillermistas se encargaron de hacer la situación insoluble, al invocar la misma política torpe y ligera que condujo el Imperio a la guerra en condiciones desventajosas y que la terminó con una paz humillante. Con esta estirada altanería de yunkers, que era el hábito del antiguo régimen, no quieren resignarse a ejecutar las obligaciones contraídas. Dan así margen a que se reproche a su país la mala fe y justificable la actitud inconciliable de la Entente. Frente a ellos hay otros que piensan lo contrario. Alemania ha sido vencida y es forzoso ejecutar las cargas impuestas por la derrota. Al menos, es necesario dar pruebas de buena disposición y comenzar la ejecución de los tratados. Los Aliados podrán entonces convencerse de que dichos tratados no solo comprometen la vida de Alemania. En una Europa que no puede vivir, ni prosperar sino como un solo organismo económico, la ruina de un país como Alemania no puede realizarse, sin que ella provoque repercusiones igualmente perjudiciales en la estructura económica de los otros. Los sucesos van diciendo que esa tesis es justa. Aun en Francia, donde las pasiones inspiran la política, se va comprendiendo que la ruina de Alemania sería el comienzo de la ruina de toda la Europa continental.

Aislada y sospechada, como la dejó la guerra, empieza a hacerse de nuevas amistades. Rusia es su amiga y será su aliada, y Rusia se perfila como la gran potencia de la Europa del porvenir. Sin colonias, sin tierras de expansión para su población que aumenta sin cesar, la penetración alemana en Rusia se prosigue con eficacia y con apresuramiento inquietante.

Y bien, hubo un hombre que había sido antes de la guerra uno de los artífices de la memorable ascensión industrial de Alemania, que fue en los días de la lucha desigual uno de los obreros que aseguraron a la nación agresividad y resistencia, que hicieron la admiración del mundo, y que, cuando llegaron los días de la adversidad casi irreparable, dijo a las generaciones que salían fatigadas y descontentas de la derrota, viriles palabras de consuelo y promesas alentadoras. Después de haber adivinado con penetración extraordinaria todas las posibilidades de la nueva situación, que iluminaban el porvenir, predicó a su pueblo un nuevo programa de vida y, como si no fuera bastante, quiso ser un realizador y aceptó la responsabilidad de dirigir los destinos de su patria, hacia una nueva ascensión. Ese hombre se llamaba Walther Rathenau. Acaba de ser sacrificado por uno de esos guillermistas impenitentes que lloran el pasado, que se lamentan del presente y que, así tan llorosos y tan descontentos, no harán nada para preparar el porvenir.

La Alemania de Guillermo II ha muerto. Afortunadamente, sin remedio. Una nueva Alemania ha surgido de la guerra y se afirma a pesar de las veleidades monárquicas. Rathenau era el alma iluminada y el incomparable realizador. Supo ver todas las posibilidades nuevas. Como todo grande hombre de verdad no se puso a invocar las formas del pasado. Con el instinto profético y el idealismo realizador de su raza pide al porvenir las formas oportunas. Las instituciones que alejó la guerra, las transformaciones realizadas por ella, deberán servir al acercamiento de nuevas formas de vida.

Quienes lo conocieron describen sus rasgos dominantes. Talla de gigante, que le da prestancia de oficial prusiano y no de un hijo de Israel. Semblante rudo y fuerte que parece esculpido en madera. Cabeza oblonga, que denuncia de lejos al hombre de genio. Mentón agudo y penetrante, fuertes labios, ojos claros, donde parece arder un fuego extraño. Hablar tranquilo y ordenado, pero con una energía interior y un vigor de persuasión extraordinarios.

«Rathenau, decía hace meses la *Review of Reviews*, es el hombre nuevo de la nueva Alemania.» Y agregaba: «Filósofo, economista, sociólogo, compositor, músico, gran industrial, hombre de Estado, él es la personalidad más interesante, la representación más alta de la Alemania actual».

Walther Rathenau —ha dicho el presidente Ebert en la conmemoración del Reichstag— era un hombre de raras cualidades, dotado de los múltiples dones del espíritu, y de profunda experiencia en la vida económica y espiritual de su país, brillante por su carácter y por la bondad de su corazón. Era el único que pudiese resolver el problema de dar nuevamente a nuestro pueblo los contactos políticos y económicos con el resto del mundo, para nuestra salvación y para el bienestar de Europa.

Era de raza judía. Nació en 1867 y era hijo de Emil Rathenau, el creador de la Allgemeine Electrizitats Gesellschaft. A los diecinueve años termina sus estudios preparatorios y sigue los de ingeniería, física, química y filosofía. A los veinte años ha descubierto un nuevo procedimiento para la fabricación de álcali. En Alemania, en Rusia, en Polonia se fundan fábricas para explotar el procedimiento. Entra después en la empresa de su padre y es destinado a desarrollar los intereses en la compañía. Con ese fin va a Londres, Nueva York, Moscú y Buenos Aires. Siendo Dernburg, Ministro de Colonias, se le encarga de visitar las posesiones alemanas, y al llegar, presenta un célebre informe. Al estallar la guerra comprendió la necesidad de proteger a Alemania contra el bloqueo. Expone sus inquietudes al Gobierno y, como resultado, se le nombra dictador de los aprovisionamientos y en ese cargo aseguró la resistencia y burló por años el bloqueo. Después, en Berna, organiza la propaganda alemana para contrarrestar el esfuerzo de la organización que encabeza lord Northcliffe. En 1915 muere su padre y Rathenau se encarga de la dirección de la A.E.G. Bajo su dirección absorbe nuevas fábricas y empresas hasta convertirla en ese formidable organismo que posee mil millones de capital y ocupa 66.000 obreros.

A sus capacidades singulares de organizador une la vocación del escritor. Antes de la guerra había escrito páginas proféticas que adivinan el desarrollo de la contienda y el desgraciado fin del Imperio. Durante la guerra y después de la paz redobla su actividad de escritor, y de su pluma salen obras como *La triple revolución*, *Cosas de mañana*, *El Kaiser*, etc., que quedarán como uno de los más notables empeños de crítica y de reconstrucción que hayan aparecido después de la guerra.

En mayo de 1921 es nombrado Ministro de la Reconstrucción y, como tal, negocia con el Ministro francés Loucher el acuerdo de Wiesbaden, que representa el esfuerzo más decidido para llegar a una reconciliación franco-alemana y la voluntad de ejecutar las obligaciones de los tratados.

Después, separado del gobierno, representa a su país en Londres y después en Cannes, donde desarrolla, en beneficio de la economía y de las finanzas alemanas, su teoría de los desocupados invisibles, que se impuso a la admiración de los hombres de Estado de la Entente y contribuyó a imponer esa nueva orientación que ha llevado a la reducción de los pagos a los Aliados y a la concesión de la moratoria.

Al llegar de Cannes, Rathenau fue nombrado Ministro de Relaciones Exteriores. Su llegada al Ministerio ha contribuido a mejorar las relaciones de Alemania con los países que hoy dirigen la política mundial. Durante la Conferencia de Génova firmó el Tratado de Rapallo, que es el primer acto de una «entente» con la Rusia, tratado que los franceses consideraron como un error imperdonable, pero que otros calificaron como un triunfo. De todos modos es el acto de mayor envergadura realizado por la República y encontró un eco de simpatía y de aprobación en la opinión unánime de su país. En la sesión terminal de la Conferencia desarrolló, en un célebre y aplaudido discurso, las ideas que según él debían ser las directivas de la pacificación y reconstrucción de Europa. Era el alma y el realizador de la esperada reconstrucción.

La obra crítica y la ideología constructiva de Rathenau son una de las manifestaciones más vigorosas de pensamiento de la Europa de los últimos treinta años. Dentro de su cráneo lúcido, el idealismo romántico, el humanismo y el sentido práctico del hombre de negocios se sobreponían y se combinaban de modo admirable.

Su crítica del sistema capitalista y, en especial, del liberalismo económico, es concluyente. En ella evidencia todos los despilfarros de fuerzas, de materias y de trabajo, que se realizan en la economía anárquica del capitalismo. El sistema capitalista resultó en su época irreemplazable. El desarrollo extensivo de la economía, que comenzó con la expansión de las economías nacionales, para terminar con la formación del mercado mundial, y el incesante progreso industrial de los dos últimos siglos, no habrían podido encontrar medios más eficaces que la lucha individual de la concurrencia y la libertad personal ilimitada. Pero su época ha pasado. La inmensa destrucción de riquezas realizada por la guerra, las flacas posibilidades para extender los mercados y las condiciones y las tendencias sociales de la época, requieren nuevas creaciones.

Su crítica de los sistemas socialistas es penetrante y, al parecer, definitiva. La base científica del socialismo, la plusvalía, se ha desvanecido, según él. Existe, pero es tan insignificante que su distribución no contribuiría al mejoramiento de la vida. Sin su acumulación, se harían imposibles el aumento de los stocks y el perfeccionamiento del utilaje industrial, que sí son indispensables al mayor rendimiento del trabajo, y que sí sirven al mejoramiento social.

Otro gran error, según él, de la dogmática socialista, consiste en creer que una organización mejor de la sociedad, cualquiera que ella sea, podría acelerar la producción, mejorar la suerte de la comunidad y ponerla en estado de consumir más. Por el contrario, en condiciones técnicas y físicas iguales, solo el estado de los stocks y la intensidad del trabajo, es decir, su grado de rendimiento, determinan el bienestar de un país. Todo paso a una nueva forma de sociedad —si ésta debe tener un carácter de libertad más acentuado que la precedente— comporta una reducción de los stocks y una disminución de rendimiento del trabajo. No son, pues, la distribución de los beneficios ni el establecimiento del bienestar humano.

No es, pues, ni individualista ni socialista. Es ecléctico, como los hombres de las grandes épocas, cuando las teorías y las especulaciones se sumergen en la vida y en las cosas, para incorporarse a la realidad, que es ecléctica. En la sociedad, en el Estado y en la economía que él presiente en el porvenir se asocian el liberalismo ético y la consideración de las necesidades y de las aspiraciones sociales.

Para mejorar el bienestar social, para reparar las pérdidas causadas por la guerra, para aplacar la lucha social, será necesario, entre otras reformas, sustituir la economía anárquica del capitalismo por una economía orgánica, que somete a un plan armónico todos los factores de producción. Con los medios ahora disponibles se podrá aumentar la producción y hacer bajar los precios, elevar el rendimiento y abreviar la duración del trabajo.

Pero esto solo no es bastante. El aumento de la producción y el bienestar material no darán la paz a la sociedad mientras no se contenten las aspiraciones del espíritu y no se abran todas las posibilidades de la vida a todos los hombres. Esta sociedad en la que los privilegiados de la educación y de la riqueza extrañan a enteras clases sociales, y condenan a hermanos de la misma raza a una vida de esclavitud, indigna e ingrata, deberá desaparecer, suprimida por otra, que dará a cada uno la posibilidad y la responsabilidad de elegir la profesión y la vida que le convienen. La existencia colectiva no encuentra su verdadera expresión, la sola digna de ella, sino en una comunidad bien amalgamada y que repose sobre el principio de la solidaridad, de la responsabilidad y de la confianza recíproca.

A esta reorganización social corresponderán la igualdad y la cooperación entre las naciones. El nacionalismo tramonta. En el porvenir un nuevo trabajo. Los bienes materiales y los intereses serán comunes. A los que le reprochan esta utopía, responde: «No es que yo funde esta esperanza sobre la utopía que da a la vida humana una finalidad y un valor».

Una nueva justicia acabará por imponerse en las sociedades vinculadas por un ideal de solidaridad y de elevada justicia. La economía no será asunto privado sino colectivo. El despilfarro de fuerzas, de materiales y de trabajo, las acciones inútiles, la producción de objetos frívolos, ridículos y dañinos, los emolumentos adquiridos en la ociosidad, constituirán entonces injusticias hacia la comunidad. Todos los hombres válidos deberán trabajar. El trabajo dará derecho a tomar parte activa en las deliberaciones comunes. Dará una regla y no una sujeción. El consumo de los bienes no será una cuestión de capricho. Deberá elevar el sentimiento de la vida, la energía y la inteligencia, en lugar de envilecer al hombre y dañar a la comunidad. Todos los hombres participarán en las distintas divisiones del Estado. La dirección será confiada a los más capaces, que gozarán de confianza ilimitada. No habrá elecciones agitadas, sobre programas confusos y aéreos, sino selección en el círculo estrecho y viviente del trabajo en común. El Estado será dirigido por capacidades técnicas y no por políticos, aficionados e intrigantes.

Tales son algunas de las concepciones de este extraordinario animador de ideas, que supo inspirar proyectos, sugerir planes, suscitar experiencias, elaborar programas de una nueva organización económica y social. Fue de las raras individualidades surgidas del infierno de la guerra, a quienes no logró sofocar el ambiente gris y nivelador, que difundieron la disciplina del cuartel y la mediocridad de la escuela y de la ciencia burocrática.

Ginebra, 1922

La nueva orientación de la historia

Pues que en nuestros países desorbitados, apartados de las grandes corrientes de la cultura, quedan todavía algunos empedernidos y entusiastas discípulos de Comte y de Taine, amantes incondicionales (en bloque) de toda la ideología positivista, y como el positivismo ha sido revisado, criticado y rechazado y sustituido por otra nueva creación científica, quería exponerla aquí mismo.

Y no es eso lo peor. Tal vez no hay tal fe en el positivismo, pero se puede decir que este nació como una reacción de esa orientación filosófica, que valorizando al hombre, haciendo de la razón y de la voluntad fuerzas masculinas, soñó cambiar los destinos de la historia y provocó esa renovación, uno de cuyos episodios culminantes fue la Revolución Francesa.

Ese empuje de la razón y de la voluntad humana, que habían despedazado la ideología sobre la que se fundaba la vieja sociedad feudal y desplazado hacia la burguesía el eje de la historia, iría a ser anulado por otra nueva onda, que en nombre de la misma orientación racionalista y voluntarista de la historia, iría a ser impulsada por la clase naciente del proletariado.

Desgraciadamente, la clase que acababa de perder su hegemonía no sabía o no estaba preparada para restaurarla en otros campos de la vida, y tuvo que unir su suerte a la burguesía que acaba de sustituirla. La posición incierta de esa clase social, que por una parte abandonaba el poder, y de otra parte era obligada a unirse al enemigo, iba a determinar con el pesimismo, la orientación histórica de la época. Y la ideología, impotente, incapaz para seguir una voluntad resuelta que no existía, se dejó guiar por un fatalismo miope que contentó los vuelos tímidos de la voluntad.

La burguesía, cuyas ideas habían debilitado hasta vencer la sociedad feudal, pero que favorecían las clases proletarias contra la conquista del poder que acababan de realizar, retrocedió ante su propia obra y desmintió toda su ideología. Así, voluntaria o involuntariamente, hijas de una voluntad vencida o de un propósito hábil —se desprestigió al hombre— hasta conducirlo a la selva primitiva y se desprestigiaron las ideas, hasta quitarle todo derecho a cambiar a la vida, todo derecho a gobernar las fuerzas ciegas de la pasión o del instinto.

Bajo la hegemonía burguesa, con el desprestigio de las fuerzas del espíritu, al amparo del pesimismo pudieron prosperar la industria y el comercio —las dos especializaciones de la burguesía—. A su ejemplo todas las clases se empeñaron en conquistar la riqueza y el bienestar material. Como en las otras épocas, cuando las energías humanas se dedicaron al arte, o al derecho, ahora todas se dedicaban al bienestar material. Todas las grandes fuerzas de la vida interior quedaron disminuidas, la inteligencia perdió su vuelo y sus arranques masculinos y el ojo miope de los pocos hombres que se dedicaron a la obra del espíritu, perdieron de vista los grandes empeños del pasado, divinizaron los hechos y renunciaron a cambiar el porvenir.

Matando el demonio anterior, ese demonio que atormentó las noches de Sócrates y haciendo engordar la bestia humana, el movimiento burgués triunfaba. Destruyendo la rígida moral que gobernaba al hombre, barbarizando la estética, destiñendo las tradiciones y las costumbres, quitando el rigor a las instituciones, y demoliendo con esta obra de destrucción el poder de la inteligencia, dejaba existiendo los hechos anárquicos, el hecho de la fuerza que había frenado los recios instintos del hombre primitivo, sin Dios ni Ley, quedando dominando el mundo. Poseedora del Estado, poseedora de la fuerza, la burguesía pudo dedicarse con esfuerzo vehemente, afanoso, apresurado, a la conquista de la tierra y de sus tesoros.

Contra la anarquía, contra la sangre que anegaba el solar de una vieja civilización, la humanidad soportó la repudiación de las ideas-armas de la burguesía, y se sometió obediente.

Pero la historia es irónica y su ironía es tragedia. Las viejas ideas repudiadas, quedaban sin embargo en circulación: imposible amarrarlas. Ellas continuarían su obra. Imposible servirse de ideas y arrojarlas después como piltrafas inútiles, cuando ya no se las necesita. No se someten obedientes al desprestigio.

Las mismas ideas que la hicieron triunfar están dominando la ruina de la ideología burguesa: la conciencia individual, la fuerza. Debilitadas las viejas defensas, atacada la orientación en la ciencia, atacada hoy en la vida social la vieja ideología... (ilegible en el original).

Hoy el idealismo vuelve a dominar el mundo: los hechos no tienen ninguna significación por sí mismos, no toman ninguna dirección si están abandonados. Su íntima razón de ser, lo que les da significación, lo que los hace trabajar en un sentido o en otro es la idea que los inspira, la voluntad que los manda.

En esta nueva orientación la voluntad vuelve a tener un significado: los héroes aparecen dominando la escena humana, pero sobre todo las ideas imperan. Spengler, el gran historiador alemán, comprueba que las civilizaciones, mueren cuando se debilita el estado espiritual que las hacía vivir. Al lado de la geografía humana, crece la geografía histórica que explica cómo el hombre cambia todos los grandes factores naturales.

Ya estas tendencias habían progresado antes de la guerra, pero los actos sucedidos durante y después de la guerra, animados de ese espíritu voluntarista que cree que el hombre domina el escenario de la historia, que el hombre hace la historia, han acabado por arruinar la concepción positivista y hecho triunfar la concepción voluntarista e idealista: dejan de imperar Taine, Comte y Stuart Mill, los santos del positivismo, que se sirvieron sin embargo de los hechos sin endiosarlos. Pero ellos declinan gloriosamente, o decentemente. Indecente va a ser la suerte de los cadetes, de los discípulos positivistas, que endiosan el hecho e ignoran las concepciones audaces de la razón; en su mayor parte sacristanes que heredan de los santos solo las fórmulas vacías, tísicos que heredaron los (ilegible) de los caballeros y los llenan con sus verbosidades insípidas pero malignas y hasta perversas.

Ginebra, 27 de noviembre de 1922.

El idealismo actual y nosotros

El positivismo muere. Mejor, ha muerto ya. Cada día que pasa marca un progreso en la eliminación del historicismo, del realismo literario y de otros ismos derivados de aquella corriente filosófica. Señalar su activo y su pasivo, sería tarea capaz de tentar a un desocupado. Nos limitaremos a reparar en el hecho: el positivismo se ha extinguido en casi todas partes, en casi todos los medios donde existe una vida espiritual activa e inquieta. Pocos estados de espíritu, pocos sistemas filosóficos se esterilizaron tan rápidamente. Había nacido con el comienzo del siglo pasado, cuando el racionalismo, después del Renacimiento y la Reforma, acababa la bancarrota de la gran civilización cristiana y proseguía su obra de destrucción, rabiosa e implacable, amenazando la naciente sociedad, atea y jacobina, comerciante y burguesa. Para salvar esta sociedad en peligro, ofrecieron sus sistemas hombres tan diversos como Chateaubriand y Fourier, De Maistre y Saint Simon. Con mayor fortuna que los otros, Comte encontró prosélitos numerosos y fervientes de su doctrina y fundó escuela. Pontífice y discípulos estuvieron unánimes en considerar la ciencia positiva como principio seguro e infalible de organización y de unidad.

El positivismo fue la religión del siglo XIX. Animados de la fe en la ciencia, legiones de sabios se prometieron sorprender los secretos de la naturaleza y de la vida. En el análisis de las realidades visibles buscaron la explicación de las diversas manifestaciones del universo. Todo cuanto existe, se creía, es aprehensible, explicable, reductible a ciencia. Todo cuanto no sea realidad sensible, todo lo que no pueda reducirse a cantidades y a propiedades físicas y químicas, no existe y debe ser excluido del campo de la experiencia y del saber. Así Taine, una de las más vigorosas cabezas de Francia en el siglo pasado, no ve en las manifestaciones del espíritu humano sino un problema de mecánica, y considera que, en el vasto mecanismo del universo, el hombre no es sino una pieza sin iniciativa, soldado pasivo y obediente del mundo que lo rodea.

Se comprende bien a cuáles consecuencias llegaba o quería llegar el positivismo en los dominios de la moral, de la religión y de la política. En el camino se desvanecieron sus pretensiones. Al contacto de las realidades, sobre todo de las realidades imponderables pero activas, la teoría resultó falsa y vana. Hubieron de convencerse los novadores ilusos de que la imposibilidad de la evidencia no basta para desechar o negar las realidades que se resisten a la inspección de nuestros cinco sentidos.

Lo que el resultado de las primeras experiencias y el buen sentido habían comenzado a desbaratar debían terminarlo los herederos de la filosofía tradicional. Casi en el mismo momento en que Comte expone su sistema, Maine de Biran se inspira en Descartes, trata de explicar el mundo con el yo y restaura la orientación espiritualista del pensamiento francés. Después Ravaisson fecunda su esfuerzo solitario de meditación y lo enlaza con el movimiento filosófico que va de Kant a Hegel. Entonces, la situación del positivismo parece comprometida y ya no hay duda sobre lo irreparable de su destino, mientras el idealismo se dilata y triunfa en la filosofía de la contingencia de Boutroux, en la filosofía de la voluntad de Blondel, en la filosofía de la intuición de Bergson, en el idealismo absoluto de Lachelier.

En la misma época, en el mundo germánico, a pesar de Vogt, Buchner y Moleschott, profesores de materialismo, el pensamiento filosófico se mantenía fiel a las inspiraciones de Kant y desarrollaba sus varios aspectos en las vastas metafísicas de Fichte, de Schelling, de Hegel y de Schopenhauer. Estos diversos sistemas son de esencia idealista y nada hace prever, como lo enseña la última filosofía alemana, el crepúsculo de Kant y de la orientación impresa por él hace un siglo.

En Italia, después de la embriaguez positivista, cuyo representante más típico fue Ardigó, el idealismo domina sin contraste. De Spaventa a Croce y a Gentile el idealismo hegeliano ha ido adquiriendo una fisonomía cada vez más italiana, más compenetrada con la tradición brillante y efímera del Renacimiento. Su última transformación es el idealismo actual de Giovanni Gentile, que es el mayor esfuerzo constructivo realizado, en el campo de la filosofía, por el pensamiento de la nueva Italia: poderoso ensayo de sistematización, que refleja el equilibrio de la raza, igualmente distante de las creaciones abstractas de la razón y del realismo grosero y artificial de los positivistas.

En los otros países de Europa, centros secundarios de la actividad filosófica, se ha repetido la reacción antipositivista y el proceso de restauración del idealismo.

De esta suerte se ha derrumbado un sistema esencialmente pesimista, que disminuía el campo de la investigación y de la vida; que pareció imposibilitar toda ascensión humana y ahogar todo aliento masculino de renovación. Por obra del pensamiento francés, del alemán y del italiano –sin olvidar la inmensa contribución de ingleses y americanos, con el pragmatismo de Pierce, de James y de Schiller, que ha reforzado los resortes de la acción y hecho posible el idealismo activo o actual– tienden hoy a predominar los valores ideales, las energías invisibles pero potentes del espíritu. Aunque nadie piensa restar importancia a la ciencia experimental, ha quedado desmentido su valor absoluto. La ciencia ha abandonado ya su designio de encerrar dentro de leyes inflexibles todos los aspectos del universo.

Hoy tiende a dominar una nueva concepción filosófica, un nuevo estado de espíritu, una inspiración diversa en el esfuerzo civilizador. En un libro reciente, Adriano Thilgher, uno de los pensadores más agudos y más distinguidos de la Italia contemporánea, la caracteriza así:

El alma moderna niega que haya un mundo real de cosas y de personas existente en sí, exteriormente, anteriormente, independientemente del espíritu que lo conoce. Para ella el mundo es un sueño, un miraje, un fenómeno, una apariencia de nuestro espíritu. El universo es para cada uno como se le aparece. El alma moderna niega que haya cosas inmóviles y siempre idénticas y concibe la vida como un fluir incesante, como un perpetuo «devenir» en el que no hay puesto para entes internos o externos, cosas o caracteres, rígidos y con confines precisos. El alma moderna ha abolido la frontera entre el error y la verdad, entre la ficción y la realidad: ficción y realidad, error y verdad, son hechos provisorios asignados de cuando en cuando al río eterno de la vida, que de instante en instante se renueva, superando a cada momento las posiciones alcanzadas, disolviendo y fluidificando los términos rígidos puestos por la inteligencia.[8]

Tal vez, la concepción actual, por exagerada, es errónea. Pero ella no es sino la culminación del movimiento que se hizo necesario para combatir el positivismo de los miopes sacristanes de Stuart Mill y de Comte. La nueva concepción es, en su ala extrema-izquierda, con Vaihinger el filósofo del Alsob, y con Rougier, el discípulo de Henri Poincaré, un pirronismo desconcertante y demoledor. Oswaldo Spengler observa con grave inquietud la progresiva ascensión del

---

8   A. Thilgher, *Studi sul teatro contemporaneo*, Roma, 1923, págs. 49-50.

nihilismo filosófico, que ha permeado todos los aspectos de la vida contemporánea, y descubre en él uno de los indicios más impresionantes de la ruina que amenaza la civilización de Occidente.

Puede que sea acertada la observación de Spengler, que es uno de los fundamentos de su profecía. Merecería detenernos y discutirla un poco. Nos contentaremos simplemente con observar que estamos en un período de reacción contra el positivismo, que adopta las fórmulas extremas que siempre caracterizaron las reacciones. El positivismo llegó a afirmar la pasividad y la impotencia del espíritu humano en frente de la naturaleza. Una reacción idealista, nacida para combatirlo, y que se ha aventurado hasta las fronteras del nihilismo filosófico, afirma hoy la actividad absoluta del espíritu. Solución creada para la batalla y, como tal, excesiva y provisoria. Y aun falsa, pues no podemos negar una fuerza de resistencia, todavía más, un cierto activismo, a la naturaleza.

No obstante las necesarias imperfecciones y exageraciones de esta orientación espiritual, no debe contemplarse con pesimismo la tarea de los escépticos actuales, que están desembarazando el terreno para la nueva construcción y demoliendo muchas cosas que debían ser demolidas. La labor destructiva es el primer episodio de toda reconstrucción. Pero ciertos aspectos de la vida intelectual y moral de nuestro tiempo indican que él va a comunicar un impulso vigoroso y saludable al espíritu humano. El escepticismo contemporáneo no es un pirronismo integral. Su negación no es absoluta. Es partidario de la acción. Según afirma su recio teorizante italiano, Giuseppe Rensi, no niega las verdades, no va contra la apariencia de las cosas, sino contra las generalizaciones de la especulación filosófica, contra las pretendidas verdades formuladas hasta ahora por los metafísicos absolutos. Es verdad todo lo que se realiza en una universidad empírica. No hay verdades absolutas sino relativas o históricas o cambiantes como la realidad. La evidencia de cada verdad depende de sus posibilidades de realización, de la fe y de la voluntad que ponemos en afirmarla. Planteemos un problema concreto: el de la autoridad. Pues bien, según Rensi, la autoridad no tiene, en manera alguna, necesidad de fundarse sobre la razón. Ella hace, por el contrario, una razón, construye de lo que quiere su propia racionalidad. La misma filosofía se aplica a la historia.

El individuo —dice Thilgher— no espera ya que la historia se haga por sí misma y lo haga: reconoce que él es el creador de la historia y se constituye como centro absoluto de ella. Pero no se obra sin un mito, sin una fe que sean estímulo eficaz y propulsor de la acción.

Y agrega:

La historia, la ciencia, el conocimiento se reducen, en general, a un perpetuo simbolismo, a una mitología, en cuya base está un acto de fe, una posición de la voluntad, una afirmación de vida inconmensurable con las otras. El fantasma de una historia impersonal se disipa y se hace posible el retorno de la acción, y, con ella, de la fe y del mito.[9]

Debemos alegrarnos de la muerte del positivismo y del tramonto del historicismo y de sus otros descendientes más o menos legítimos. Para nosotros fue una verdadera calamidad. Conducidos por él, Lebon y otros sociólogos nos condenaron a la imposibilidad de ascender hasta el rango de los pueblos que crearon civilizaciones expansivas. En manos de nuestros sociólogos el bagaje del positivismo sirvió para elevar a dogmas científicos ciertas teorías políticas discutidas y discutibles, desconocer aspiraciones y necesidades muy altas y para inmovilizar la historia que es esencialmente mudable y debemos querer progresiva. A la luz de los principios del positivismo, ello tenía razón de ser porque esta doctrina parecía excluir u olvidar las actividades espirituales y se fijaba solamente en los factores físicos y en las trazas materiales dejadas por la historia en una marcha ineluctable. En el terreno del idealismo absoluto, que es al mismo tiempo activismo absoluto, las afirmaciones ligeras y simplistas de un Lebon cualquiera ya no pueden sostenerse con igual desenfado y solemnidad.

Lo peor de todo es que la afirmación «científica» era indudablemente interesada y la ciencia era solo la bandera de intereses que querían imponerse para nuestro daño. Nuestras tierras feraces, generosas con el esfuerzo humano, estaban condenadas a caer bajo el dominio de las razas que se complacen en llamarse superiores. Entre los pueblos tropicales, nosotros, por ejemplo, estaríamos sentenciados a ser esclavos de los anglosajones. Ciencia malvada y

---

9   A. Thilgher, *I relativisti contemporanei*, Roma, 1922, pág. 76.

falaz. Hemos hecho historia de gran pueblo y de gran raza. Podríamos aceptar tranquilamente que se nos dijera que somos incapaces para crear la civilización anglosajona. Pero existimos, tenemos una concepción original del mundo y de la vida y crearemos la civilización que pide nuestra vocación distinta, y que será tan provechosa y elevadora para el mundo como cualquiera otra.

A las pedanterías de los sociólogos de gabinete, suficientes e irresponsables, nos toca responder con un acto de fe, con múltiples actos de voluntad. La fe transporta montañas, reza la gran epopeya del Oriente. La voluntad decidida es inexorable. Contra los difamadores interesados adoptemos una actitud apropiada. Se nos ha dicho y probado que nuestros climas no permitieron ni permiten civilizaciones expansivas. Podemos responder que no hay sino climas históricos, que cambian con la inspiración del genio y con las realizaciones de la voluntad de los pueblos. A veces parece evidente que el clima imprime su sello a la raza. Es innegable que las condiciones de la naturaleza determinan hasta cierto punto la actividad de un pueblo. Pero también es cierto que la historia nos declara, si se lo preguntamos, que en un mismo clima razas diversas y aun diversas orientaciones del espíritu crearon diversas civilizaciones. Los teorizantes de la geografía humana han puesto en evidencia las transformaciones del medio realizadas por el genio humano y señalado la frecuencia con que los pueblos escapan a las imposiciones de la naturaleza física.[10] En lo que concierne al clima, no es aventurado afirmar que la técnica y la higiene permitirán vencer algunos de los inconvenientes de la naturaleza tropical, como lo han permitido en las tierras inhospitalarias próximas al polo.

Hace meses un latinoamericano explicó en Washington la vasta labor educativa de su Gobierno. El éxito halagador de sus esfuerzos lo llevó a rechazar el postulado de Spencer, de que el hombre es enteramente modelado por el medio. Es más verdadera, dijo, más consoladora, más humana la afirmación contraria, expresada tan elocuente y enérgicamente en la frase genial de Bolívar: «Si la naturaleza se opone, lucharemos contra ella y la venceremos». He aquí nuestra palabra de orden.

Saludemos el idealismo y el activismo absolutos, que pueden ser para nosotros el alba de una nueva vida que contente nuestra expectativa y que inicie

---

10   Véase: Jean Brunhes et Camille Vallaux, *La géographie de l'histoire*, París, Alean. 1921.

la realización de las posibilidades infinitas del genio de nuestra gente y de la fertilidad de nuestras tierras.

Esta nueva concepción de la vida, que no es sino la culminación de un largo proceso espiritual y la respuesta a las inmensas necesidades de reconstrucción de un mundo abatido por la guerra y desconcertado por la intervención perturbadora del Oriente, está haciendo la historia y realizándose en las riberas del Mediterráneo, el gran mar de la civilización «que llevó sobre sus aguas la más bella cosa del mundo: el genio griego, y la más grande: la paz romana»; en donde, según la frase de D'Annunzio: «Grecia reveló la belleza, Roma la justicia y Judea la santidad». En ese centro fecundo de la historia el nuevo espíritu está preñando la realidad y preparando el advenimiento del porvenir.

Gracias a la nueva inspiración, Italia y España se renuevan. Indicios de vitalidad señalan una ascensión inevitable de estos dos países. El clima espiritual favorece la eclosión de una nueva primavera humana, el renacimiento de estos pueblos herederos de la vieja y gloriosa latinidad.

Este es un hecho de trascendentales consecuencias, puesto que España e Italia son, con Francia, aquí en Europa las principales obreras de nuestra vida, las grandes proveedoras de hombres, de ideas y de instituciones del nuevo mundo latino.

Bolívar creía en la misión estupenda de la Gran Colombia y de la América. Hoy el sueño bolivariano se va haciendo, es necesario que se vaya haciendo convicción, idea dinámica. Pueda el idealismo actual, tan favorable a la acción, y el renacimiento de una parte del mundo latino, iniciarnos en la marcha hacia una gran civilización clásica. Nuestras tierras asoleadas y feraces, como las del Canaán bíblico, a donde acuden, animados de una esperanza infinita, los hombres de todos los pueblos y de todas las razas de la tierra, tienen un porvenir mejor, si nosotros lo queremos, que las tierras americanas del Norte, empujadas muy premurosamente a la virilidad por la raza anglosajona, y serán el laboratorio de una gran civilización, la más fecunda y la más expansiva que habrá florecido en nuestro planeta.

17 de enero de 1924.

Población y saneamiento

El problema demográfico es el dominante en nuestra época. La presión demográfica fue, en el sentir de Keynes, el factor decisivo de la Guerra mundial, y se puede afirmar que hoy el aumento de la población de Rusia, Alemania e Italia es el gran factor que domina el desarrollo del drama europeo y prepara un nuevo equilibrio social y político.

Mucho más visible es su influencia en el Pacífico, el futuro campo de batalla del mundo, en donde va quizá a decidirse el porvenir del planeta durante toda una edad. El despertar de la China y de la India, con sus inmensas masas de hombres, y, sobre todo, el intenso ritmo demográfico del Japón, plantean ya la necesidad de una revisión del estatuto territorial del Oriente. China y la India esperan vencer la tutela blanca con la potencia del número, mientras el denso y activo hormiguero nipón, vanguardia del mundo amarillo, perfecciona su organización minuciosa y acecha el momento propicio para apoderarse de Australia, Filipinas, Insulinda, y hacer de ellas sucursales de la raza.

En la ciencia la importancia de la demografía no es menor. Desde hace tiempo Durkheim insistía en las consecuencias sociales y políticas del crecimiento de volumen de las sociedades humanas. Ahora un joven sociólogo italiano, F. Carli, ha edificado una nueva sociología sobre la base demográfica. Los datos demográficos son el término general de comparación de las sociedades humanas. En ellos se reflejan las variaciones sociales de todo orden. El ritmo demográfico marca el paso en el desarrollo económico, técnico, social, político, espiritual de un país. Del mismo modo que lo marca en el retroceso. Es que a la población trasciende, en primer lugar, la fe en las posibilidades, o el estado de espíritu de un momento dado, que es, para Carli, el punto de partida de las variaciones sociales.

Pasando a nuestra América, se puede declarar hoy, con mayor convicción que ayer, que «poblar es civilizar». Progreso económico, evolución política, ascensión espiritual, están condicionados, en el continente nuevo, por una sabia política pobladora. Una experiencia casi secular ha confirmado de manera innegable toda la verdad de la prédica de Alberdi.

No es el caso de extenderse en las diversas influencias de la densidad de la población en los grupos humanos, para lo cual habría suficiente material en la historia americana. Nos limitaremos solo a reparar en la relación íntima entre la población y el saneamiento. Los valles del Yang-tsé o del Pei-ho, en China, los pantanos de Pomerania y de la Prusia oriental, los Países Bajos, las llanuras del Po, es evidente que no fueron saneados y cultivados sino cuando las tierras mejores eran escasas, cuando la densidad de la población había permitido el desarrollo de la técnica.

Pero la experiencia de Italia, en materia de saneamiento, ha permitido precisar los términos de la cuestión. Después de muchos tanteos y fracasos los técnicos italianos han llegado a la conclusión de que el único saneamiento eficaz y, en consecuencia, productivo y factible, es el saneamiento integral, o, como ellos lo llaman, la «bonifica integrale».

Sanear integralmente significa afrontar, a un mismo tiempo, el problema en todos sus aspectos. En el momento mismo en que se mejoran las condiciones sanitarias de la tierra es necesario poblarla, explotarla convenientemente, dotarla de comunicaciones, etc. Es decir, que es preciso activar la tierra enferma y preparar las condiciones que permitan mantener la curación. La principal es que sea económicamente ventajosa a la colectividad, y no parasitaria.

La conclusión que se desprende de la experiencia italiana nos enseña que no es suficiente crear si no existen las fuerzas capaces de conservar, que son vanos los resultados obtenidos con fatiga si un continuo trabajo de conservación no se afana en perpetuarlos.

Nuestro saneamiento es una obra lenta, de largo aliento, y está condicionado en buena parte por la población, como casi todos nuestros problemas.

Ginebra, febrero de 1925.

Hindenburg y el resurgimiento de Alemania

El pueblo alemán ha elegido a Hindenburg presidente del Imperio republicano. Inmenso destino el que abriga este hombre. La Gran Guerra lo sorprendió anciano, retirado ya del servicio activo, en su casa de campo de Hannover. Iniciadas las hostilidades, la Prusia oriental comenzaba a ser invadida por un innumerable ejército de rusos. La situación era grave. El Estado Mayor nombra entonces comandante del frente del Este a Hindenburg, y éste despedaza en las batallas de Tannenberg y de los lagos de Mazuria el ejército de Rennenkampf y aleja el peligro eslavo. El 29 de agosto de 1916, el mariscal fue nombrado conductor de toda la guerra alemana y se mantuvo en ese puesto hasta la derrota y la paz. Volvió entonces a retirarse a su casa de Hannover, desde donde contempla, taciturno y grave, la liquidación del Imperio.

Pero pasaron los días terribles, y hoy la Nación, superada la tremenda crisis que trajo la derrota, restaurada la economía y la disciplina social, aspira a alcanzar la consideración de ayer y llama a presidirla en la nueva fatiga al férreo mariscal.

Esta elección es el último acto de la restauración alemana. La resurrección económica y financiera está terminada. La moneda es cara y estable. El presupuesto arroja un cuantioso *superávit*. La maquinaria industrial, que no fue dañada por la guerra, ha sido perfeccionada y ampliada, y ya la producción compite, por la calidad y por el precio, con la de los demás países europeos. La marina y los transportes están en plena eficacia: una grande usina hidroeléctrica dará fuerza a toda la Baviera y avanza la construcción del gran canal del Rin al Danubio, que aumentará considerablemente la importancia de la red fluvial. Las dificultades han impuesto una saludable concentración industrial. Los organismos bancarios y comerciales están ya ajustados. Así, gracias a la dictadura del general Von Seekt, a la admirable disciplina social y el plan Dawes, la economía alemana ha superado una crisis que muchos creyeron mortal, y emprende con mayor vigor que ayer la conquista del mercado mundial.

Aliado de esta reconstrucción económica prosigue incesante la ascensión espiritual. Einstein el relativista; Wegener, el geólogo, cuyas teorías algunos califican de geniales; filósofos como Vaihinger, Spengler y Husserl; sociólogos como Max Scheler, capitanes de la industria como Stinnes; inventores como Flettner: *hombres*, en fin, como Rathenau, conservan a Alemania un alto puesto

73

en la consideración del mundo. No se diga que esta actividad es loca, y que no se organiza en conjunto armonioso. No. Grandes espíritus trabajan en darle una dirección. Uno de ellos, el vigoroso novelista y pensador Thomas Mann, afirma que Alemania está llamada a elaborar la síntesis del misticismo eslavo y de la latinidad occidental.

En todo caso Alemania está en pie, pronta a rehacer su vida y su destino. Por una de esas ironías de la historia, su situación económica y social es mejor que la de casi todos los vencedores. En estas circunstancias ¿cuáles serán las consecuencias de la elección de Hindenburg? Es necesario esperar los hechos y no se pueden o no se deben prever las consecuencias catastróficas que ha deducido *a priori* la prensa francesa. Es cierto que se abre para los Aliados un periodo difícil. Pagarán un grave error: el de no haber sabido asegurar a Europa un equilibrio estable. Lógicamente la guerra hubiera debido terminarse con una paz humillante, impuesta con la espada, a lo Breno, o con una paz justa. Se la terminó con un absurdo compromiso. Es ahora cuando podrán concluirse, con la Alemania reconstruida, pactos que tengan probabilidades de duración, y dependerá de los Aliados que la elección de Hindenburg sea el preludio de una paz durable o de una guerra inminente.

Ginebra, abril de 1925.

Los Estados Unidos de Europa

Locarno, la pintoresca ciudad suiza tendida al pie de los Alpes y en las riberas del Lago Mayor, será considerada un día, si se realizan los propósitos manifestados en Londres, en el acto de la ratificación de los tratados que llevan su nombre, como la cuna de los Estados Unidos de Europa.

Los estadistas que tomaron parte en la ceremonia londinense estuvieron unánimes en considerar los tratados de Locarno como el comienzo de una nueva era europea. Especialmente significativas fueron las declaraciones de los representantes de Francia y Alemania, señores Briand y Streseman, quienes reconocieron la solidaridad y la identidad del destino histórico del conjunto europeo y afirmaron el propósito de adecuar a esta situación sus relaciones internacionales.

Hasta ayer, los proyectos de unión europea fueron intentos aislados que nunca desembocaron en la corriente de la historia. Hoy ese pensamiento es más que un ideal, es una idea-fuerza capaz de dominar los acontecimientos de la época, porque la favorecen e imponen las tendencias actuales y profundas de la vida política, económica, social e intelectual. Las aspiraciones y las necesidades colectivas, aquí en Europa, superan las fuerzas de las pequeñas patrias surgidas en los siglos pasados, con tareas restrictas y han desbordado y están borrando las fronteras nacionales. Las comunicaciones y otros factores de unificación son todavía impotentes para hacer de la Tierra una patria única, pero las grandes agrupaciones de pueblos son o serán muy pronto una realidad.

La Paneuropa va a ponerse en marcha. El instinto infalible de las masas invoca su advenimiento, y los hombres responsables de las diferentes naciones convienen en que no será posible mantener en el mundo las posiciones actuales de sus patrias sin una agrupación formal de las fuerzas del continente. Las declaraciones de Londres han confirmado solemnemente esa convicción, la cual solo niegan ciertos nacionalistas impenitentes, que se muestran sordos a todos los reclamos de la realidad. En casi toda la opinión europea la acogida ha sido favorable. Aun en la de este país, que es magna parte de un vasto imperio, dentro del cual hay posibilidades de vida autónoma, que podría reclamar un destino independiente del destino de Europa, y que hasta ayer se esforzó en mantener su «espléndido aislamiento». Así, en el *Observer*, el órgano tal vez más autorizado del periodismo británico, su director, señor Garvin, termina con las siguientes palabras su editorial del 13 de diciembre:

Los observadores alertas, los que tienen ojos para ver lo que los aconteci-mientos están promoviendo y juicio para apreciar su significación, se dan cuenta de que ha comenzado ya el lento creador irresistible impulso hacia una forma cualquiera de los Estados Unidos de Europa.

La transformación realizada en los últimos siete años ha sido considerable. Terminada la guerra, los vencedores conservaron, como era natural, la intran-sigencia feroz de los campos de batalla, y no supieron o no pudieron reanudar anteriores colaboraciones. El Tratado de Versalles y los otros tratados de paz prolongaron los bandos y las divisiones de la lucha. Los nacionalismos se acentuaron hasta el paroxismo y la unión europea pareció más que nunca irrealizable.

Pero aun en los días turbios, Keynes, y otros pensadores previeron el per-juicio inmenso que resultaría para el conjunto europeo de la persistencia del espíritu de Versalles. Sus advertencias contribuyeron a aclarar una situación, que las experiencias dolorosas de la aplicación de los tratados de paz, las reivin-dicaciones de las masas proletarias y el nuevo espíritu impuesto por la Sociedad de las Naciones, debían transformar profundamente.

La crisis monetaria y el empobrecimiento de Alemania, Austria, Hungría y demás vencidos de la guerra, trajeron tales perturbaciones en la vida econó-mica y social de los vencedores y de los neutrales, que la tesis de la solidaridad europea convenció a muchos renuentes. Quedó confirmado, por otra parte, que las guerras entre europeos no son buenos negocios, pues el botín fue abso-lutamente inadecuado para reparar inmensas destrucciones de riqueza, y las indemnizaciones no compensaron, sino en mínima parte, las pérdidas causadas en la vida económica de los países acreedores por la ruina de los vencidos y la consiguiente disminución de su actividad industrial y su comercio.

El pueblo menudo, que fue en los dos bandos, el actor silencioso pero pro-minente del trágico drama, hermanado por idéntica contribución de sangre y de dolor, por las desilusiones de la paz y por la inutilidad del sacrificio, debía reclamar y reclamó, en efecto, contra los egoísmos y los prejuicios de las minorías privilegiadas, la paz que los gobiernos prometieron, como alivio y estímulo, en el infierno de las trincheras. Fueron los partidos socialistas los que interpretaron, sin duda, en la política internacional, las aspiraciones profundas de los pueblos y contribuyeron en mucha parte a imponer una política generosa con los vencidos, capaz de asociarlos en obras de paz y de evitar la repetición de la desastrosa experiencia.

Más potente que la voz de los pueblos y las invocaciones de los pacifistas, el factor decisivo acaso, ha sido la Sociedad de las Naciones. Sin este instrumento de internacionalización la transformación europea no se habría efectuado o habría sido lenta e incierta. Su creación fue acogida con escepticismo y desconfianza. El mundo la consideró organismo débil, incapaz de toda audacia, y, al mismo tiempo, institución casi diabólica, continuación de la coalición triunfante, mero órgano de liquidación de la victoria. Pero muchas veces no hay nada que ayude tanto como la mala reputación. La Sociedad de las Naciones, en circunstancias difíciles, hubo de ser muy circunspecta, casi no se hizo sentir como institución política, y concentró toda su actividad en cuestiones técnicas aparentemente inofensivas. Los problemas económicos, financieros, de transportes, sociales, humanitarios, intelectuales, fueron examinados y documentados metódicamente, en su aspecto global, haciendo abstracción en lo posible de consideraciones políticas. Naturalmente, todas estas avenidas conducen a la política, y una conclusión de gran importancia política se ha venido desprendiendo de esa documentación y de ese análisis: casi todos los problemas económicos, sociales, etc., de los países europeos, no tienen y no pueden tener sino soluciones que contemplen el conjunto europeo o mundial. La restauración económica de Austria ofrece una confirmación elocuente de esta tesis. Los peritos nombrados este año para estudiar los remedios de la crisis que, a pesar de la reconstrucción financiera, persiste en aquel país, declaran en su informe que no existen remedios austríacos y que la cura ha de ser europea. Así, la Sociedad de las Naciones, al estudiar ciertos problemas y formular soluciones de carácter continental o mundial, ha contribuido grandemente a la creación del patriotismo europeo.

Indudablemente los Estados Unidos de Europa no son un mito. Ya la idea no es cómica. Pero, sin embargo, las resistencias que será necesario superar son enormes. Será indispensable borrar recuerdos de luchas milenarias, odios profundos de religión y de raza, prejuicios e incomprensiones tenaces, modificar el actual estatuto político. La tarea es inmensa. En la opinión de muchos la historia documenta la imposibilidad de realizarla. La cosa podría subsanarse olvidando la historia, lo que, sin embargo, no será necesario, porque ella documenta todo lo que se quiera. La creación de las nacionalidades europeas, sobre todo de Suiza, de Alemania y de Italia, son datos históricos. Ahora bien, la creación de tales Estados no parece haber sido en su tiempo menos difícil de lo que parece hoy la de los Estados Unidos de Europa.

Hay, pues, factores activos de unificación y la tarea no parece irrealizable desde el punto de vista histórico. Profetas anuncian ya que esa tarea ocupará los futuros genios de Europa. Con todo, la evolución sería lenta sin la ayuda de presiones externas que trabajan por unificar su economía y su política exterior. Tales presiones están ya en acto.

Va creciendo la convicción de que solo una Europa unida podrá mantener su puesto en la economía mundial. Rathenau, el gran judío alemán notaba, antes de su muerte, que había pasado la edad de la concurrencia y del liberalismo económico, y que colaboración y coordinación eran las dos palabras de orden. La especialización industrial, la organización racional de la producción, en fin, el rendimiento óptimo del trabajo, no son posibles hoy sino en el interior de vastas colectividades. Excepto ciertos casos de monopolio, ninguna industria de exportación puede ser al mismo tiempo sólida y conquistadora sin un gran mercado interior. Sin una nueva organización económica que destruya las barreras que dividen y anulan las fuerzas de Europa, ésta deberá ceder sus posiciones a los Estados Unidos y al binomio chino-japonés, en formación.

La unión parece igualmente indispensable en el campo político. El continente europeo gobierna o tutela casi todo el mundo de color y los países nuevos aptos para absorber su población exuberante. Se trata de países inquietos, dinámicos, cuyas veleidades de autonomía prosperan, situados principalmente en la zona peligrosa del Pacífico, el campo en donde van a encontrarse las opuestas ambiciones de las razas blanca y amarilla. El despertar de los pueblos orientales, la difusión de la técnica europea en Asia y en América, la concentración en estos dos continentes, como consecuencia de la Gran Guerra, de los metales preciosos, en una palabra, el traslado allí de los valores materiales de la civilización, hacen de ellos los señores de los placeres y de la guerra, y del Pacífico el teatro más interesante de la historia en lo que queda del siglo XX. Una Europa unida podrá hasta evitar los conflictos que se preparan. Pero si las contiendas interiores siguen restando sus mermadas energías, sus posesiones lejanas serán el botín de los Estados Unidos o del Japón, quedarán perdidos para siempre los territorios abiertos a sus inmigrantes, y, sin el diversivo de una tarea y de una responsabilidad imperiales, vendrá el periodo de las revoluciones extenuantes, el retorno a las edades bárbaras, la colonización por algún Atila chino.

Pero Europa comienza a darse cuenta de los peligros. La unión se hará porque su necesidad la dicta el instinto de la vida. Entonces comenzará una nueva primavera humana sobre este suelo que ha visto tantas.

Saludemos con simpatía la idea generosa de la unión. Europa es el hogar de la civilización occidental y el asiento de muchas fuerzas que todavía la dirigen e impulsan. Unificada y potente, puede ser precioso factor de equilibrio en la política mundial, estímulo inapreciable de nuestra prosperidad económica y de nuestra formación espiritual. Más todavía. Un ejemplo convincente que puede ayudar la realización de la unión de los pueblos latinos de América, que fue la idea más trascendental y la más alta del genio de Bolívar.

Londres, diciembre de 1925.

La crisis política actual y el estado orgánico

La época actual será considerada para la experiencia política tan interesante como lo fue el Renacimiento para la experiencia artística y la Reforma para la experiencia religiosa. Aun cuando nuestros países americanos estuvieron apartados de la Gran Guerra, que precipitó la evolución actual, tienen otros problemas más urgentes y pasan por fases diversas de desarrollo económico y social, no deben mirar con indiferencia acontecimientos, de los cuales saldrá una nueva concepción del Estado, porque los hechos de Europa tendrán su repercusión entre nosotros e influirán en nuestra vida política.

Muchas renovaciones están en marcha. El último siglo de progreso científico, de transformación económica y de gobierno liberal; la Gran Guerra, con su herencia de ruinas, de institutos nuevos y de experiencia, y, por último, la intervención del Oriente en la vida del mundo, han desencadenado muchas fuerzas y arrojado en medio de las sociedades fermentos de futuro. Es difícil descubrir las direcciones y la meta de influencias tan variadas. Se percibe, sin embargo, en tan disparatada actividad, algún movimiento más considerable que los otros, y, al parecer, capaz de darle fisonomía a la época.

El prodigioso desarrollo de la técnica de las comunicaciones, que ha empequeñecido el mundo y hecho fácil la circulación de los hombres, de las ideas y de las riquezas; que ha establecido el contacto entre todas las razas y todas las civilizaciones del planeta, y, que, en fin, ha alargado hasta lo posible el ritmo y el radio de la actividad humana, ha acabado ya la unidad económica de la Tierra y está componiendo en otros dominios una sociedad que la comprenderá toda entera, algo así como la Ciudad de Dios que se afanó en construir el catolicismo de la Edad Media.

Este hecho parece dominar la época actual. El ideal wilsoniano, el comunismo ruso, las ideas de ciertos visionarios asiáticos, como Gandhi, se proponen construir la unidad del mundo. Y no hay duda de que la unificación progresa con ritmo irregular pero incesante. La universalidad de la ciencia experimental y los fenómenos de interdependencia y de solidaridad, que se manifiestan ya en ciertos campos de la vida social, han provocado la creación de institutos internacionales de coordinación y de centralización, y muchos surgirán en el porvenir, porque uno tras otro los problemas sociales y económicos requerirán soluciones mundiales.

Pero si esa unificación parece un hecho ineluctable, su realización es quizá todavía lejana, porque faltan un plan único de acción y un órgano de autoridad suficiente, capaz de afrontar y resolver los problemas que se presentan. La idea wilsoniana, el programa de Lenin, el plan de los asiáticos, se combaten mutuamente, y las fuerzas internacionalizantes, que podrían formar un conjunto imponente, se restan, aisladas y adversas, mucho poder. La Sociedad de las Naciones está en marcha, pero muy lentamente, porque debe luchar a la vez con las resistencias conservadoras de la; gobiernos y la audacia arrebatada y peligrosa de los internacionalismos extremos. El comunismo ruso tiene un mito en pleno verdor y un equipo de agresivos, pero su técnica es todavía rudimentaria. La religión de la humanidad de Gandhi y de los asiáticos es una fe oscura y más que todo un arma de combate. En estas condiciones, en frente de las consecuencias de una unificación en acto y de la anarquía de las fuerzas internacionalizantes, es necesario que los Estados particulares se apresten a resolver las dificulta des y los problemas de la nueva situación.

En las grandes naciones, cuya red de intereses es muy extensa, la solución de los problemas de política económica y social, y aun de los que parecen puramente políticos, está dominada por factores en su mayoría extraños a los Estados mismos y que éstos difícilmente controlan. Los ejemplos concretos huelgan. Para los gobiernos de los grandes países la actividad esencial es la política exterior. Ahora bien, los parlamentos, en que predominan los intereses de las facciones, compuestos principalmente de demagogos irresponsables e incapaces, en todo caso muy numerosos, no tienen aptitudes para la política exterior, ni tampoco los gobiernos partidarios que éstos engendran, expresión de intereses limitados y pasajeros, de duración precaria. El sufragio universal con el absurdo sistema en que se cuentan los votos en vez de pesarlos, vicia en su origen estas instituciones e impide una selección eficiente. La política exterior fecunda la hicieron en Roma, en Venecia, en Inglaterra las élites reducidas, capaces de larga visión, de voluntad imperiosa, de acción rápida y continua, y es conveniente, en este ramo de la administración, volver a un sistema que corrija los inconvenientes del sufragio universal y que tenga las ventajas de la organización militar y de la concepción romana y católica del Estado.

La unificación del mundo y la nueva importancia asumida por la política exterior son el factor primordial, y podría decirse, externo, de los cambios actuales.

Otro factor considerable, que puede llamarse interno, es la transformación de las funciones del Estado. Hasta comienzos del siglo pasado su misión fue la de dirigir la vida moral y jurídica de los pueblos. Hoy, su papel más importante es el de conducir la vida material. La administración de una nación moderna es un mecanismo complicado, cuyo funcionamiento depende más del progreso de los procedimientos empleados, que del predominio de alguna clientela electoral o de ciertas ideas políticas. En estos ramos es necesario disminuir los poderes de las asambleas parlamentarias y aumentar la influencia de las comisiones técnicas, sustituir las pujas electorales por las luchas de capacidad. La liquidación de la guerra ha hecho más urgente esta tarea: las ruinas por reparar, la miseria, los peligros de descomposición social, el nuevo equilibrio de fuerzas políticas que se está realizando en el mundo, sobre todo en virtud de la agitación del Oriente, imponen a ciertos gobiernos una actividad sobrehumana. Son problemas urgentes, que es indispensable resolver sin retardo, que alejan toda veleidad de discusión e imponen una mentalidad guerrera.

En la crisis actual no está en juego la libertad abstracta, panacea universal de los liberales, arca sanctórum, tabú, y que fuera de la metafísica es más bien palabra de significado absoluto y de empleo inútil. Ni siquiera plantea ni requiere la eliminación de las libertades concretas, éticas y civiles, que son o deben ser conquistas definitivas de las sociedades humanas. Pero los intereses de una sociedad son infinitamente más considerables que los intereses de los individuos, y cada libertad concreta debe ser reglada de acuerdo con el interés colectivo. Es imprescindible, pues, sustituir la mística de la libertad individual por la mística de la libertad nacional y de la disciplina colectiva. Esa sustitución la trae el ritmo fatal que hace prevalecer sucesivamente el principio de la libertad y el principio de autoridad, la crítica y la acción, la anarquía que preña y la disciplina fecunda, ritmo que corresponde en la historia, ya a la preeminencia de las aspiraciones del espíritu, ya al predominio de las necesidades de la vida material.

Una de las condiciones para aplacar la crisis actual es la transformación del régimen parlamentario, mediante un nuevo sistema de elecciones o una disminución de sus poderes de intervención. La experiencia ha demostrado que en materia de servicios públicos, los consejos de administración, formados por técnicos, son preferibles a las asambleas de políticos locuaces y diletantes.

En los organismos técnicos el criterio de elección debe ser la competencia y no la habilidad política. Naturalmente, no se trata de abolir las asambleas en su conjunto y que salvan la estrechez y la falta de sentido de oportunidad que caracterizan a los técnicos especializados.

Los inconvenientes y los remedios del sistema democrático y parlamentario habían sido denunciados, mucho antes de la guerra, por los nacionalistas franceses, alemanes e italianos y por muchos estudiosos: Maurras, el rudo teorizante del nacionalismo integral, en polémicas vehementes, había criticado el gobierno democrático y republicano de Francia, expresión de partidos y de intereses limitados, que desintegra las fuerzas nacionales, incapaz de trabajar para el porvenir, de gobernar con eficaz continuidad y de afirmar los intereses generales y permanentes de la nación. Proponía, como remedio, un retorno a la monarquía, a una monarquía sui generis, en cierto sentido creación suya, institución basilar de un Estado fuertemente organizado.

Durante y después de la guerra, el gran judío alemán Rathenau expuso sus críticas sagaces sobre las teorías y las instituciones liberales y socialistas. Partidario de una verdadera democracia, piensa que no es posible realizarla con la concurrencia política del liberalismo ni con la concurrencia social del socialismo, que despedazan y amenguan la sociedad nacional. Más destructivo y menos eficaz todavía el terremoto comunista. El único remedio seguro es el de organizar mejor la sociedad actual, de sustituir la concurrencia por la coor-dinación. Será así posible aumentar el rendimiento del trabajo, evitar muchos despilfarros de energía, sumar y multiplicar el producto global de la actividad de la nación. A pesar de su liberalismo ético y de su sentimentalismo humanitario, su Estado orgánico se parece al de los nacionalistas.

Estas ideas se habrían quedado en el dominio teórico todavía muchos años si Lenin no hubiera aparecido en las estepas eslavas derrumbando con diabó-lica energía la obra del pasado, amasando con la sangre y fundiendo a la llama del dolor una nueva humanidad. El comunismo, con su técnica infantil, habría arruinado las naciones industriales y super pobladas de Occidente. Fue nece-sario darle batalla. El liberalismo, hoy absolutamente desprestigiado, no habría ganado la victoria, que en todas partes —en Alemania, en Hungría, en Italia— fue la obra del nacionalismo.

En Italia, el fascismo convirtió la obra de los teorizantes en un acto de fe, en un movimiento religioso y guerrero, que es no solo la reacción contra el comunismo, sino también una respuesta a la insuficiencia y al ingenuo sentimentalismo de la política exterior de Italia, a la deformación escandalosa del parlamentarismo, a las mediocres posibilidades de rendimiento de los gobiernos parlamentarios de coalición en una nación pobre y superpoblada, y, finalmente, al desperdicio de energías de las luchas políticas. Pero no es exclusivamente una reacción. Como todo gran movimiento histórico, el fascismo se ha tornado constructivo al incorporar muchos fermentos fecundos y algunas de las corrientes espirituales más activas de la vida italiana y europea.

Muchos se escandalizan y humillan ante el desenfado con que Mussolini y el fascismo atacan el liberalismo y el socialismo, que malgastan las fuerzas sociales y amenguan las posibilidades de concurrencia de la nación en el mundo. El Estado que ellos anhelan edificar es en ciertos sentidos la antítesis del liberalismo. Es más que un método, es activo, lo anima un ideal ético: la conservación y la expansión de las riquezas morales e intelectuales de cada tradición y de cada patria. En la época de la política mundial, el Estado debe unificar todas las energías nacionales, y por eso el fascismo querría acabar con la concurrencia política e imponer la paz social. Tal régimen no puede ser tiránico ni conservador porque el interés nacional impone la elevación de las clases inferiores y hará extender, sobre todo en el dominio ético, las conquistas liberales.

Una comisión, presidida por el filósofo y senador Gentile, fue encargada de estudiar las reformas políticas indispensables y acaba de presentar a Mussolini el resultado de sus trabajos. Di chas reformas representan un esfuerzo para crear el Estado orgánico y para responder a las necesidades de la sociedad actual. Los poderes del Ejecutivo serán reforzados. Los sindicatos y las cooperativas, que han estado hasta hoy al servicio de los partidos, serán reconocidos, disciplinados y tendrán representación en el parlamento e importantes funciones en la vida económica y social. Con lo cual el fascismo realizará uno de los postulados de los sindicalistas revolucionarios. Con la restauración del Ejecutivo se vuelve al Estado romano y católico. La representación de los intereses, una de las reivindicaciones de los organicistas, y el régimen de las corporaciones, son retornos a la Edad Media, que fue una época de justicia social.

Las reformas serán discutidas y reelaboradas, y es posible que de Italia salga el nuevo régimen. Ya una vez en las orillas del Mediterráneo, los helenos fundieron en una admirable concepción de la vida y en un florecimiento único del arte, de la ciencia y de la filosofía los elementos más diversos de la vida del Oriente. Después Roma hizo la síntesis del derecho y realizó el milagro de convertir la religión exclusivista de Judea en una fe universal. En las riberas del mismo mar, que ha vuelto a ser la vía maestra de las comunicaciones con el Levante, podría celebrarse el connubio del Occidente, febrilmente inquieto y mudable, cuyo individualismo es el producto de un espíritu realista y que posee el sentido de las posibilidades, y del Oriente estático, con su colectivismo autoritario, místico e iluso.

Los pueblos latinos de América tienen necesidad para su formación y en vista de su política exterior, de crear Estados fuertes, y no hay duda de que encontrarán en el nacionalismo una inspiración eficaz. El Estado fuerte no significa gobierno tiránico o arbitrario, que nunca aseguró la continuidad de ningún esfuerzo social ni la concordia, y no justifica a caudillos voraces e indecentes. Al contrario, en América el interés nacional no podrá menos de aconsejar el progreso de nuestra democracia infantil y una política social avanzada y generosa.

Agosto, 1925.

El próximo centenario bolivariano

El 17 de diciembre de 1930 se cumplirá el primer centenario de la muerte del libertador. Tal vez sea oportuno considerar los modos de celebrar la memorable fecha. La política de los aniversarios merece cierta atención. Las celebraciones pueden tener eficacia educadora incomparable, mantienen o deben mantener la continuidad histórica, e influyen en la formación del ideal y del destino de un pueblo.

En el primer centenario del nacimiento de Bolívar, *La Nación*, entre otras cosas, publicó los documentos de su vida pública, que contribuyeron a difundir aspectos de su actividad multiforme y genial. Ya su personalidad ha asumido una fisonomía que podría decirse definitiva. Los pueblos van conociendo y aceptando su grandeza solitaria, y en el Viejo Continente y en las grandes ciudades de las dos Américas, monumentos en bronce y en mármol eternizan su gloria. Su figura, como dice Rodó, «es ya del bronce frío y perenne, que ni crece, ni mengua, ni se muda». Y agrega enseguida que la obra próxima debería ser la de realzar el pedestal.

Hay una manera de comenzar seriamente a levantar ese pedes tal, y la señala el libertador mismo, en su postrero y noble manifiesto a los colombianos, que fue su verdadero testamento, y que contiene el ruego de mantener la nación que debía potenciar su gloria, la única fortuna que preocupó su vida. Nunca habló con mayor entusiasmo que al divisar el porvenir de esa gran nación, que iba a «Servir de lazo, de centro, de emporio a la familia humana».

El siglo que siguió a su muerte no vio el cumplimiento de sus votos. Al contrario, la disolución que amagaba se convirtió en definitiva. Tal vez contribuyeron a ello las ambiciones personales de ciertos caudillos, del mismo modo que la voluntad y el genio de Bolívar habían contribuido a crearla y conservarla. Pero, indudablemente, fueron mucho más importantes los obstáculos puestos por la geografía y por los residuos de la tradición colonial. Era imposible o casi imposible mantener la unión con medios de comunicación lentos y difíciles, que hacían imposible toda coordinación económica y política. Solo un milagro habría permitido conservar una creación más o menos artificial contra obstáculos decididos.

Debemos aceptar los hechos y aprender la lección. Las posibilidades de coordinación han aumentado, la unión, *una forma cualquiera de unión*, parece posible y deseable. Posible, porque el contacto entre los tres pueblos es y puede ser más estrecho. Lo prueba el hecho de que las fronteras, que eran más o menos muertas en 1830, son hoy las más activas de los tres países. Deseable, porque la asociación de las tres naciones en un conjunto, no solo sería una suma, sino una verdadera multiplicación de fuerzas. La historia ha mostrado ya muchas veces las consecuencias de ciertos aumentos de volumen acompañados de colaboración.

La lección que se desprende del fracaso pasajero de la creación bolivariana, es que hay que proceder metódicamente, fraccionando los obstáculos, estableciendo no más que las colaboraciones verdaderamente posibles y útiles, contentándose con resultados iniciales modestos. No hay que emprender nada que pueda parecer muy osado, como lo sería la unión en la forma en que la quiso Bolívar. Pero, en fin, lo que importa no es el método, sino que la unión se haga.

No es quizás oportuno ni conducente examinar en cuáles líneas la colaboración puede ser desde ahora posible y útil, pero es evidente que tales líneas se encuentran en la intelectual y económica, y en materia de comunicaciones. Se podría resucitar y perfeccionar algunos de los acuerdos concluidos por el Congreso Boliviano, reunido en Caracas en 1911, agregándoles una feroz voluntad de realización.

El problema de la colaboración entre los tres Estados no es diferente del problema más vasto de la colaboración de los países latinos de América. Entre estos, los acuerdos generales, los vastos tratados de alianza política, todo lo que se haga en grande, es mera retórica que nubla la vista y nos desvía del camino real. Por ahora, la obra sólida está en acuerdos concretos en materia de comunicaciones marítimas, terrestres, telegráficas, postales; de política aduanera, monetaria y bancaria; de títulos científicos, y otros arreglos concretos que ocasionalmente sugiera el espíritu de colaboración. Se puede comenzar con poco, tal vez sería mejor muy poco, siempre que se siga la política del *nulla dies sine linea*.

El restablecimiento, en una forma cualquiera, de la Gran Colombia, sería un gran paso hacia esa otra unión más vasta aun cuando menos cercana, de los pueblos latinos de la América. Yo creo firmemente que esta unión es necesaria y está escrita con caracteres fatales en nuestro destino. Si las dos grandes razas que pueblan la América llegan a agruparse, podrán colaborar. De otra manera, la nuestra, que es la única dividida, estará sujeta a la otra, y las dos serán eventualmente enemigas. La idea de que fuerzas desproporcionadas no pueden colaborar, es el motivo que ha llevado o está llevando a la formación de los Estados Unidos de Europa y otras grandes agrupaciones. No hay razón plausible para que continuemos siendo los Estados Desunidos de América.

La confederación latinoamericana, en todo caso, pertenece al capítulo de las realizaciones más o menos lejanas. La Gran Colombia está más dentro de las posibilidades actuales, y su realización es más apremiante. Ya el mar Caribe se está convirtiendo para el mundo en lo que fue el Mediterráneo antes de la edad moderna. Es en el Caribe en donde va a establecerse la línea maestra de contacto entre las dos razas. Es por el Caribe por donde pasará la gran frontera dinámica de las dos Américas. Es oportuno que las tres naciones que formaron la Gran Colombia, centinelas del gran bloque meridional, establezcan ciertas colaboraciones, que desarrollándose progresiva y metódicamente las incorpore en el potente Estado que soñó el Libertador. El voto postrero, el único ruego que hizo al morir el Padre de la Patria a sus hijos está todavía incumplido. Cien años de espera es mucho tiempo. Comencemos a realizar su voto. Aplaquemos la grave inquietud, que en la triste tarde de Santa Marta, al pensar en nuestro destino, turbó su espíritu, atormentó su agonía y le acompañó al sepulcro. Esa inquietud le acompaña siempre. Matémosla.

Londres, julio de 1926.

Capital estadounidense en américa latina

Hasta 1914 el capital británico fue el agente más poderoso en el desarrollo de la América Latina, y principalmente de Argentina, Brasil, Chile y Uruguay. Todavía hoy ese capital conserva un puesto prominente, pues alcanza en un total de 8.000 millones de dólares, a 4.500, o sea cerca del 56 %.[11] Pero la guerra comprometió gravemente la posición casi hegemónica de Londres como centro monetario del mundo y detuvo el avance del capital británico, al mismo tiempo que aceleraba el desenvolvimiento de los Estados Unidos y convertía a Nueva York en el primer centro financiero del universo.

El capitalismo americano ha crecido con un ritmo sorprendente, recorriendo con inusitada rapidez todas las fases del desarrollo económico. Durante todo el siglo XIX los Estados Unidos fueron un país deudor. Al estallar la Gran Guerra las inversiones de capital extranjero en los Estados Unidos superaban sus créditos en 2.500 o 3.000 millones de dólares. En 1925, sin contar los créditos del Estado, sus inversiones en el exterior suben a 9.522 millones, y se cree que al finalizar el año corriente pasarán de 12.000.

En América Latina los capitales estadounidenses suman 290 millones de dólares en 1899; 1.300 millones en 1913, y en 1926, 4.140 millones, comprendiendo en dicha suma los empréstitos públicos. Esta última suma representa el 43 % en el total de sus inversiones exteriores.

En Venezuela la intervención del capital americano es reciente. En 1912, según Osborne,[12] el capital americano invertido en Venezuela no era sino de 3 millones de dólares, pero en 1920 alcanzaba a 40 y en 1924 a 75 millones. En los dos últimos años debe haber aumentado considerablemente.[13]

El avance americano en los últimos diez años ha sido impresionante. Sin embargo, el movimiento de expansión se inicia apenas. El rápido aumento de la población americana hizo posible hasta ayer el incesante crecimiento de la industria y la absorción en el país de las nuevas formaciones de capital. Pero la actual política inmigratoria hará mucho más lento el crecimiento de la población y el ritmo de desenvolvimiento de la industria. Esto acontece en el momento mismo en que la actividad económica alcanza el máximo de rendimiento.

---

11 *The New York Times*, 19 de septiembre de 1926.
12 Osborne, *North American Review*, pág. 689.
13 Sobre inversiones de capital americano en el extranjero puede consultarse Robert W. Dunn, *American Foreign Investments*, Nueva York, 1926.

En los últimos doce años a un aumento de la población americana del 16 % se contrapone un acrecimiento de su productividad del 30 o 35 %. Las granjas americanas producen hoy 13 % más que hace doce años con el mismo número de labriegos. En el mismo periodo los ferrocarriles atendieron a un aumento del tráfico del 22 %, sin aumento alguno de empleados.[14] Es decir, que disminuyen las necesidades de capital en el momento mismo en que el organismo económico alcanza el máximum de eficiencia. Se calcula en 10.000 millones de dólares el aumento anual de la riqueza nacional americana. Solo una mitad de este total es necesaria para atender a las necesidades de la propia economía americana. Quedan, pues, 5.000 millones que los Estados Unidos pueden exportar, y los economistas piensan que en 1925 las inversiones en el exterior habrán superado los 25.000 millones, y en 1950 la formidable suma de 50.000 millones.

Por razones de orden político y la proximidad geográfica, todavía más, porque la América Latina constituye el complemento natural de su economía, los Estados Unidos encontrarán allí los mercados ideales para sus capitales. Puede agregarse que la concurrencia será casi nula. Los capitales británicos y los europeos continentales los reclama hoy la obra inmensa de reconstrucción económica, y cuando se constituyan las primeras reservas irán a fecundar los territorios coloniales asiáticos, africanos y oceánicos.

Se puede asegurar, pues, que el capital americano tomará el camino del Sur. Entre nosotros será bienvenido, porque nos es, además indispensable. Países nuevos que están en un periodo de desarrollo excepcional, con una economía inorgánica y de escasa productividad, no podemos dispensarnos de tal ayuda. Nuestros Estados también deberán recurrir al capital extranjero, porque no es posible realizar con los recursos del presupuesto ordinario las obras costosas y que no son inmediatamente productivas pero que son la base indispensable de nuestra futura prosperidad.

Muchos no divisan sino peligros en esa intervención del capital extranjero. Tales peligros son probables. Pero, en realidad, solo dependerá de nosotros que se concreten. Los empréstitos públicos no pueden ser peligrosos si se siguen ciertas reglas de simple sentido común. Empréstitos concluidos en condiciones onerosas, y destinados a aventuras militares o a obras suntuarias serán ciertamente ruinosos y llenos de peligros. Pero si se obtienen condiciones

---

14   Artículo de Alfred Pearce Dennis, *The New York Times*, del 10 de octubre.

satisfactorias y se invierten en caminos de hierro, puertos, obras de irrigación, instalaciones hidroeléctricas, empresas de colonización, etc., no hay duda de que acrecerán la productividad nacional y no podrán menos que ser un factor de progreso.

Si se toman las debidas garantías no hay objeciones serias en materia de inversiones de la economía privada, sobre todo cuando se convierten en capital fijo, es decir, en empresas agrícolas e instalaciones industriales que, en cualquier eventualidad será fácil nacionalizar.

El capital extranjero, y una política liberal y previsora al respecto, el inmigrante europeo y nuestras potencialidades económicas casi ilimitadas harán o podrán hacer de la América Latina, y sobre todo, de la América tropical, el asombro del siglo XX.

Por supuesto, el capital extranjero y el inmigrante no son sino subsidiarios, y debemos contar sobre todo con la población actual y con el capital nacional. El ideal para un país es poder atender a su desenvolvimiento con sus propias reservas de capital. Con este objeto debería estimularse su acumulación favoreciendo el ahorro y dirigiéndolo hacia los empleos más productivos.

En este campo, los bancos podrían realizar una labor sumamente eficaz. Además de atender a las necesidades del crédito, deberían, siguiendo el ejemplo de Alemania, de Italia y de otros países de capital escaso, desenvolver una actividad económica, equipándose con los órganos indispensables para gobernar la inversión de los capitales que se les confían, encaminándolos hacia empleos verdaderamente productivos, e impidiendo que se dirijan hacia ruinosas especulaciones.

Washington, octubre de 1926.

Venezuela y sus problemas de la inmigración

I. Ventajas y desventajas de la inmigración

La experiencia de las naciones de reciente formación, entre ellas, los Estados Unidos, Argentina y el Brasil, y el juicio casi unánime de estudiosos de cuestiones sociales, permiten afirmar que la prosperidad económica y el adelanto social de nuestro país dependen de un aumento de su población, y podría agregarse, de su población blanca.

El volumen de población, independientemente de toda consideración de ambiente y de raza, tiene una importancia capital en la vida de un pueblo. Ciertas formas superiores de organización social, presuponen un volumen relativamente considerable de población, el cual, sin embargo, cuando fuere excesivo, trae la miseria y abate las energías colectivas. La vida de las sociedades es esencialmente dinámica, y las relaciones de los factores que la gobiernan e impulsan cambian incesantemente, pero es posible fijar con cierta aproximación la ecuación óptima —es decir, la que proporciona el rendimiento más considerable— que rige las mutuas relaciones entre la población y el territorio en determinadas condiciones históricas.

Naciones despobladas no pueden tener vida económica activa, y en ellas la afluencia de inmigrantes trae un aumento automático considerable de riqueza. Un hombre, en la plenitud de sus fuerzas, exige, según investigaciones de diversos economistas, una suma de más de 10.000 bolívares, necesaria para criarlo y educarlo. Además se ha calculado, en los Estados Unidos, que la llegada de cada inmigrante acrece la riqueza colectiva en 2.000 bolívares, debido al hecho de que su fuerza de trabajo servirá para cultivar nuevas tierras, explotar minas, extender la industria, realizar, en fin, posibilidades de riqueza. Agréguese todavía el peculio que trae el inmigrante, y el total aparece considerable. Cualquiera que sea el valor de tales cálculos, hay un hecho incontrovertible: en los Estados Unidos, Argentina y Brasil el aumento de población ha coincidido con aumento de la riqueza colectiva, proporcionalmente tres o cuatro veces mayor.

Fuera del campo económico sus ventajas, si bien no pueden apreciarse en moneda, no son menos evidentes. La inmigración, al hacer más activa la vida nacional, aumenta las posiciones elevadas y su atribución. Como los inmigrantes generalmente se encargan de las tareas más duras y menos productivas, los nacionales son fatalmente empujados hacia puestos más remuneradores, quedando así eliminada la presión de las clases medias sobre la actividad política, que ha sido la razón más poderosa de las revoluciones frecuentes en América Latina.

A estos beneficios de orden económico y político, es necesario agregar las ventajas provenientes de la introducción de hábitos civilizadores, de costumbres y conocimientos útiles en agricultura, en artes y en la ciencia del gobierno. Bolívar, con la singular penetración de su espíritu, comprendió la importancia de las corrientes inmigratorias para el adelanto de nuestros países, y afirmó en varias ocasiones la necesidad de fomentar la afluencia de gentes de Europa y Estados Unidos, como único medio, decía él, de transformar nuestro carácter y de hacemos instruidos y prósperos.

Las perturbaciones políticas recientes de Europa, sobre todo la difusión del bolcheviquismo y de sistemas más o menos afines, que tienden a destruir la propiedad y cambiar violentamente el actual orden social, es, en la opinión de algunos, un motivo suficiente para impedir toda inmigración europea. Sin embargo, los países de donde podría venirnos inmigración no son, en manera alguna, revolucionarios bolchevizantes. Por otra parte, tales peligros serían ilusorios entre nosotros, en donde no hay asociaciones obreras de carácter revolucionario ni posibilidad de que se formen porque la industria es escasa. Una gran parte de la inmigración iría a la agricultura, en donde la asociación es casi imposible y la posibilidad de llegar a ser propietario abate toda veleidad revolucionaria. El peligro no ha ofrecido gravedad ni siquiera en países como los Estados Unidos y Canadá, con masas innumerables de inmigrantes, grande industria y ciudades populosas. En países agrícolas, con propiedad distribuida, como es el nuestro, no se presentarán nunca revoluciones de carácter comunista.

Otros afirman que los inmigrantes europeos representan tentáculos de imperialismos peligrosos, y dan lugar a reclamaciones pecuniarias y conflictos diplomáticos de vario orden. Tales peligros son por lo menos exagerados. Ningún país europeo está, actualmente, en capacidad de atacar nuestra independencia, aun cuando no existiera la doctrina Monroe. Más aún, hombres, técnica y capitales de Europa nos ofrecen una protección contra los peligros que puedan acompañar la pujante expansión económica de los Estados Unidos.

La posibilidad de reclamaciones y de conflictos diplomáticos, no puede destacarse, ni tampoco otros inconvenientes menores. En la vida social todo es relativo, todo tiene sus lados desfavorables, y la sola cuestión que tiene real interés es la de saber si las ventajas superan o no los inconvenientes.

II. Cómo se plantea hoy la cuestión de la inmigración

La cuestión, sin embargo, de saber si la inmigración favorecería o no el adelanto de nuestro país, ha dejado de tener excesiva importancia. La explotación de nuestros recursos mineros, principalmente el petróleo y el oro, ha traído y traerá aun más en el porvenir una creciente demanda de brazos, y no es aventurado prever que los capitales ingleses y americanos encontrarán nuevas oportunidades de inversión. La necesidad es particularmente apremiante para los Estados Unidos, cuyo aumento de riqueza anual se calcula en 10 mil millones de dólares, de los cuales solo invierten la mitad en el desarrollo de su propia economía. La América Latina, especialmente los países tropicales, ofrecen el campo más cercano y más conveniente al capital sobrante. Esa posible afluencia de capital comporta una demanda de trabajo, que no será posible satisfacer sino con la *mano de obra nacional o con inmigrantes*.

La absorción de la mano de obra nacional en empresas mine ras o industriales sería fatal para el país, porque crearía automáticamente penuria de brazos en la agricultura, que es nuestra fuente principal de riqueza, el único ramo de nuestra economía que está en manos de nacionales. En mucha parte la fuerza de Venezuela y su adelanto futuro, reposan en el desarrollo de la agricultura y en el bienestar de la población rural. Tal desarrollo no ha sido considerable en nuestro primer siglo de vida independiente, y el empleo de nuestros campesinos en el trabajo de las minas o en la industria haría peores las perspectivas en los años próximos.

No parece, pues, de ninguna manera, aconsejable se atienda a la demanda de trabajo que ha traído o pueda traer el capital extranjero con mano de obra nacional. No queda otra solución sino la inmigración.

III. Las dos políticas en materia de inmigración

Hay para la nación dos actitudes posibles en materia de inmigración: la una, consistiría en dejar plena libertad a las empresas para buscar en donde lo crean conveniente la mano de obra que necesitan, y a los trabajadores para entrar al país y buscar oportunidades de empleo en donde lo deseen; la otra, requeriría la intervención del gobierno en la selección y distribución de los inmigrantes, lo cual implicaría la adopción de una política determinada y la creación de un organismo de ejecución.

a) La política pasiva y sus posibles resultados

¿Cuál inmigración seguirá afluyendo a nuestras playas en la hipótesis de que se adopte una actitud pasiva o plenamente liberal? Es de suponerse que las empresas extranjeras, que han obtenido concesiones a precios más o menos irrisorios, soliciten también la mano de obra más barata que encuentren. Tal conducta estaría perfectamente de acuerdo con las preocupaciones del interés privado. La neutralidad del gobierno y el interés de las empresas conspirarían a que la inmigración se reclutase entre los negros antillanos, los coolíes chinos o japoneses y los indios asiáticos.

La mayor afluencia sería la de los negros. La población negra de las Antillas es de más de 5 millones y la raza es extraordinaria mente prolífica. En algunas de las islas, Jamaica, por ejemplo, la densidad de la población es de más de 70 habitantes por kilómetro cuadrado, densidad considerable tratándose de territorios agrícolas. Si a esa población se agregan los negros de los Estados Unidos, que suman 11 millones y cuyas activas migraciones en territorio estadounidense preludian emigraciones próximas, se tiene una población de 16 millones de negros, capaces de proporcionar un contingente considerable de inmigrantes, sin necesidad de estímulos especiales, al contrario, desafiando los obstáculos que puedan oponérseles. El peligro no es imaginario, pues en Venezuela en los últimos años, la infiltración de negros antillanos ha sido activa, y es sabido que en los años de 1919 y 1920, 200.000 negros de Jamaica emigraron a Panamá, Cuba y Estados Unidos.

Otra mano de obra tentadora es la india. Las empresas inglesas en las colonias africanas y asiáticas, se han servido de esta fuerza de trabajo, suscitando entre las colectividades blancas en África problemas graves y recia hostilidad.

En 1921 vivían en Trinidad y en la Guayana Inglesa 185.000 hindúes, y en la Conferencia de las Indias Occidentales, celebrada en Londres a comienzos de este año, se habló de estimular tal inmigración.

No es tampoco improbable la invasión de los amarillos, los más económicos y más dóciles trabajadores que se conocen, quienes, además, encontrarían en nuestro país condiciones favorables de clima. En 1923 había en la América Latina alrededor de 60.000 chinos, de los cuales más de 15.000 en el Perú, y 50.000 japoneses de los cuales 34.000 establecidos en el vecino Brasil.

Los chinos y los hindúes son inmigrantes inasimilables, cuyo tenor de vida es inferior al nuestro, y cuyas instituciones y costumbres son extrañas a nuestro pueblo. Su inmigración ha sido prohibida por Estados Unidos, Argentina, Australia, Nueva Zelanda, África del Sur, etc., y en los países latinoamericanos le han impuesto restricciones Perú y Panamá.

El peligro negro es el más grave y su solución es más difícil. Ya Venezuela tiene una población negra considerable, que no es conveniente tratar como de raza inferior. Por otra parte, sería difícil rechazar inmigrantes negros de los Estados Unidos. Se podría tal vez proceder de otra manera con los negros anti-llanos que tienen un nivel inferior al de nuestros nacionales y que, aun cuando puedan favorecer temporalmente nuestra prosperidad económica, serían un elemento nocivo de nuestra vida intelectual, social y política.

Por muchas razones el negro ha sido, en los países americanos, un factor de deterioración cuando las razas se han mezclado o de desorden cuando han permanecido separadas. En nuestro país han sido la materia prima, el elemento en el cual reclutaron sus ejércitos casi todas las revoluciones. Un aumento sensible de la población negra podría turbar el desarrollo normal de nuestras instituciones democráticas y de toda nuestra vida nacional, y sobre todo, com-prometer gravemente nuestra unidad moral.

Hay también razones de política internacional que deben imponerse a nuestra atención. Se observa que los Estados Unidos han sido, hasta este momento, especialmente duros, casi sin escrúpulos, con los países habitados por negros, como Haití y Santo Domingo, que, por otra parte, se han mostrado los más desordenados. Los americanos tienen ciertos prejuicios contra la raza negra y no colaboran gustosos ni con sus compatriotas de esa raza. Es de creerse que los yanquis se mostrarán inexorables con pueblos habitados por razas que consideran inferiores, como la negra, o eventualmente enemigas, como la amarilla.

De ninguna manera nos conviene, pues, esta mano de obra que, por razones económicas, prefieren las grandes empresas capitalistas, o que acude voluntariamente sin que sea necesario el menor estímulo. Tal inmigración contribuirá innegablemente a la prosperidad del capital extranjero que explota nuestros recursos minerales, y ciertamente contribuiría a aumentar nuestra producción, pero a costa de perjuicios mayores en los otros aspectos de nuestra vida nacional: se trata de gentes cuyo tenor de vida es inferior casi siempre al nuestro, o, en todo caso, inasimilables, que no traen ningún estímulo de progreso, que amenazan nuestra concordia y debilitan nuestra situación internacional.

b) La política de intervención

En cuestiones como esta, que interesan tan profundamente al porvenir del país, no debemos ser agnósticos. Es oportuno, es indispensable que el gobierno seleccione los inmigrantes, se oponga a la entrada de los indeseables, estimule las corrientes más provechosas y organice su distribución territorial y en las diversas ramas de nuestra economía. Ya no se discute el derecho de los países de inmigración de impedir la entrada de criminales, degenerados, enfermos, anárquicos y otros perturbadores políticos, o de excluir a los individuos pertenecientes a razas inasimilables.

Se debería prohibir la inmigración amarilla e india y restringir en lo posible la negra, marcando la preferencia por la inmigración europea, aun cuando para comenzar tal preferencia pueda resultarnos costosa. Las gentes de Europa poseen un nivel de vida superior y no solo contribuyen al progreso económico del país, sino también a su adelanto intelectual y social. Era esta la inmigración que Bolívar aconsejaba para enriquecer con su herencia nuestra raza y comunicarnos sus hábitos civilizadores. Esta inmigración se ha mostrado precioso factor de progreso en los Estados Unidos y Argentina, Australia y Nueva Zelanda, el Brasil y el Uruguay. Rápida o lentamente, de acuerdo con las capacidades de asimilación de cada país, los europeos se han adaptado a las nuevas patrias y han contribuido a crear Estados compactos y progresistas.

Puede decirse que ya nada impide al europeo que pueble nuestras tierras tropicales. Hasta hace años era corriente la opinión de que el clima tropical era fatal al trabajador blanco. Las experiencias afortunadas de los americanos en Cuba, Puerto Rico y Panamá, y los muchos ejemplos que ofrecen los ingleses en sus colonias tropicales, no justifican ya semejante opinión, pues la ciencia permite actualmente transformar casi de manera radical, las condiciones sanitarias del trópico, que eran el obstáculo decisivo. Entre los ejemplos que se pueden aducir, ninguno más elocuente que el de Australia. En 1901, el pueblo australiano adoptó la política llamada de la Australia blanca, y, en consecuencia, el gobierno expulsó los trabajadores kanakas que cultivaban las plantaciones de caña de azúcar de Queensland, cuyo clima es tropical y singularmente inclemente. La experiencia ha tenido perfecto buen éxito. El trabajador blanco, no obstante sus elevados salarios, ha resultado mucho más económico que el indígena de la Oceanía, gracias a su rendimiento superior.

No hay, pues, obstáculo invencible para que el blanco se sustituya en el trópico al amarillo o al negro, si se le aseguran condiciones higiénicas satisfactorias. Esto requeriría, es verdad, un esfuerzo financiero considerable, pero una serie de experiencias prueba que el sacrificio es largamente compensado con el progreso general del país, y el consiguiente florecimiento de la hacienda pública.

IV. Conclusiones

Formular una política de inmigración en todos sus detalles es cosa que requiere estudio detenido, aun cuando lo más importante es determinar las finalidades que debe perseguir tal política, para que responda a las necesidades del país. De esas finalidades dos son preeminentes: la una, educar, que era la función que Bolívar atribuía a la inmigración; la otra, aumentar y mejorar nuestra población blanca.

El ideal sería poseer una población blanca homogénea, lo cual es imposible, pues nuestro territorio contiene una gran proporción de indios y de negros. Podemos, sin embargo, con gran provecho nuestro, aumentar considerablemente el elemento blanco. Los sociólogos americanos Ross y Stoddard, y el sueco Helmer Key afirman que solo una numerosa inmigración blanca puede resolver las crisis endémicas en que se debaten los países del trópico y encaminarlos hacia un futuro prometedor. El americano Ross, después de un viaje a la América Latina, observa que hay una relación evidente entre el volumen de población blanca y el progreso general de aquellos países.

El programa mínimo en materia de inmigración consistiría en perfeccionar el sistema practicado por los españoles en nuestro continente, teniendo en cuenta las modificaciones y mejoras aportadas por ingleses y franceses en sus colonias tropicales del África y del Asia. Tal sistema consiste en colonizar con blancos los territorios de las altiplanicies, cuyo clima es templado, y proveer administradores, educadores y cuadros comerciales e industriales a la población indígena o negra. Se podría, así, aumentar la población blanca y realzar su nivel de vida, y al mismo tiempo educar las poblaciones de color y hacer de ellas elementos activos de la vida nacional.

Para realizar ese programa sería conveniente establecer un Comisariado de la Inmigración, con amplios poderes y recursos adecuados. Tal organismo sería, en primer lugar, un intermediario entre las empresas mineras, industriales y agrícolas y los Comisariados de la Emigración de los diversos países europeos; y, en segundo lugar, estaría llamado a realizar un programa de colonización agrícola. Esta colonización podría tener alguna amplitud en las mesetas de la sierra, que están despobladas, o casi completamente pobladas de blancos. En las otras regiones, se limitaría al establecimiento de pequeños grupos o equipos de agricultores especializados en explotación de florestas, cría de ganado, cultivo de huertos frutales, de algodón, de caucho, plantas medicinales, etc., que serían, además verdaderas escuelas prácticas de agricultura.

Tal vez sea oportuno señalar los errores cometidos, en materia de inmigración, por algunos países. Muchos sociólogos y economistas americanos consideran quizás que las corrientes de inmigración superiores a las capacidades de asimilación del país, y el ritmo demasiado acelerado del progreso económico, con el rápido aumento de población, fue la causa de una inmensa destrucción de recursos naturales. Entre nosotros, que no poseemos los formidables medios de asimilación de los Estados Unidos, hay que tener muy en cuenta tales consideraciones.

Errores mucho más graves han sido cometidos por la Argentina, que es indispensable evitar. El régimen de concesión de tierras baldías favoreció la creación de grandes propiedades, lo cual hace difícil el desarrollo de la agricultura y ha creado problemas sociales muy serios para el porvenir argentino. Los Estados Unidos concedieron las tierras en pequeños lotes, y contribuyeron así a crear sus clases medias rurales, que constituyen una de las fuerzas mayores de la democracia estadounidense. Los grandes empréstitos contraídos por la Argentina han sido otro error, que todo el mundo censura, porque comprometen su estabilidad económica y financiera. No es que deba rehuirse el capital extranjero sino que, en lo posible, el desarrollo nacional debe apoyarse en el capital nativo, aunque por ello deba ser más lento.

Noviembre, 1926.

La primera etapa de una política económica

El mundo ha entrado en un periodo de sorprendente actividad, y la América Latina, especialmente la comprendida en los trópicos, será el campo en donde esa energía va a manifestarse con mayor amplitud y vigor. Por ello, nuestros países están llegando a una encrucijada de su vida histórica, y los años próximos van a ejercer una influencia decisiva durante toda una época de su porvenir.

Factores de orden mundial y continental se conjugan para empujar hacia adelante a nuestra América. El mundo occidental está hoy animado del mismo ardor de reconstrucción y de la misma energía nerviosa y agresiva que siguieron siempre a las grandes guerras asoladoras. Esta vez la fiebre no perdona al Oriente, y el planeta presencia el despertar de las inmensas multitudes asiáticas, impacientes de jugar un papel en los destinos del mundo, respondiendo al fin a los esfuerzos voluntarios y a veces inconscientes que durante más de un siglo hizo el Occidente para sacarlas de su aislamiento y su letargo. Pero es en la América misma en donde está el hogar de las fuerzas más dinámicas e invasoras: los Estados Unidos, concentración de vigorosas energías humanas y de los recursos de una naturaleza pródiga, pueblo el más representativo del nuevo espíritu de Occidente, en donde están surgiendo las nuevas formas de la civilización occidental, de la civilización faustiana de que nos habla Spengler.

El esfuerzo de Europa para reparar las destrucciones de la guerra, que demanda un campo de acción y de empleo de sus superabundantes energías humanas; el despertar del Asia, con propósitos de rechazar primero la dominación o la tutela del Occidente y de luchar después con él por la conquista de las tierras que se ofrecen a su expansión; la política inmigratoria y económica de los EE.UU., que cierra su territorio y sus mercados a los hombres y a las industrias del Viejo Mundo, y obliga a sus capitales exuberantes y a sus industrias expansivas a emprender la conquista de los mercados extranjeros, todo impone al mundo la necesidad de buscar nuevos territorios que pueda poblar y explotar.

Las circunstancias históricas obligan al mundo a dirigirse hacia la América tropical. Y he aquí que la ciencia viene en ayuda de la necesidad. Los esfuerzos realizados para vencer las dificultades que habían impedido hasta ahora al hombre blanco o de color mantener en los trópicos su vitalidad y la plena eficiencia de sus energías, han tenido el éxito más halagador. La experiencia de Australia en Queensland; el mejoramiento radical de las condiciones sanitarias en Cuba, Panamá, Puerto Rico, Filipinas y las colonias británicas y holandesas; el perfeccionamiento de los mecanismos para regular la temperatura y la humedad del aire, que ha permitido el rápido desarrollo industrial del sur de los Estados Unidos, son ejemplos concluyentes del suceso de la ciencia. Investigaciones nuevas en materia de alimentación, sobre los efectos de los cambios periódicos del clima en el mantenimiento de la energía, etc., prometen nuevos desarrollos en el sentido de mejorar las condiciones de habitabilidad del trópico.

Las circunstancias históricas y la afortunada intervención de la ciencia se combinan para hacer que el mundo contemple nuestra América como la principal zona abierta a la inmigración de los hombres y de los capitales y como el mercado de mayor potencialidad de sus industrias.

La inmigración de hombres y de capitales, que se intensificará progresivamente, va a favorecer el progreso de todo el continente, aun cuando éste será más rápido en las regiones que primero solicitan la atención del mundo. Venezuela es una de esas zonas, gracias al periodo de paz que atraviesa, el más prolongado de su vida independiente, a la situación floreciente de su hacienda pública, y a la explotación de sus campos petrolíferos, que según la opinión de técnicos eminentes, son los más ricos del mundo.

Es oportuno que estudiemos la mejor manera de aprovechar nuestra popularidad mundial, la prosperidad, que podría ser pasajera, traída por el auge de nuestras industrias extractivas, a costa de la decadencia de nuestra agricultura, con el designio de edificar las bases de nuestra prosperidad permanente. Para ello habremos de comenzar por encuadrar todos nuestros recursos materiales y humanos dentro de las líneas de un programa que responda a nuestras necesidades y a nuestros ideales nacionales. Es decir, debemos adoptar una política económica. Como lo afirmó hace meses míster Hoover, el eminente Secretario del Comercio de los Estados Unidos, sería fatal abandonar a sí mismas las fuerzas económicas de un país; permitir que las energías privadas, casi siempre incapaces de percibir y renuentes en respetar el interés colectivo, lleven a cabo, sin control alguno, la explotación de los recursos naturales, las vías de comunicaciones y muchos otros actos económicos que afectan toda la colectividad. Una política económica debe responder a la necesidad de resguardar los intereses colectivos, estimulando a la vez las energías privadas. Es la condición indispensable de la máxima productividad del esfuerzo general y del desarrollo equilibrado y metódico del organismo económico. «Cada día se hace más necesario –dice Albert Thomas, director de la Oficina Internacional del Trabajo– que los pueblos tengan una política consciente, basada sobre ideas y ejecutada con energía y tenacidad. El porvenir pertenecerá a los pueblos que sabrán reflexionar y sabrán querer.»

Se trata para nosotros de formular un programa que, en sus grandes líneas, nos señale la ruta durante un largo espacio de tiempo y nos asegure las ventajas de la continuidad del esfuerzo. Tal programa no podría formularse sin previo y cabal estudio, por parte de una comisión de técnicos idóneos, de los diversos aspectos de nuestra vida económica: suelo, subsuelo, clima, flora, fauna, agricultura actual, industria, población, etc. La misma comisión formularía las consideraciones que considere oportunas y que servirían de base al gobierno para formular el programa definitivo. Este estudio es indispensable para que podamos resolver con buen éxito los problemas capitales de nuestra vida económica: la conservación de nuestros recursos naturales, la inmigración de hombres y de capitales, el aprovechamiento de nuestros cursos de agua y la diversificación e industrialización de nuestra agricultura.

El método es racional y lo prestigian numerosos ejemplos afortunados. Desde hace varias décadas lo practican en África, en Asia y en Oceanía las potencias colonizadoras europeas, especialmente Inglaterra. Los Estados Unidos lo están aplicando con resultados admirables en cuestiones parciales. En una obra reciente y ya clásica (*The Dual Mandate in British Tropical Africa*, Londres, 1922), sir F. D. Lugard expone el aspecto económico de la política colonial británica. La actividad colonizadora inglesa comienza por un trabajo de exploración del territorio, de estudio de los diversos aspectos de su geografía humana: geología, clima, fauna, flora, habitantes, etc. Después viene la definición de una política económica y la creación de las instituciones de experimentación para la agricultura, la selvicultura, la veterinaria, la geología, con laboratorios y órganos de instrucción y propaganda, destinadas a ayudar a la realización del programa. El trabajo se facilita con la experiencia de la administración colonial inglesa y las instituciones admirablemente dotadas, como el Instituto Imperial Británico y organizaciones auxiliares y asociadas.

El método ha tenido, según lo afirma F. D. Lugard, admirables resultados en la India y en las demás colonias. Es gracias a esa técnica colonizadora que los

103

ingleses han podido desarrollar con facilidad y rapidez ciertos cultivos en sus colonias, arrebatando posiciones a países americanos y procurando riqueza a sus dependencias. La península de Malaca ocupa el primer puesto en la producción del caucho, la Costa de Oro en el cultivo del cacao; Nigeria en las nueces de coco, y la India y el Egipto uno muy importante en el algodón. Actualmente se ocupan en desarrollar el café en Kenia, el sisal en Uganda, y el algodón y otros productos tropicales en sus demás colonias.

Un nuevo ejemplo prestigia el método. Australia, tal vez la más vigorosa y cumplida de las democracias salidas de la cepa anglosajona se ha decidido a adoptarlo, y a gobernar, de acuerdo con un programa de grande envergadura, la evolución de todos los aspectos de su vida económica. Débilmente poblada, poseedora de tierras ricas e incultas, que codician las poblaciones apiñadas y miserables que bordean el Pacífico, Australia siente la necesidad de establecer su vida económica, como lo ha venido haciendo con su vida política y social, sobre las bases más sólidas y estables. Al regresar de la reciente Conferencia Imperial de Londres, míster Bruce, el joven y enérgico Premier australiano, ha anunciado el propósito del gobierno de constituir una comisión de ocho miembros, nacionales y extranjeros, encargada de formular la política económica del Commonwealth. Se trata de planear el desarrollo de todo un continente en sus diversos aspectos: agricultura, industria, comunicaciones, aprovechamiento de las aguas, colonización, etc. La prensa yanqui elogia unánimemente esta decisión, a la cual ha contribuido sin duda la experiencia de los Estados Unidos, y recuerda el inmenso despilfarro de riquezas que éstos sufrieron por falta de previsión, de método, de continuidad, y a causa del olvido del interés general en la explotación de los recursos naturales, en la construcción de las vías de comunicación y en las grandes obras públicas.

Aprovechemos el ejemplo de Australia. Ninguno necesita más que nuestro país previsión, método, y establecer sobre bases muy sólidas su vida económica. Si Venezuela quiere mantener su autonomía económica, que es la condición de su independencia política, es imprescindible que se prepare a controlar las actividades de los hombres y de los capitales que seguirán acudiendo a sus playas, de acuerdo con el plan que demandan sus necesidades y sus ideales. La obra de la comisión de investigación y de estudio es el primer paso en tal sentido. La realización de esta primera etapa hará más seguro el glorioso destino de Venezuela, que hoy afirma principalmente nuestra fe invencible.

Junio, 1927.

La inmigración de capitales en América Latina

La exportación de capitales constituye ya uno de los aspectos dominantes de la actividad económica de los Estados Unidos. Nueva York es sin disputa el primer centro financiero del mundo, el exponente de la potencia financiera estadounidense. Desde la Guerra Mundial las inversiones americanas en el extranjero han crecido continuamente y cada año que pasa alarga el ritmo de ese desarrollo. He aquí las cifras de esas inversiones desde 1920:

1920 ... $ 591.093.357

1921 ... 675.112.963

1922 ... 838.149.284

1923 ... 395.000.000

1924 ... 1.209.800.000

1925 ... 1.274.967.000

1926 ... 1.318.554.850

En el primer trimestre del presente año se elevaron a $ 377.472.700, suma que representa un aumento sensible respecto del mismo periodo de 1926, en que fueron solo de $ 252.362.150. La América Latina mantiene el primer puesto. Sus empréstitos representan casi el 40 % del total en el primer trimestre de 1927. Venezuela figura con $ 10.275.000, monto de las obligaciones ofrecidas por empresas que trabajan en el país.

No hay razones para prever una pausa o un retroceso en el desarrollo de las exportaciones de capitales, que son indispensables a los Estados Unidos. Sus acumulaciones son muy superiores a sus necesidades normales, debido a su política inmigratoria y al débil crecimiento de su población. La ulterior expansión de sus industrias deberá contar con los mercados extranjeros, y no será posible realizar las potencialidades de tales mercados con la necesaria rapidez sino mediante exportación de capitales que permita elevar el nivel de vida de las masas y aumentar su capacidad de consumo.

Por otra parte, el mundo necesita de las exuberantes energías y de los capitales americanos. Toca al capital americano, del comercio y de la industria de este país realizar una gran misión: establecer un cierto equilibrio entre las condiciones económicas de los Estados Unidos y el resto del mundo, es decir generalizar el nivel de vida americano. En nuestros países la necesidad del capital se hace más urgente, sobre todo para atender a la explotación de sus ilimitados recursos, indispensables al resto del mundo.

Por supuesto, esta nueva actividad económica está creando problemas más o menos complicados y graves. Los capitales americanos en el exterior demandan garantías y protección al gobierno americano, que encuentra justificada esa protección. En el discurso pronunciado en Nueva York el 25 de abril, en el banquete ofrecido por la United Press, el presidente Coolidge declaró que «las personas y propiedades americanas son una parte del dominio público, aun cuando se encuentren en el extranjero». Los Estados Unidos, agregó, tienen el deber de protegerlos. Tal protección es posible solo en los países débiles, pero aun allí, las intervenciones que se hagan necesarias traerán el crecimiento del organismo militar y naval estadounidense, con consecuencias que no es posible prever. La teoría que afirman los Estados Unidos con palabras y con hechos, no es en su simplicidad, doctrina de derecho internacional. Ella convertirá a los extranjeros, a algunos de ellos por lo menos, en seres doblemente protegidos, doblemente privilegiados, destinados a constituir una oligarquía odiosa. Ni es justo que se protejan sin discriminación todos los intereses, solo porque solicitan protección, cuando hay algunos indefendibles, que ninguna nación protege dentro de sus fronteras. Hay capitales aventureros —y no son los peores— que acuden al extranjero en busca de excesivos rendimientos, y que deben afrontar ciertos riesgos. No es equitativo eliminar los riesgos y asegurar los rendimientos.

Es inútil, sin embargo, oponer los razonamientos a los hechos, cuando éstos están respaldados, como en el presente caso, por la potencia militar y naval mayor del mundo. Tal realidad no es posible cambiarla, sino comenzando por aceptarla tal como se presenta.

La cuestión tiene un aspecto internacional. La Conferencia Comercial Panamericana, que acaba de concluir sus sesiones en Washington, la había incluido en su orden del día. Diversos oradores se refirieron a ella de manera indirecta, dado lo escabroso del tema. Ninguna decisión fue tomada al respecto. Pero en el discurso pronunciado en la sesión inaugural, míster Hoover, el distinguido jefe del Departamento de Comercio de los Estados Unidos, describió las líneas de la que debería ser la política americana en la materia. No deberían conceder préstamos sino para empleos productivos, rehusando metódicamente los destinados a empresas militares, obras públicas cuyo interés no sea evidente, o a cubrir las necesidades normales del presupuesto: empréstitos que conducen a las intervenciones, son ruinosos y no pueden pagarse sino al precio del empobrecimiento del país deudor y de un descenso del nivel de vida de su población.

Los empréstitos realizados con ocasión de la restauración de Alemania, Austria, Hungría, Grecia, Bulgaria, con su fiscalización y garantías internacionales, ofrecen tal vez las mayores ventajas para acreedores y deudores, y prometen ser la práctica saludable del futuro.

Por ahora, interesa más contemplar el problema desde el punto de vista de los intereses nacionales. Para comenzar, las inversiones extranjeras no son en sí mismas un peligro. Nadie las consideró tales, ayer en los Estados Unidos, hoy en el Canadá o Alemania. Tampoco serán para nosotros si seguimos ciertas normas, entre las cuales la capital es que no debe contraerse ningún empréstito que no sea destinado a empleos productivos, en cuyo caso nunca será difícil cumplir las respectivas obligaciones. Para el estudio previo de las operaciones en los mercados del exterior, obteniendo los préstamos en las mejores condiciones posibles, los bancos venezolanos podrían crear una corporación análoga al Consorzio perla opere publiche, que ha resultado tan beneficioso a la economía italiana en este periodo de su reconstrucción.

Tal instituto estudia previamente todos los empréstitos proyecta dos, indaga la seriedad de las empresas y el posible rendimiento de las inversiones, sirviendo después de intermediario entre las empresas italianas y los bancos extranjeros. Gracias a sus relaciones, experiencia y especialización, el instituto ha podido obtener con facilidad, a tipos favorables y uniformes, numerosos empréstitos. No hay duda de que al iniciarse entre nosotros la importación de capitales en cierta escala, un instituto concebido en la misma forma sería extraordinariamente benéfico para el país.

Actualmente, por supuesto, los peligros no provienen de nuestros empréstitos sino de las inversiones extranjeras administradas por extranjeros. Podríamos encontrarnos un día en la trágica situación de México, en donde según cálculos recientes, más de las dos terceras partes de la fortuna nacional están en manos de extranjeros. Es de suprema necesidad mantener cierta proporción entre el capital nacional y el capital extranjero. Al desarrollo del capital extranjero debe corresponder un desarrollo mayor o por lo menos igual de la riqueza nacional. Como el crecimiento de nuestra riqueza no puede efectuarse sino en la agricultura y en la industria, que sufren hoy un retroceso o una pausa con la expansión de las industrias extractivas, que absorben nuestra mano de obra, la inmigración es necesaria para realizarla. La inmigración está hoy en el centro de nuestra vida nacional, y darse cuenta de ello es tener la llave de nuestra grandeza futura. La inmigración de capitales, si no fuere acompañada de inmigración de capital humano, nos convertirá seguramente en una colonia de explotación. El capital humano es siempre más considerable que la suma de los cuatro recursos de un país. Las estimaciones sobre el valor de un ser humano difieren según el medio a que pertenece. En Italia y Francia ha sido calculado en 10.000 bolívares. La Canadian Pacific Railway lo ha calculado en Bs. 70.000. En los Estados Unidos, la Metropolitan Life Insurance Company de Nueva York, ha calculado el valor de un hombre de treinta años en más de Bs. 160.000. Dada la potencialidad de nuestros recursos explotables, podemos estimar, en Venezuela, en Bs. 50.000 el valor de un inmigrante. Partiendo de esta base, la inmigración de 1.000 individuos correspondería a la importación de 50.000.000 de bolívares. Naturalmente, mientras los inmigrantes no se hayan adaptado al medio, de manera de actualizar todas sus posibilidades de rendimiento, sus capacidades de producción no serán proporcionales a dicha suma.

Si seguimos estas normas: no contraer empréstitos sino cuando estén destinados a empleos productivos, y compensar las inversiones extranjeras con inmigración humana, que haga posible el desarrollo de nuestra agricultura y nuestra industria, no tendremos que temer peligros invencibles.

Esta es la única política que parece eficaz. No debemos dejarnos vencer por la tentación de aplicar la política simplista de México, la nacionalización de los capitales extranjeros por decreto, política llena de buenas intenciones, animada de los más nobles propósitos, pero absurda y destinada a fracasar, o por lo menos, a ser modificada. Es inútil nacionalizar capitales por decreto, pues los capitales no se considerarán mexicanos, mientras ello no les proporcione mayores ventajas y garantías. Las disposiciones legales pueden ser oportunas y eficaces, pero la única manera segura de nacionalizar capitales extranjeros es sustituir los con capital nacional, proceso lento y difícil, y por lo tanto el verdadero.

Julio, 1927

Un plan para el desarrollo de la agricultura en Colombia

I. Los trópicos, asiento de la gran industria agrícola

Hace ya mucho tiempo que la técnica científica juega un papel decisivo en la industria mecánica. Su influencia en la agricultura es menos considerable porque su aplicación es más reciente. Sin embargo, inmensos progresos han sido efectuados en la racionalización de la producción agrícola, de manera que la agricultura adquiere más y más cada día la fisonomía de una industria. Esta evolución tiene vital importancia para las grandes naciones industriales, amenazadas por el urbanismo, que crea desequilibrios económicos y sociales, y debilita y esteriliza la raza.

La solución del problema consiste en aumentar el rendimiento del trabajo agrícola. Grandes progresos han sido efectuados mediante la aplicación de la técnica científica y principalmente de la mecanización; el establecimiento de organizaciones de crédito apropiadas; la estandarización de los productos; la estabilización de los precios; el aprovechamiento de los subproductos y desperdicios. Es decir, se ha obtenido un mayor rendimiento de la unidad de trabajo y se ha aumentado el valor de la unidad de producción. En los climas templados las estaciones son sin embargo, un obstáculo invencible para el trabajo continuo sin paro, que es el motivo capital de la prosperidad de la industria mecánica. El agricultor, en los países templados, no encontrará su plena prosperidad sino con la descentralización de la industria, que haga de nuevo de la familia una unidad económica de producción.

Es en los trópicos, en nuestras tierras «amadas del Sol», en donde la agricultura asumirá la perfecta fisonomía de una industria, con producción ininterrumpida, con un margen considerablemente dilatado, en donde no tendrá cabida la ley del rendimiento no proporcional.

Potencialmente las tierras comprendidas entre los trópicos, nuestras tierras, son las más ricas del planeta. Tales potencialidades comienzan ya a realizarse. Es en las tierras tropicales o subtropicales que se han consumado los desarrollos más espectaculares de la producción agrícola en décadas recientes: el del caucho en Malaca y las Indias Orientales; el del algodón en Egipto y la India; el del cacao en la Costa de Oro; el del azúcar en Cuba, etc. La demanda creciente de ciertos productos tropicales, como los aceites vegetales, fibras, maderas y frutas, contribuirán potentemente a realizar las posibilidades latentes.

II. Un plan colombiano para desarrollar la agricultura

El mundo está interesado, por razones de conveniencia y de necesidad, en el desarrollo de los trópicos. Si los pueblos que habitamos esos territorios no sabemos realizar ese desarrollo, hay países impacientes de encargarse de la tarea. Impaciencias peligrosas para los pueblos que no puedan o no quieran hacer lo que les impone la clara visión de su destino.

Colombia, plenamente consciente de sus necesidades nacionales, conocedora de las inmensas posibilidades de su suelo, ha resuelto planear una política económica adecuada. Como era de esperarse, su atención se ha dirigido, principalmente a la agricultura, en la actualidad la fuente principal de riqueza de nuestros países.

A comienzos del año pasado el gobierno colombiano contrató al agrónomo austriaco Botho A. Coreth Coredo «para organizar y dirigir la acción oficial en relación con el fomento de la agricultura colombiana, y estudiar la posibilidad de establecer nuevas industrias agrícolas». Como primera medida se le encomendó la elaboración de un informe sobre los medios de fomentar la agricultura nacional. Sus sugestiones fueron la base de la Ley del 30 de noviembre de 1926.

La Ley establece un Departamento de Agricultura y Cría, dependiente del Ministerio de Industrias, y provisto de los servicios técnicos indispensables.

La Ley dedica especial atención a la enseñanza agrícola, que comprende dos aspectos: la educación agrícola general del pueblo, y la instrucción especializada de los agricultores. La instrucción agrícola general tendrá por objeto despertar en las masas el amor por la tierra, revelarles las grandes posibilidades agrícolas de Colombia y crear en las generaciones que comienzan a vivir el interés por el adelanto de esta rama tan importante de la economía nacional. La instrucción especializada tendrá por objeto formar distintas categorías de especialistas en agricultura en escuelas de varia índole, de acuerdo con las necesidades futuras del país.

En vista de la realización de estos fines la Ley prevé la fundación de un gran instituto nacional, la Escuela Superior de Agronomía, provista de laboratorios, jardín botánico, campos de experimentación y demostración, que se ocupará, además de sus funciones didácticas, de llevar a cabo estudios e investigaciones especiales, de interés para la agricultura colombiana.

En cada departamento se establecerán escuelas de constitución más o menos análogas a la de la Superior, destinadas a ser el centro de las organizaciones agrícolas departamentales, con la misión de impartir enseñanza en los ramos que más interesen a la respectiva región. Cada una de estas escuelas estará provista de 100 hectáreas de terreno, por lo menos. Estarán situadas en la región agrícola más típica posible. Las instituciones departamentales servirán de centro a las cátedras agrícolas ambulantes, que tan admirables resultados han dado en otros países. Las cátedras tienen por objeto la vulgarización, de manera práctica, en forma familiar, de la ciencia agrícola y de los resultados de las investigaciones experimentales, y la no menos importante función de estudiar objetivamente las necesidades y dificultades de la agricultura local y comunicarlas al Departamento de Agricultura.

En las Escuelas Normales, en donde se forman los maestros, la enseñanza de la agricultura se extenderá a la agronomía general, la fitotécnica y la zootécnica. Todas las escuelas enseñarán agricultura, en especial las escuelas rurales, que tan excelentes resultados han dado en los Estados Unidos, México, etc. Estas escuelas son la realización concreta de la nueva concepción de la educación activa, socialmente eficaz, que tienda realmente a perfeccionar nuestras capacidades, teniendo en cuenta la vocación individual, pero sobre todo el medio en que debemos actuar. En me dios rurales es evidente que la escuela debe tender a la formación de los agricultores y a estimular el amor por la tierra. Lo demás es lujo y peor que eso. Pues bien, en Colombia las escuelas rurales tendrán por misión enseñar la agricultura. Se enseñarán al niño nociones sobre las regiones y climas diferentes del país, las plantas cultivadas más importantes, el manejo de los animales domésticos de mayor valor económico, las plagas animales y vegetales, las industrias agrícolas, etc., tratando estos puntos de manera general, para que estimulen su curiosidad e interés. Pequeños jardines en el edificio de la escuela servirán de campos de experimentación. Se harán, además, excursiones a las haciendas vecinas y a las estaciones experimentales, departamentales y nacionales.

También se dará enseñanza agrícola en los cuarteles, sistema que ha dado excelentes resultados en la mayoría de los países europeos. Esta enseñanza consistirá en cursos dictados en los cuarteles, excursiones a las escuelas agrícolas y a las estaciones experimentales, etc. La enseñanza de un número crecido de adultos, que al terminar su servicio vuelven a ejercer sus profesiones civiles, es de valor innegable para el progreso agrícola del país y de ejecución fácil y económica.

Habrá estaciones experimentales dependientes del Estado y de los departamentos. Las estaciones experimentales nacionales serán los centros de educación agrícola nacional práctica, en donde todos los estudiantes de agronomía encontrarán oportunidad de trabajar y experimentar, siendo además la base para la fundación de granjas-modelos y escuelas especiales.

Las tres estaciones nacionales estarán situadas así:

a) La de la tierra fría en la sabana de Bogotá. Los objetos principales de esta estación serán: fundación de laboratorios a donde pueden enviar los agricultores muestras de sus terrenos para que sean analizadas, y mediante este análisis y las experiencias que con ellas se hagan, los laboratorios oficiales indiquen los cultivos adecuados; construcción de regadíos modelos; construcción de silos, asunto de gran importancia en la altiplanicie colombiana; construcción de establos modelos; experiencias y demostraciones sobre el trigo, cebada, maíz, papas y pastos; crianza y conservación de ganados de primera clase; lechería, fabricación de quesos y mantequilla; ensayo sobre preparación de abonos; apertura de un ordeño para el público, que constituirá un sitio de paseo y servirá para estimular el interés de los visitantes por la estación; organización de un servicio de provisión de leche para los niños de Bogotá.

b) La de la zona templada en la región de producción del café.

Esta estación se ocupará preferentemente de todos los problemas y necesidades del cultivo del café. Todos los trabajos se harán de manera verdaderamente científica y de acuerdo con los métodos más modernos del cultivo. Habrá una plantación modelo de café, y en sus inmediaciones se instalará una planta completa y absolutamente moderna para la preparación del café destinado a la exportación. La estación dará asimismo atención al cultivo de frutas y legumbres y a la cría de ganado, actividades consideradas como complementarias

114

de los cultivadores del café. Estará dotada de una extensión de más de cien hectáreas.

c) La de la zona caliente, en una región más o menos intermediaria entre esta zona y la templada. Se ocupará del estudio del cultivo del cacao, la caña de azúcar, el algodón, el arroz, el maíz, la yuca, el tabaco, el cocotero, los aceites vegetales, y de otros frutos y legumbres. La estación tendrá una extensión de más de 300 hectáreas.

La Ley prevé el establecimiento de campos de experimentación, destinados a mostrar a los interesados y a los estudiantes, principalmente, las tendencias de la agricultura moderna. La demostración agrícola constituirá el puente indispensable entre la teoría y la práctica.

La Ley contempla también la fundación de estaciones experimentales especiales para el estudio de ciertas plantas y cultivos, en las cuales se establecerán cursos de especialización; un vivero nacional para todas las variedades de frutas y árboles ornamenta les; un aquarium para la cría de peces; el establecimiento de un servicio agrícola; y la fundación de una feria agrícola nacional.

III. La agricultura, la inmigración y la colonización

En estrecha relación con este programa de desarrollo de la agricultura — podríamos decir, condición indispensable para su realización— son la inmigración y la colonización. Ningún programa económico racional, puede pasarse, en nuestros países, de población escasa y dispersa, sin la inmigración. Toda innovación, toda transformación radical debe basarse en el material dúctil que constituyen los frescos batallones de inmigrantes.

La ley colombiana establece una serie de disposiciones destinadas a regir la inmigración y la colonización de las tierras incultas.

Con respecto a la inmigración, la Ley establece que por cada inmigrante mayor de dieciocho años y hábil para la agricultura, introducido al país a expensas de organizaciones públicas o privadas, el Tesoro dará un subsidio de 30 pesos, y 15 pesos por su mujer y por cada hijo. Las organizaciones deberán dar sin demora trabajo a los inmigrantes, de acuerdo con las condiciones del contrato, bajo pena de perder el derecho al subsidio. Los inmigrantes tendrán el derecho de ser transportados del puerto de desembarque al interior del país.

Sobre colonización la Ley establece que el Ministerio de Industria ofrecerá cada año una extensión hasta de 100.000 hectáreas, para ser distribuida en lotes que no serán nunca mayores de 80 hectáreas. El gobierno está, además, autorizado para comprar terrenos situados en las cercanías de las grandes ciudades, que serán vendidos a precio de costo, en lotes no mayores de 50 hectáreas. Los terrenos que no puedan ser comprados, en razón de que los dueños exigen precios muy elevados, o por otros motivos, podrán ser expropiados por el gobierno, por causa de utilidad pública, obtenida la opinión favorable de tres expertos agrícolas del Ministerio de Industrias.

Para facilitar el cultivo de tierras incultas se ha formulado una ley con el fin de estimular a los obreros urbanos que se encuentren en dificultades, a causa del alto precio de la vida, a dedicarse a la agricultura. La ley contiene disposiciones que autorizan la asignación de tierras a los solicitantes. Toda persona que establezca su casa y coseche café, cacao, caña de azúcar, etc., en un área que no exceda de 10 hectáreas tendrá derecho a la propiedad de tal extensión y de otra porción igual. El título no será acordado hasta que no se obtenga comprobación de que la tierra está cultivada. Una vez acordado, el título será registrado en el Registro Público.

El gobierno prestará ayuda a los colonos con dinero, herramientas y semillas. Con tal fin se ha asignado en el presupuesto una cantidad de 50.000 pesos.

IV. La transformación de Colombia

Al exponer este programa agrícola, ante la Sociedad de Agricultores de Colombia, el 24 de septiembre de 1926 el Ministro de Industrias de Colombia, dio también cuenta de otras actividades del gobierno, tendientes al desarrollo de la economía colombiana, y afirmó con orgullo que «dentro de una década Colombia habrá alcanzado un grado de desarrollo insospechado».

Los que han seguido la vida colombiana en los años recientes no pueden abrigar ninguna duda al respecto. Las clases dirigentes de Colombia han establecido una política económica, que realizan con voluntad metódica y tenaz. Manifestaciones de ese programa son la reorganización fiscal, monetaria y bancaria; el sistema vial y ferrocarrilero en construcción; la construcción y mejora de puertos; su política agrícola, de inmigración y colonización; su nueva legislación minera, y sobre todo, petrolera.

Se trata de una política que ha sido establecida fragmentariamente, pero que, como dicen los franceses *se tient.* Su realización es metódica. Cuando se ha tratado de pasar de las ideas o inspiraciones a las realizaciones concretas, la misión ha sido encomendada a expertos que saben. Una comisión de expertos americanos formuló la nueva organización fiscal, monetaria y bancaria, que constituye uno de los factores dominantes del progreso colombiano. Una comisión científica nacional estudia la geología y las riquezas minerales del país. Hay además una comisión pedagógica alemana, una misión militar suiza, y una serie de expertos extranjeros que estudian aduanas, radiotelegrafía, correos, manufactura de municiones, sistema penal y penitenciario, estadística, ferrocarriles, con fines de creación o reorganización de servicios. Una ley votada por el Congreso de este año autorizó al gobierno a contratar expertos alemanes en asuntos petroleros. Ingenieros extranjeros o empresas extranjeras construyen los ferrocarriles, las carreteras, canalizan el Magdalena, reedifican a Manizales, etc., en colaboración con los colombianos, que serán después capaces de realizar tales obras por sí solos, sin los despilfarros de riqueza que implica un aprendizaje sin maestros.

Para llevar a cabo todas estas empresas constructivas Colombia ha dedicado los veinticinco millones de dólares, con que la indemnizaron los Estados Unidos por la pérdida de Panamá. Además de esta suma y de las inversiones privadas extranjeras, la nación, los departamentos y las municipalidades colombianas, y el Banco Hipotecario de Colombia han prestado en los últimos años más de 175 millones de dólares. Capital fecundante, en un país de inmensos recursos potenciales.

Todo esto ha dado un impulso considerable al progreso colombiano. Colombia está en el alba de un inmenso desarrollo que va a ser extraordinariamente rápido. He aquí un ejemplo que anticipa el porvenir. En los últimos diez años el comercio de Colombia con los Estados Unidos se ha quintuplicado. Son hechos que parecen gritarnos: *Hurry up!*

Febrero, 1928.

La Conferencia Parlamentaria Internacional de Comercio de Río de Janeiro

Del 5 al 10 de septiembre de 1928 tuvo lugar en Río de Janeiro la XIII Conferencia Parlamentaria Internacional del Comercio, con la asistencia de más de 200 delegados, representantes de cuarenta y cinco naciones.

La conferencia designó para presidir sus sesiones al senador Celso Bayma, presidente de la delegación del Brasil, quien, en su discurso inaugural, puso de relieve la creciente solidaridad internacional, en virtud de la cual «ya no hay asuntos específicamente asiáticos, exclusivamente europeos, especialmente americanos», haciéndose cada día «más sensibles las corrientes que ligan no solamente los pueblos sino también los individuos sin preocupaciones de fronteras». Pronunciaron igualmente discursos en la sesión inaugural el señor doctor Octavio Mangabeira, Ministro de Relaciones Exteriores del Brasil, y delegados de Alemania, Argentina, Bélgica, Estados Unidos de América, Francia, Gran Bretaña, Italia y Japón.

La Conferencia Interparlamentaria del Comercio fue creada a iniciativa del Comité de Comercio de la Cámara Británica de los Comunes, que durante los últimos veinte años ha ejercido una influencia muy activa en la legislación comercial del Reino Unido. En 1913 dicho comité solicitó la colaboración de un grupo de estadistas belgas para que éstos tomaran la iniciativa de establecer una conferencia interparlamentaria de comercio, y el señor Eugene Baie, fue encargado de procurar la constitución de comités comerciales en los diversos parlamentos de Europa. En el mes de junio de 1914 [sic] tuvo lugar en Bruselas la primera conferencia bajo el patronato del rey Alberto y del gobierno belga. Uno de los resultados fue la creación, en Bruselas, de una oficina permanente bajo la presidencia del barón Descamps.

El objeto de la conferencia, según lo establece el art. 1 de los estatutos, es el de tender a la unificación de las leyes comerciales, y asegurar a todas las naciones la protección eficaz de sus intereses en el extranjero.

Los comités nacionales son autónomos y de constitución muy diversa. Son oficiales en el Japón, Polonia, Portugal y Yugoslavia, y semioficiales en Francia, Gran Bretaña, Italia y Bélgica. Los comités comprenden miembros del parlamento y peritos técnicos. En otros, como Inglaterra, Japón, Grecia, Portugal y

118

Yugoslavia, comprenden exclusivamente miembros de los parlamentos. Cada grupo tiene competencia para determinar su propia constitución.

Con posterioridad a la reunión de Bruselas, la conferencia ha celebrado sesiones en la misma Bruselas en 1910 [sic] y 1924, en París en 1915, 1916, 1920, 1922 y 1925, en Londres en 1918 y 1926, en Roma en 1917, en Lisboa en 1921 y en Praga en 1923.

En sus varias sesiones la conferencia se ha ocupado del estudio de cuestiones relacionadas con el comercio, aduanas, transportes, fletes, aseguros, arbitraje comercial, marcas de fábrica, combustibles, legislación de guerra, materias primas, pesos y medidas, compañías y corporaciones, problemas del trabajo, etc.

La orden del día de la Conferencia de Río de Janeiro compren día las siguientes cuestiones:

1) Condiciones del trabajo europeo en las Américas y modificación eventual de las condiciones del trabajo en sus diferentes ramos: inmigración, transportes, industria, comercio, etc.

2) Examen del informe y conclusiones del Comité del Carbón, establecido por la Conferencia Parlamentaria Internacional de Comercio.

3) Examen de los estudios con el objeto de organizar el crédito agrícola.

4) Carteles de compra, venta y producción.

5) Cuestiones de las materias primas.

6) Condiciones internacionales para la estabilización de los cambios y de las monedas.

La conferencia aprobó sendas resoluciones sobre las cuestiones sometidas a su consideración. El tema de la inmigración humana en América revistió la mayor importancia para los países americanos, por la trascendencia de la cuestión para nuestro continente y por la participación que dichos países tomaron en los debates.

El relator de la materia, senador Angelo Paiva, representante de Italia, presentó un informe en el cual abogaba por la organización de la inmigración en forma colectiva en los países de origen, los cuales deberían también dirigirla a los países de destino, reservándose ciertos derechos de supervigilancia y de tutela, susceptibles de mantener vínculos de dependencia entre el inmigrante y su patria de origen. Proponía, asimismo, la creación de un organismo internacional destinado a recoger informaciones y orientar la inmigración, estudiando las condiciones de trabajo de los extranjeros en los países de inmigración.

Las delegaciones de Polonia, Rumania y Hungría manifestaron su aprobación de las ideas expresadas por el relator, agregando ciertas consideraciones que agravaban las proposiciones de este último. Así el delegado de Hungría sugirió que los gobiernos americanos permitieran la intervención de las autoridades húngaras para fiscalizar los emigrados en los países de inmigración, así como también que se permitiera el establecimiento de escuelas donde se impartiría la enseñanza del idioma, historia, etc., del país de origen.

Las delegaciones de la República Argentina y del Uruguay, con el apoyo de varios países europeos y de casi todos los americanos, declararon inaceptables las propuestas del delegado italiano, susceptibles de disminuir la soberanía nacional; que tendían a hacer difícil y tardía la incorporación de los inmigrantes a las nuevas patrias, bajo la garantía de sus leyes; y que se basaban en la suposición de que las naciones americanas eran incapaces de dirigir la explotación de sus propias riquezas y de asegurar el bienestar de los extranjeros.

Las delegaciones de Argentina, Bolivia, Chile, Colombia, Estados Unidos, Francia, México, Paraguay, Perú, Polonia, Santo Domingo, Uruguay y Venezuela presentaron las contraproposiciones siguientes:

1. Los países jurídicamente organizados y en el pleno ejercicio de su soberanía no pueden aceptar para el emigrante regímenes de excepción que lo sustraigan a la legislación del país a que se incorpora.

2. La condición del extranjero en general y del inmigrante en particular corresponde a la legislación interna de cada país. Los tratados internacionales relacionados con el inmigrante no pueden tener más alcance que dar al derecho interno un carácter bilateral.

3. Interesa al buen orden internacional que todos los países de inmigración aseguren la igualdad de los derechos civiles de nacionales y extranjeros.

La redacción de las resoluciones definitivas fue encomendada a una subcomisión, que presentó un proyecto a la conferencia plenaria. Después de nueva consideración fueron unánimemente aprobados los acuerdos siguientes:

La XIII Conferencia Parlamentaria Internacional de Comercio, feliz de haber podido, en ocasión de su reunión en Río de Janeiro, convencerse de los inmensos recursos económicos del Brasil y de haber podido recoger también informaciones de los otros países de América;

Deseosa de ayudar a alentar y desarrollar las relaciones económicas entre los Otros continentes y la América;

Juzgando que la más íntima asociación entre las naciones que poseen riquezas naturales todavía no explotadas y las que poseen recursos financieros y exceso de mano de obra, es útil al fin de aumentar la producción y disminuir el malestar de que sufre el mundo entero,

Formula los Siguientes votos:

1. Que los Estados establezcan estadísticas en materia de emigración e inmigración, según métodos tan idénticos como sea posible, y que en las estadística de la Oficina internacional del Trabajo sean introducidas las mejoras reconocidas como necesarias, de acuerdo con los ensayos de coordinación realizados en los últimos años.

2. Que en las comisiones internacionales de estudio sobre las emigraciones humanas sea asegurada la representación de los países de emigración e inmigración sobre bases de perfecta igualdad, debiendo pertenecer la presidencia de dichas comisiones a un país que no esté directamente interesado en las soluciones estudiadas.

3. Que entre los países de emigración se establezcan relaciones comerciales tan activas como sea posible, por medio de tratados particulares.

4. Que en las estadísticas de emigración e inmigración sean comprendidas en lo sucesivo las diversas categorías de trabajadores intelectuales, que deberán ser definidas con precisión, y que dichas estadísticas sean, en cuanto fuere posible, completadas por informaciones que hagan conocer cuáles son los diferentes empleos para trabajadores intelectuales que pueden ser ofrecidos por ciertos países y cuáles pueden ser provistos por otros.

5. Que los Estados interesados cuiden de asegurar a los trabajadores intelectuales que ejercen su actividad fuera del país de origen una situación de acuerdo con la naturaleza y el valor de los servicios que puedan prestar.

6. Que las convenciones en materia de emigración e inmigración no puedan jamás imponer a un país jurídicamente organizado y en el goce de su soberanía medidas cuya naturaleza pueda sustraer el inmigrante a la legislación y jurisdicción del país al cual se incorpora.

7. Que toda resolución concerniente a inmigración se inspire en el doble principio de:

a) la igualdad de los derechos civiles entre nacionales y extranjeros;

b) de la calidad de hombre libre que debe ser reconocida a todos los inmigrantes, y los derechos y la dignidad de la personalidad humana deben ser respetados y protegidos en todas sus partes, sin que pueda, sin embargo, rozarse ni levemente la soberanía de cada Estado en el interior de sus fronteras.

8. Que la condición legal del extranjero, en general, y del inmigrante, en particular, residente en un Estado esté subordinada a la legislación interna de cada país.

La XIII Conferencia encarga a la Oficina Permanente de la Conferencia Parlamentaria Internacional del Comercio de continuar el estudio de los problemas relativos a emigración e inmigración y de la ejecución de los votos arriba expresados.

La colaboración agrícola interamericana

El continente americano se compone de dos grandes áreas económicas. Hacia el Norte, domina la actividad industrial, comercial y bancaria. Los Estados Unidos de América son grandes exportadores de manufacturas y de capitales e importadores de géneros alimenticios y de materias primas. Aun cuando en el Canadá predominan todavía las industrias agrícolas y extractivas, sus importaciones de productos de países tropicales y subtropicales son considerables y parece desarrollarse allí el mismo proceso de industrialización ocurrido en los Estados Unidos. Hacia el Sur, se extiende una vasta área cuya actividad preponderante y casi exclusiva, excepto en zonas de importancia limitada, se ejerce hoy y seguirá ejerciéndose en el porvenir más o menos inmediato en las industrias agrícola y minera. Todos los países comprendidos dentro de esa inmensa área son productores y exportadores de materias primas y de géneros alimenticios e importadores de manufacturas y de capitales.

En los dominios de la producción, del intercambio comercial y del crédito, estas dos áreas son complementarias y la colaboración es un proceso natural y que acarrea mutuas ventajas. Pero todavía en otros aspectos estas dos áreas parecen completarse. La población es hoy la condición principal para el desarrollo de la América Latina y los Estados Unidos están contribuyendo, sin propósito deliberado, a satisfacer tal necesidad. Su política inmigratoria ha impuesto a las corrientes humanas provenientes de Europa y del Asia la dirección del Sur. Eso no es todo. A su vez, comienza a contribuir con sus propios inmigrantes. Esta aserción podría parecer prematura para los que comparen la densidad de los Estados Unidos con la de Europa o del Asia, sin darse cuenta de que el alto nivel de vida de la población americana y su técnica de producción requieren un área mucho más extensa que la que basta a poblaciones de vida menos próspera. La eficiencia creciente del utilaje industrial estadounidense, que resulta en el alto rendimiento de la mano de obra y en la relevación continua de brazos, y el apiñamiento que se observa en ciertas profesiones técnicas, se conjugan con el espíritu aventurero del pioneer, que persiste en el pueblo americano, y con las oportunidades excelentes de empleo que lleva consigo su extraordinaria expansión comercial y financiera, principalmente en la América Latina.

La estructura económica de las dos áreas hace de ellas unidades complementarias, interdependientes, solidarias, destinadas a integrarse en un gran sistema económico. El continente americano es, pues, bajo este aspecto, una zona ideal de colaboración, la cual antes que ser la obra artificial del esfuerzo de los hombres parece impuesta por las condiciones de la naturaleza y por el destino histórico.

La industria agrícola es la mayor industria común de los pueblos americanos. De su prosperidad dependen el bienestar y la elevación del nivel de vida de los pueblos que viven al Sur del río Grande, y el crecimiento de mercados susceptibles de absorber las manufacturas y los capitales y de mantener y multiplicar la prosperidad del pueblo de los Estados Unidos.

En ningún campo la colaboración parece tan indispensable. Las industrias agrícolas de los pueblos americanos encuentran dificultades considerables, excepto en raros casos, para competir con la de territorios de otros continentes, situados en las mismas zonas, comprendidos dentro de conjuntos imperiales, y dotados por ello de amplios recursos financieros y de la competente dirección de pueblos de técnica superior, de numerosos organismos de educación, experimentación e investigación científica, de mano de obra abundante y a bajo precio, todo lo cual hace posible una organización más acabada y productiva de su agricultura y condiciones más favorables para afrontar la concurrencia en los mercados del mundo. Gracias a esta situación, los principales centros de producción de ciertos géneros tropicales, como el caucho, el cacao, la quinina, etc., que antes estuvieron en América, han pasado al África o al Asia. Tales centros, para ser precisos, han pasado al imperio británico y a las posesiones holandesas del Pacífico. Si la América, en particular la América tropical, no se apercibe a tiempo de los peligros que amenazan su producción agrícola y no toma medidas para remediar las deficiencias actuales, es muy probable que la producción del café, del azúcar, del chicle y del balatá, del balso, de las frutas tropicales, del henequén, de las maderas de tinte, etc., sufra seriamente con la concurrencia de la producción de otros continentes, y que en algunos casos la abandonen los centros principales de producción.

No hay duda de que los factores que más han contribuido a estos cambios son la organización eficiente de la enseñanza agrícola y la labor desplegada por instituciones de investigación y experimentación científicas. El Imperio británico ofrece el mejor ejemplo de una organización eficiente de estos servicios. El imperio mantiene en sus diversas posesiones numerosos institutos de enseñanza teórica y práctica de la agricultura y de investigación científica y una cadena de estaciones experimentales. Para impedir la duplicación de los esfuerzos, dar a las investigaciones y estudios realizados la mayor difusión y el máximum de utilidad, y con objetos de coordinación y correlación en todos los aspectos de las industrias agrícolas, se ha creado en Londres el Instituto Imperial Británico. En el mismo sentido trabajan asambleas periódicas, tales como la Conferencia Imperial y la Conferencia Imperial de Investigación Agrícola, la última de las cuales celebró sus primeras sesiones en Londres, en octubre del año pasado.

En América, el desarrollo de la agricultura depende también de la difusión de la ciencia agrícola y de los organismos de investigación y experimentación. Solo así podrán aquellos países hacer más económica y más productiva la explotación del suelo, invertir con provecho el capital nativo y extranjero, atraer la inmigración conveniente y ponerse, en fin, en condiciones de competir con otros continentes en los mercados mundiales. Para potenciar los beneficios de tales instituciones es necesario que se establezca, de algún modo, un órgano de cooperación, que impida los despilfarros que implica la duplicación de esfuerzos, ayude a la coordinación de los institutos de enseñanza, investigación y experimentación que se establezcan en los diferentes países, y procure, sobre todo, el estudio sistemático de los problemas de la agricultura en relación con la economía de todas las naciones de la América.

Ya existen en América países que poseen una gran experiencia técnica, en donde la ciencia agrícola ha alcanzado grandes progresos, experiencia y ciencia que pueden ser aprovechados por los otros.

Hasta hoy la labor de investigación y experimentación científica se ha debido casi siempre a los gobiernos de los diversos países, aun cuando en varias ocasiones señalados progresos en el dominio de la agricultura científica han sido la obra de organizaciones comerciales.

Para asegurar una prosperidad general y difusa en los pueblos de la América Latina se requiere la colaboración de todos los organismos interesados, ya sean de carácter oficial o privado, en vista del desarrollo, en grande escala, de su agricultura y horticultura. Los departamentos de agricultura, estaciones experimentales y otras instituciones sostenidas por los gobiernos deberían recibir la mayor atención y apoyo. Las universidades y escuelas de agronomía

125

pueden desempeñar una misión de suma importancia. En lo que respecta a las organizaciones comerciales e industriales, cámaras de comercio y asociaciones de productores, su apoyo decidido para la realización de un programa de desenvolvimiento de los recursos agrícolas del continente constituiría el estímulo más potente de la prosperidad. Algunas de las estaciones experimentales más eficientes del mundo, tales como las destinadas a la caña de azúcar en Hawai y Java, al caucho en Malaya, y al algodón en Trinidad, se deben no a gobiernos sino a organizaciones privadas de productores, que han hecho públicos sus resultados, contribuyendo así considerablemente al adelanto de la ciencia agrícola en el mundo.

La unión panamericana y la cooperación agrícola

La importancia de la agricultura como base de la vida económica de casi todos los países americanos ha sido percibida desde hace tiempo por la Unión Panamericana. En efecto, la Unión ha venido ocupándose en la difusión de informaciones útiles para la agricultura; ha publicado en el Boletín y editado después en folletos especiales artículos originales sobre variados temas de las industrias vegetal y animal; ha respondido a las consultas y solicitudes de información provenientes de organizaciones de carácter oficial y privado y de particulares. La Biblioteca Panamericana ha reunido una colección muy completa de libros, revistas y folletos sobre los diversos aspectos de la agricultura en América.

La Sexta Conferencia Internacional Americana, celebrada en La Habana en enero y febrero del presente año, aprobó dos resoluciones tendientes a la extensión de este servicio y a la organización de la cooperación interamericana. A propuesta de las delegaciones del Paraguay y de Colombia, la conferencia aprobó, en su sesión del 18 de febrero, la resolución siguiente:

La Sexta Conferencia Internacional Americana, resuelve:

Enviar a la Unión Panamericana la ponencia de la Sexta Comisión sobre cooperación agrícola continental, con copia de las proposiciones que la determinan, a fin de que la Unión las tome en consideración, remitiéndola al estudio de la Séptima Conferencia o de una Comisión de técnicos o del Congreso Comercial o dándole cualquiera otra forma que estime conveniente.

1. Establecer, en la Unión Panamericana, una Comisión Permanente que prestará sus servicios técnicos en el desenvolvimiento de un plan de cooperación interamericana, para el estudio de los problemas relacionados con la agricultura, selvicultura, industria animal y prevención y destrucción de plagas y enfermedades que afecten a los animales o a las plantas, así como sus productos, en los países miembros de la Unión.

2. Se proveerá a los gastos que ocasione el mantenimiento de la comisión en la misma forma establecida para el mantenimiento de la Unión Panamericana y en conformidad con un presupuesto aprobado por el consejo.

3. El Consejo Directivo nombrará a los miembros de la comisión, teniendo en consideración, al hacer las designaciones, que en ella estén representadas las diferentes secciones geográficas de América.

4. La comisión se reunirá en el lugar que fije el Consejo Directivo.

5. El programa anual de trabajo será sometido por la Comisión al Consejo Directivo de la Unión Panamericana, el cual podrá hacer las modificaciones que juzgue conveniente.

6. Los gobiernos miembros de la Unión podrán pedir a la comisión informes sobre las cuestiones que son objeto de sus trabajos y deberán comunicarle a dicha comisión no solo las medidas que se adopten por organizaciones oficiales sino también, en cuanto sea posible, las empleadas por entidades nacionales o extranjeras domiciliadas en su territorio.

7. Se constituirá un fondo destinado al desarrollo de los trabajos de investigación de la comisión. Dicho fondo se formará mediante asignaciones, subvenciones y donaciones que hagan los gobiernos miembros de la Unión, las asociaciones de agricultores y criadores, las organizaciones científicas y los particulares interesados en el progreso de las ciencias. El Consejo Directivo de la Unión Panamericana gestionará la formación del fondo y establecerá las reglas para su administración.

8. El Consejo Directivo de la Unión Panamericana, a solicitud de un gobierno interesado, miembro de la Unión, podrá encargar a la comisión del estudio de cualquier caso concreto que se haya presentado dentro del territorio del país solicitante sobre plagas, cuarentenas, etc., así como de que emita su concepto técnico al respecto.

II

Encargar al Consejo Directivo de la Unión Panamericana de convocar una conferencia interamericana de agricultura tropical, selvicultura e industria animal, formada por expertos nombrados por los respectivos gobiernos, con el objeto de formular las bases de un plan de cooperación continental efectiva para el desarrollo de dichas industrias y una estricta conexión entre las organizaciones oficiales y privadas en estos ramos de producción. En capacidad consultiva serán invitados a esta conferencia los representantes de organizaciones privadas de las industrias agrícola, forestal y animal.

Los resultados del trabajo de la conferencia serán sometidos al Consejo de la Unión Panamericana. El Consejo Directivo fijará el lugar y la fecha de reunión de la Conferencia y formulará el programa de sus trabajos.

III

Recomendar a los gobiernos de América que presten efectiva cooperación al establecimiento de cursos de agricultura y selvicultura e industria animal en la Universidad Panamericana fundada en Panamá, de conformidad con la resolución del Congreso Científico Panamericano y recomienda asimismo a las universidades y escuelas de agricultura de los países de América que establezcan un intercambio de profesores y alumnos con la Universidad Panamericana de Panamá especialmente en cuanto se refiere a la agricultura, selvicultura tropical e industria animal.

A propuesta de la delegación de México, la conferencia aprobó en su sesión del 7 de febrero, la resolución siguiente:

La Sexta Conferencia Internacional Americana resuelve:

Recomendar que se reúna una Conferencia Interamericana de Control Sanitario Vegetal y Animal, a ser posible en el mes de enero de 1929, en la ciudad que designe el Consejo Directivo de la Unión Panamericana.

Dicha Conferencia tendrá por misión principal:

I. Estudiar la posibilidad de uniformar:
a) Los procedimientos de combate y prevención que de en emplearse individualmente o en cooperación por los distintos países de América.

b) El criterio que deban sustentar dichos países respecto a disposiciones cuarentenarias, de fumigación, desinfección exclusión de acuerdo con las posibilidades de transmisión, contaminación y aclimatación de las distintas plagas le enfermedades, y

c) Los requisitos que deban satisfacerse para la admisión le productos que estén contaminados o plagados, o que puedan ser vehículo de enfermedades parasitarias o de plagas.

2. Estudiar las bases para la creación, mediante una Convención, de un Consejo Interamericano de Defensa Agrícola, que tendrá a su cargo continuar los estudios relacionados con los puntos anteriores, proponer a los países americanos las medidas tendientes a la uniformidad en materia de defensa agrícola, y sugerir en cada caso, la forma más adecuada de aplicación y alcance de las medidas cuarentenarias o de exclusión.

Las dos resoluciones aprobadas por la Conferencia de La Habana fueron encomendadas por el Consejo Directivo de la Unión Panamericana al estudio de una comisión, la cual presentó un informe y un proyecto de acuerdo, que recibieron la aprobación unánime del Consejo en su sesión del 2 de mayo pasado. La resolución aprobada dice así:

1. La organización de la Comisión Permanente prevista en la ponencia objeto de este informe, así como las bases de un plan de cooperación continental efectiva para el desarrollo de la agricultura tropical, selvicultura e industria animal, se incluirán como temas del programa de la Conferencia Interamericana de Control Sanitario Vegetal y Animal, cuya convocación dispuso la misma conferencia.

2. Para escoger los temas del programa, estudiarlos y hacer todo el trabajo preparatorio de carácter técnico que requiera la reunión de una conferencia sobre temas agrícolas y de industria animal, se establecerá una Oficina en la Unión Panamericana que formulará el programa y ejecutará todo el trabajo técnico preparatorio y será el órgano de contacto de la Unión Panamericana con las comisiones nacionales de cooperación que más adelante se establecen.

3. Se establecerá en cada país una comisión nacional de cooperación para prestar a la Unión Panamericana su colaboración en la elaboración del programa y en el trabajo preparatorio de la Conferencia Interamericana de Control

Sanitario, Vegetal y Animal, y también su concurso y cooperación para reunir datos y hacer estudios sobre problemas agrícolas.

Las comisiones nacionales de cooperación serán organizaciones no oficiales, con un carácter, un programa de trabajos y un objeto exclusivamente científicos.

4. La comisión especial nombrada por el Consejo quedará constituida en permanencia para considerar todas las cuestiones y desarrollar los planes conducentes al cumplimiento de la resolución de la Sexta Conferencia Internacional Americana sobre estas materias, y llevarlos a la práctica previo informe y aprobación del Consejo Directivo.

5. La Comisión Permanente queda autorizada para designar en cada caso, de acuerdo con el respectivo representante del país en el consejo, las personas que han de formar la Comisión Nacional de Cooperación en cada país y al hacer las designaciones se procurará incluir en cada Comisión un representante de cada una de las ramas de la industria agrícola, forestal y animal.

6. El Director General de la Unión Panamericana, de acuerdo con la Comisión del Consejo, procederá, cuando lo crea oportuno, a organizar la Oficina Agrícola de la Unión Panamericana, en la forma en que lo permitan los recursos de la Unión y formulará el plan de dicha oficina.

7. La Comisión Permanente del Consejo informará al Consejo Directivo cuando esté suficientemente adelantada la labor de preparación técnica de la conferencia, acerca de la fecha y el lugar que juzgue adecuados para la celebración de la Conferencia Interamericana de Control Sanitario, Vegetal y Animal.

El Director General de la Unión Panamericana, en cumplimiento de las resoluciones del consejo, acaba de establecer la Oficina de Cooperación Agrícola, la cual estará a cargo del que escribe, y ha designado como Consejero Técnico al doctor W. A. Orton, antiguo funcionario del Departamento de Agricultura de los Estados Unidos, actual director de la «Tropical Plant Research Foundation», quien es una de las personas más calificadas para el puesto, dados sus profundos conocimientos, su experiencia en los problemas agrícolas de las zonas templada y tropical y su reconocida reputación científica.

La Comisión Permanente del Consejo gestiona actualmente cerca de los varios gobiernos Ja designación de los miembros que compondrán las comisiones nacionales de cooperación.

El programa definitivo de trabajo de la División de Cooperación Agrícola deberá formularlo, según lo determina la resolución aprobada por el Consejo Directivo de la Unión Panamericana, la conferencia prevista en el acuerdo de la Conferencia de La Habana. En colaboración con las respectivas comisiones nacionales, teniendo en cuenta las necesidades y aspiraciones de los diversos países que le fueren transmitidas por dichas comisiones, la División formulará un plan para el fomento de la agricultura en América y lo someterá a la aprobación de la conferencia.

Actualmente la División se ocupa en el estudio de la organización de la agricultura en los diversos países y en establecer relaciones con el personal de los Departamentos de Agricultura, estaciones experimentales, escuelas de agricultura, publicaciones periódicas sobre agricultura y particulares prominentes como agricultores y hombres de ciencia.

La División se propone organizar un servicio de información y ser una *clearing house* en materias agrícolas y forestales de los países americanos.

La División se ocupará en promover el intercambio de semillas y plantas entre los países miembros de la Unión Panamericana, y estudiará sus necesidades con referencia a la introducción de nuevas plantas y al desarrollo de nuevas industrias agrícolas.

La División dedicará sus esfuerzos al fomento de la investigación científica en la agricultura, y en tal sentido se esforzará en organizar y prestará su asistencia en la organización de conocimientos de suelos, de la vegetación y de la producción agrícola de los países americanos.

También promoverá la selvicultura en la América Latina, prestando su asistencia en reconocimientos forestales, en las pruebas de maderas para usos industriales, en el estudio de las relaciones que existen entre los bosques y los cursos de agua y de la legislación forestal.

Ocasionalmente, la División hará estudios sobre la organización de la agricultura en otros continentes con el objeto de adaptar a la América Latina los resultados obtenidos.

La División de Cooperación Agrícola desea establecer relaciones de cola-boración con los departamentos de agricultura, estaciones experimentales, escuelas agrícolas, asociaciones y organizaciones interesadas en el adelanto de la agricultura, de la industria animal y de la selvicultura, y con revistas y perió-dicos, órganos del pensamiento científico en este campo.

Si la División pudiera contar, como lo espera, con el apoyo decidido de los gobiernos y de las organizaciones privadas, su labor podrá contribuir eficaz-mente al desarrollo de las industrias agrícolas, del intercambio comercial y de la prosperidad económica de los países del continente americano.

1928

La valorización del café y nuestra economía nacional

I. La valorización brasileña

La creación del Instituto del Café de San Pablo, en 1924, marca una nueva etapa de la industria cafetera brasileña y de la política de valorización, que tuvo su fase inicial en 1902, cuando el estado de San Pablo prohibió toda nueva plantación de cafetos. En 1906 el estado intervino por primera vez en la regulación de los precios del mercado y, con tal objeto, contrajo un empréstito de 3.000.000 de libras esterlinas, compró el sobrante de la cosecha, lo almacenó y vendió oportunamente. El estado intervino nueva mente en 1917-18, en la misma forma levantando un empréstito interno de $ 75.000.000, y en 1921, obteniendo un empréstito exterior de 9.000.000 de libras. Por ley del estado de San Pablo No. 2.000, de 19 de diciembre de 1924, modificada después por las leyes Nos. 2.110 A, de 29 de diciembre de 1925, 2.202, de 30 del mismo mes y año, y 2.144, de 26 de octubre de 1926, fue establecido el Instituto de Café de San Pablo, dirigido por un Consejo Consultivo y bajo el control del gobierno del estado. El Instituto tiene, entre otras funciones, la de regular la exportación del café, determinando las cuotas que corresponden a los diversos productores; la de celebrar convenios con otros estados brasileños productores de café, con el fin de promover la defensa del café; la de conceder empréstitos directos o por intermedio de instituciones bancarias a los productores de café; la de comprar café, en el estado de San Pablo o en otros estados del Brasil, con el objeto de regularizar los precios; la de mantener un servicio de informaciones, propaganda, publicidad y represión de las falsificaciones de café. El fondo de defensa está constituido por el producto del empréstito exterior de 10.000.000 de libras esterlinas, concluido en Londres en 1926, y por las tasas de almacenaje y exportación.

II. Las perspectivas de la valorización

La constitución actual del Instituto del Café, su carácter permanente, y la situación financiera del Brasil, que cuenta con una moneda sobre el patrón de oro, lo cual constituye para todas las actividades económicas nacionales un factor de estabilidad y solidez, hacen posible una política de valorización más sana que las anteriores. Sin embargo, ¿es permitido esperar un buen éxito permanente?

La experiencia de los resultados de la política de valorización del mismo café, en el pasado, y el fracaso de las tentativas de sustituir, con respecto a otros productos, precios artificiales, provocados por manipulaciones oficiales de trusts, a los que resultan del proceso natural de la oferta y la demanda, parecen desaconsejar el optimismo.

Es verdad que en las pasadas intervenciones del estado de San Pablo, se consiguió el alza de los precios y sus operaciones comerciales le procuraron pingües ganancias. Es verdad que el café no corre peligro de avería y que en caso de necesidad se hubiera podido mantener en depósito durante largos períodos de tiempo. Pero lo cierto es que en cada caso los precios altos fueron seguidos por bajas repentinas y considerables que resultaron ruinosas para la industria. Y no hay duda de que para una actividad económica cualquiera, son preferibles las ganancias moderadas pero estables a los rendimientos excesivos, seguidos de pérdidas y de depresión económica.

Se dirá que tal estado de cosas se debió en gran parte a la intermitencia de la acción oficial, y que la ejecución del actual plan está confiado a una institución permanente, en capacidad para mantener el control continuado de los precios. Es probable. El argumento sería concluyente si el Brasil fuera el único productor mundial de café.

La historia de otras valorizaciones ofrece enseñanzas preciosas. La valorización del caucho, mediante el Plan Stevenson, debió ser abandonada. Noticias recientes de Cuba indican que el gobierno piensa en devolver plena libertad a los azucareros. Los planes de valorización de la seda, la potasa, el sisal, el alcanfor, etc., han fracasado o están a punto de fracasar. En cada ocasión el fracaso se ha debido a la imposibilidad de controlar la producción mundial, y, en cierta medida, a las dificultades internacionales que provocan los precios abusivos impuestos por estados o grandes trusts. Cabe recordar aquí la famosa comunicación dirigida al Congreso, sobre la materia de las valorizaciones, por el señor Herbert Hoover, actual candidato presidencial de los Estados Unidos, para entonces Secretario de Comercio.

Pero limitándose al aspecto económico de la cuestión, es evidente que la manipulación artificial de los precios, en la forma adoptada en las valorizaciones, no es hacedera y conveniente sino en el caso de monopolio absoluto o casi absoluto del producto. Toda vez que sea posible romper el monopolio, la

134

valorización es antieconómica y resulta, con el tiempo, ruinosa para la industria a que se aplique.

Aun cuando el Brasil produce gran parte del café consumido en el mundo, no se puede hablar de monopolio o casi-monopolio. Todavía más, la importancia relativa de la producción se ha mantenido casi estacionaria, mientras aumentaba incesantemente la de otros países. Y actualmente los departamentos oficiales de agricultura están haciendo esfuerzos para extender el cultivo de café en Santo Domingo, Haití, Cuba, Puerto Rico, Repúblicas de la América Central, Colombia, Ecuador, Perú, Guayanas, es decir, en casi toda la América tropical; en Kenia, Tanganika, Uganda, Madagascar, el Congo y las colonias francesas del África occidental, en África; en la India, Indo-China, Indias Occidentales y Filipinas, en Asia. En casi todos estos países la producción ha aumentado en los últimos años. En Colombia, el número de cafetos productivos que era en 1924 de 224.000.000, subió en 1926 a 331.000.000. No hay duda de que los altos precios actuales servirán de estímulo. No es necesario ser profeta para prever que el aumento de la producción extrabrasileña podrá, en un porvenir que podría no ser lejano, comprometer el éxito de la valorización.

III. Un plan de organización de la industria cafetera

El fracaso del plan actual de valorización parece inevitable siempre que no se le modifique antes de que ese fracaso ocurra. Su abandono acarrearía la ruina de la industria cafetera brasileña, aun cuando bajen los precios. Por el contrario, no obstante la baja de precios, su prosperidad podría ser más sólida. Hoy la prosperidad que resulta de los altos precios beneficia a todos los productores. Mañana, si esa prosperidad resultara de una organización más eficiente de la industria y de la baja de precios, podría arruinar a los países en donde la organización sea primitiva y deficiente.

Los economistas y técnicos agrícolas que han estudiado la industria cafetera, opinan que en el porvenir su prosperidad dependerá principalmente de su organización científica, que permita mayor economía en la producción y mayor rendimiento por mata y por hectárea. La organización científica que se propone consistiría en la localización del cultivo del café en los terrenos más apropiados; la selección de variedades de mejor calidad y de mayor rendimiento; la prevención y lucha contra los insectos y enfermedades de la planta; la mejora de los métodos de cultivo y de beneficio; la adopción de la maquinaria más perfeccionada; el aprovechamiento de los productos secundarios, como el salvado y la pulpa; y en fin, la diversificación de la producción agrícola en las zonas cafeteras, para regularizar la demanda de trabajo, aumentar el rendimiento de la hacienda y disminuir el costo del producto principal. Estas medidas permitirían, se asegura, mejorar la calidad del café y al mismo tiempo aumentar la producción, disminuir los precios actuales, mantener una retribución suficiente y acrecer el consumo mundial.

Estos resultados, en particular, el aumento del consumo, permitirían colocar la industria sobre bases sólidas. A pesar de la opinión de algunos expertos, que afirman que existe saturación en el consumo, se puede asegurar que la mejora de la calidad, la disminución de los precios y una eficiente organización comercial, podrían aumentarlo considerablemente. El consumo mundial ha aumentado en los últimos quince años en un 30 %, mientras que el incremento de la población durante el mismo periodo no ha sido sino de 6 %. En los Estados Unidos el aumento ha sido extraordinario. Desde 1855 el consumo ha aumentado 700 %, y la población solo 400 %. Por supuesto, hay que tener presente que el consumo de géneros alimenticios no tiene la misma elasticidad que el de las manufacturas.

La organización científica de la industria cafetera podría dar una nueva razón de ser al Instituto del Café y a las organizaciones cooperativas cafeteras. En otras industrias agrícolas, la de la leche en Dinamarca, la frutera en los Estados Unidos, la del trigo en el Canadá, la cooperación las salvó en periodos de crisis y les aseguró prosperidad permanente. No hay razón para que la industria del café no pueda organizarse en la misma forma y conseguir los mismos beneficios. La cooperación podría contribuir a la transformación de los métodos de cultivo y beneficio; al aumento de las ganancias de los productores dispensándolos de intermediarios parásitos; y poder balancear la demanda más o menos regular y constante con las cosechas irregulares, de manera que los productores no sean afectados por las fluctuaciones de precios.

Gracias a la organización de la industria, el Brasil está preparado para adoptar el plan que se recomienda. Las condiciones óptimas de sus suelos y clima, la grande extensión de sus haciendas y la eficiencia ejemplar de su explotación; la fundación de excelentes instituciones agrícolas de investigación y experimentación en los estados de San Pablo y Minas Gerais, son propicios a su aplicación. La industria brasileña, para evitar ciertas objeciones americanas a la manipulación artificial de precios por el Instituto del Café, afirma que los precios actuales corresponden al costo de producción. Un cablegrama del Brasil, fechado el 4 de septiembre último, anuncia que el Instituto del Café de San Pablo ha designado una comisión de expertos con el fin de estudiar el precio de producción. Tal estudio, en la opinión del Instituto, podrá convencer a los consumidores de los Estados Unidos que los precios actuales no son abusivos. Pero es muy posible que la investigación revele deficiencias y despilfarros, y abra la vía a una organización más eficiente de la producción y a una reducción de los precios actuales.

Hay que apuntar que en muchos de los países que actualmente estimulan el cultivo del café, como Puerto Rico, Santo Domingo, Haití, las Indias Orientales, Kenia y Tanganika, etc., se han establecido instituciones de investigación y experimentación, que permitirán la organización eficiente de la industria.

Colombia merece una mención especial. Por ley de 1927, el Congreso colombiano confirió a la Federación Nacional de Cafeteros todo lo referente a la intensificación del cultivo del café, el beneficio del fruto, la campaña contra las enfermedades de la planta, la enseñanza de sistemas científicos de preparación y producción, estudios estadísticos nacionales y mundiales, propaganda en los mercados consumidores, organización de los almacenes generales de depósito, destinando para ello el impuesto sobre exportación del café. Al lado de esta actividad en beneficio de la industria cafetera, deben también señalarse las gestiones del Departamento de Agricultura, de la Sociedad de Agricultores de Colombia, de las sociedades departamentales de agricultura de Antioquia, Caldas y Cundinamarca, tendientes a la diversificación de la producción agrícola colombiana, y a evitar que una crisis de la industria cafetera pueda afectar la economía nacional en la misma medida en que las crisis del caucho, la quina y el añil afectaron en el pasado ciertas regiones colombianas.

IV. Sugestiones para un plan de desarrollo de la agricultura venezolana

Las sugestiones referentes a la organización de la industria cafetera también pueden servir a Venezuela. Pero las perspectivas de esta industria aconsejan que se adopten ciertas medidas de orden más general y que atañen al conjunto de nuestra economía nacional. Un país cuya economía descansa sobre uno o dos cultivos, no puede aspirar a una prosperidad continua y creciente.

Es verdad que últimamente se han desarrollado en nuestro país las industrias extractivas, principalmente la del petróleo, pero ellas están en manos extranjeras y hasta este momento no han sido favorables al incremento de nuestra agricultura, industria que está en manos de nacionales y que es la base de nuestra prosperidad permanente. En todo caso, son factores precarios de prosperidad. Cuando se agoten las minas, cuyos principales beneficios habrán sido para el extranjero, el país deberá soportar los perjuicios y pagar los gastos que implique la desmovilización de esas industrias.

Es en el campo de la agricultura en donde se abren amplias oportunidades de actividad y de riqueza para el país, mediante la modernización y perfeccionamiento de los cultivos actualmente practicados y la introducción de otros nuevos. Ya se ha indicado lo que se podría hacer en la industria cafetera. El cacao es otro de los cultivos que podría tomar incremento. Nuestro clima, suelos y variedades son excelentes. Si Venezuela dispusiera, como otros países, de instituciones de investigación y experimentación agrícola que impulsaran la organización científica de tal cultivo, la producción se podría aumentar considerablemente. El cacao es un producto de gran porvenir. Es un alimento muy nutritivo, que según el Departamento de Agricultura de los Estados Unidos contiene 2.300 calorías por libra, contra 720 los huevos y 985 la carne de buey. En los Estados Unidos el consumo fue de 19 millones de libras anuales en los años 1889-01; de 126 millones en 1909-11; de 350 millones en 1919-21. Es decir, el consumo ha venido triplicándose cada diez años.

No hay posibilidades de grande extensión del cultivo de la caña de azúcar, pues hay sobreproducción. Pero nuestra producción debe alcanzar para nuestro consumo. Hay posibilidades de seleccionar las variedades, mejorar el cultivo y emplear maquinaria más perfeccionada.

También podría extenderse el cultivo del tabaco. Igualmente hay oportunidades para mejorar grandemente los métodos de cultivo y aumentar la producción.

La Cuenca del Orinoco, y en cierta medida todo el país dependen para su prosperidad de los productos forestales. Las maderas, el caucho, el chicle, el balatá, la sarrapia, etc., constituirán durante mucho tiempo una partida importante de nuestras exportaciones. A este respecto podrían tomarse medidas eficaces para la conservación de nuestros recursos forestales, procurando métodos más racionales de explotaciones. En lo que respecta a ciertos productos, como el chicle, el balatá, la sarrapia, etc., debería tenderse a la sustitución de árboles de plantación a los silvestres, pues es sabido que los primeros permiten obtener productos de mejor calidad, a precios más bajos y en cantidades regulares. Es la única manera de poder competir con las plantaciones que se han iniciado en las Indias Orientales.

Desde hace mucho tiempo se habla de las enormes posibilidades de nuestra industria ganadera, y sin embargo, tales posibilidades se han quedado hasta hoy en el papel. El cruzamiento del ganado nativo con razas selectas, la lucha y prevención de las enfermedades, la mejora de los métodos de cría, podrían asegurar la prosperidad de la industria.

Estos son hoy los elementos principales de nuestra agricultura. Como se ha hecho en otros países, esos cultivos podrían complementarse con cultivos secundarios y con ciertas industrias de la granja. La agricultura de los Estados Unidos debe mucha de su prosperidad a la cría de aves de corral, de cerdos; al cultivo de frutas y legumbres, y a otras actividades de orden secundario.

Además podrían desarrollarse otros cultivos, ya como complementarios de los actuales o como base de nuevas e importantes industrias agrícolas, en los ramos de fibras: algodón, sisal, seda, aceites vegetales, coco, corozo, tártago, maní, frutas tropicales y nueces, especias y plantas medicinales. Muchos de estos productos tienen importancia fundamental en algunos países tropicales y en el comercio mundial, y podrían también llegar a ser fuentes de riqueza para nuestro país.

Esta es una mera enumeración de posibilidades que necesitan verificarse mediante un reconocimiento agrícola —estudio de nuestros suelos, de los cultivos actuales y posibles— y ayudarse con el establecimiento de una organización de la agricultura, que comprenda organismos de investigación y experimentación científica, y una red de escuelas superiores, medias e inferiores de agricultura. Sobre estas bases podría desenvolverse una industria agrícola floreciente, capaz de asegurar un alto nivel de vida a nuestra población —agricultores, industriales, comerciantes, obreros— a todos los hombres, mujeres y niños de nuestra Venezuela; de darnos prosperidad e independencia económica y de impulsar el progreso de nuestra civilización y nuestra cultura.

Noviembre, 1928.

Sobre el porvenir de la industria cafetera

El aspecto más notable de la vida del Brasil, es el desarrollo económico extraordinario del estado de San Pablo, lo que tiene un interés especial para nosotros los americanos, pues que los consumidores de café de los Estados Unidos, han contribuido en grado notable al fomento de dicha prosperidad. Además, es de oportunidad hacer el análisis de las condiciones económicas que hoy imperan por haber entrado en juego ciertos factores que bien pudieran llegar a socavar el alto nivel de precios del café que, con tan buen éxito, ha logrado establecer el Instituto del Café de San Pablo, desde la fecha de su fundación en diciembre de 1924.

Antes de entrar a hacer la relación de la actual crítica situación de la industria del café, es procedente hacer una ligera reseña de las condiciones generales del comercio, ya que el bien estar del estado depende, en gran parte, de la prosperidad de los cosecheros de café.

El presidente Julio Prestes dijo, en su mensaje de julio de 1928, a la Legislatura del estado, que los derechos de exportación producen más de la tercera parte de la renta fiscal del estado; y que la mayor parte de los ingresos de este ramo, provienen de pagos en relación con la exportación de café y otros productos, que dependen del precio de aquél.

El estado no posee, en el momento presente, ninguna industria manufacturera próspera, y cualquier descenso en el precio del café causaría, por tanto, una situación bastante tirante, y cualquiera baja inesperada, aun cuando fuese moderada, traería consecuencias peores que las que se producirían, si acaso existiese un grupo independiente de industrias prósperas.

Persiste la crisis textil

Es difícil obtener datos precisos, sobre el volumen de producción de artículos manufacturados. Los funcionarios oficiales y las organizaciones comerciales proporcionan sobre este particular, informaciones, por medio de panfletos, entre los cuales el más amplio de todos es el titulado «Hechos referentes al Estado de San Pablo, del Brasil», por Gilbert A. Last, publicado en 1927, por la Cámara Británica de Comercio de San Pablo y del Sur del Brasil. Las cifras más recientes que, sobre la industria manufacturera, contiene dicha publicación, son las referentes al año de 1925; fecha para la cual la mitad, más o menos, del valor total de la producción manufacturera, estaba representada por telas de algodón, de lana, de yute y de seda. Esto es bastante significativo, si se considera que, hace varios años, se padece allí una crisis de la manufactura textil.

Un hombre de negocios de San Pablo ha declarado que la causa principal de esta crisis, es la imposibilidad en que se encuentran los fabricantes locales, para producir artefactos de la calidad que hoy piden los consumidores, quienes disponen de más amplios medios monetarios desde que el Instituto del Café, se hizo cargo de valorizar el fruto. Este estado de cosas será remediado dentro de algunos años, merced a una ley que se discute actualmente en el Congreso Federal, la cual tiene por objeto, aumentar los derechos de aduana, sobre las clases finas.

En materia de agricultura el estado de San Pablo puede decirse productor de un solo fruto. Según la declaración del presidente Prestes, el 64 % del valor de la producción agrícola de 1926 a 1927, está representada por el café, siendo la importancia de los demás frutos cosechados y producciones la siguiente, en el orden en que se mencionan, a saber: maíz, arroz, frijoles, ron, alcohol, azúcar, frutas, papas, algodón, harina de yuca, alfalfa, vino y tártago. El valor de las carnes congeladas, producida por los establecimientos de este ramo, alcanzó como a la décima parte del valor de la cosecha de café.

La vida económica del estado, está basada, hoy como en el pasado, sobre el café, según lo comprueban las exportaciones por el puerto de Santos, que durante los siete primeros meses del año en curso, montan a $ 148.700.000, y el 95 % de esa cantidad, equivale al valor del café enviado al exterior.

Las precedentes someras anotaciones, referentes a las condiciones económicas imperantes, bastan para demostrar que la prosperidad del estado de San Pablo depende del café. De ello están bien enterados, y saben lo que tal cosa significa los políticos y los hombres de negocios del estado, y difícil sería, por tanto, persuadidos a que pongan cese a la defensa de la industria del café.

Mejoras de los medios de transporte

La construcción de buenas carreteras, y la extensión de las vías férreas, han sido motivadas por el deseo de facilitar el transporte del café. En el año de 1927, el estado gastó como $ 3.600.000, en la construcción de carreteras principales las cuales tenían en el mes de junio, 1.700 millas de extensión, y deberán alcanzar finalmente, un total de 5.600 millas, conforme al programa general que se sigue.

Los ferrocarriles del estado, tenían para la misma fecha, una longitud de 4.335 millas, incluyendo en esta cifra, 109 millas de líneas eléctricas; y haciendo cuentas de las nuevas electrificaciones que estarán pronto listas y se pondrán al servicio del público en noviembre próximo, se completará una red de 178 millas de vías eléctricas. Estas electrificaciones se extienden hacia donde se encuentran las nuevas plantaciones de café, en el Occidente de San Pablo.

Es innegable que la producción de café de San Pablo, se encuentra en plena prosperidad, debido ello a que el Instituto del Café, ha sostenido el precio del artículo, a un tipo que ha estimulado las siembras, en una extensa escala. Las estadísticas de 1927, publicadas por dicho Instituto, demuestran que existen en el estado 1.046.532.000 matas en producción, a más de 136.750.000 matas, de menos de cuatro años de edad, que aún no han principiado a producir. También existen grandes plantaciones nuevas, en los estados vecinos.

Casi todos los cafeteros de San Pablo abrigan opiniones optimistas respecto al porvenir del grano, y arguyen que el próximo aumento de la cosecha, será compensado con los tres siguientes factores, a saber: el empobrecimiento natural de las tierras de las antiguas haciendas; el envejecimiento de los cafetos en general, y el aumento del consumo mundial. Hacen también hincapié sobre el hecho de que jamás se han producido seguidas, una de otra, dos grandes cosechas.

Existen, sin embargo, varios hechos que contradicen terminantemente semejantes argumentos, como es, entre otros, la circunstancia de que el estado se ocupa con vivo interés, del empleo de abonos químicos en el cultivo del café. Todos los viajeros pueden ver que los anuncios de los cartelones que se encuentran a lo largo de los caminos de hierro de San Pablo ofrecen todos ellos, abonos para el café; y estos avisos están, precisamente, en la región donde abundan las haciendas más viejas. Aun en las inmediaciones de Campinas, una localidad cafetera de las más antiguas, se advierte la existencia de nuevas plantaciones, al pasar por allí en tren.

143

La producción aumenta enormemente

Ya, para la fecha presente, la cosecha del Brasil es de dimensiones peligrosas. La de 1927, conocida en el mundo comercial, como correspondiente a la época de 1927-1928, fue la mayor de todas las producidas en el país hasta hoy, y alcanzó un total de 29.451.615 sacos, conforme a los guarismos publicados por el Instituto; pero afortunadamente para el Brasil, la cosecha de 1928 ha sido pequeña, y, por tanto, se ha podido reducir la cantidad del stock.

Las estadísticas oficiales no comprueban la aseveración de que el consumo de café del Brasil, se mantiene al mismo nivel de la producción.

Debido a los cambios atmosféricos que se efectúan en el periodo que media entre la floración y la maduración, se hace difícil determinar con exactitud la importancia del aumento efectivo de la producción del grano en el Brasil; pero es muy significativo el hecho de que la cosecha de 1927, era tan grande, que para el 30 de junio pasado, fecha en que se principió a coger la nueva, todavía existía sin vender una cantidad de 13.109.077 sacos, equivalente casi a la mediana de la exportación de un año. Además, la política de defensa de precios, desarrollada por el estado de San Pablo, también ha beneficiado a otros países productores, especialmente a los de la América Central, y no es de dudarse, por tanto, que la producción, fuera del Brasil, también aumentará rápidamente.

Apoyo prestado por los banqueros ingleses

Para poder sustraer del mercado grandes cantidades de café es, naturalmente necesario, conceder préstamos considerables a los cosecheros, y éste es precisamente, el punto donde habrá de sentirse más el conflicto, al venirse abajo el precio, como consecuencia natural de un stock excesivo.

En el momento presente, los préstamos hechos a los hacendados de café, con garantía del café que tienen sin vender, represen tan una cantidad considerable.

La opinión general en San Pablo, en septiembre pasado, era que los avances de dinero pendientes, concedidos por los bancos y los comisionistas, montaban a más de $ 100.000.000, que una gran parte de ellos, era de préstamos hechos por el Banco del Estado de San Pablo, al cual facilitan grandes cantidades de dinero en Londres, con el propósito de prestar ayuda monetaria al plan de obligar a los americanos a que paguen bien caro su café.

Los bancos no incurren en mayores riesgos, en estas operaciones, pues solo prestan sobre la base de la tercera parte, o la mitad del precio del café y con un interés de 10 a 12 % o más. El Banco del Estado se resguarda, haciendo que los cafeteros se obliguen a satisfacer sus deudas, al tipo de cambio imperante en el mercado monetario, en el momento en que las contraen.

Esta estipulación pone al estado a cubierto contra toda posible baja inmediata del precio del café que, en opinión de los banqueros, traería consigo, un descenso en el tipo de cambio del milreis brasileño.

No es posible hacer una crítica inteligente y equitativa de la teoría en que se basa la defensa del precio del café, la cual tiene por todo fundamento la sencilla operación de prestar dinero a los cosecheros, con el fin de libertarlos de la tiranía de tener que enviar su café al mercado, desde el momento mismo en que se inicia la cosecha, en cantidades tales, que harían derrumbar los precios, y las utilidades irían todas a parar a manos de los intermediarios. En la actualidad, se va saliendo de la cosecha, durante todo el curso del año, con arreglo a una cuota diaria determinada, en forma de poder estabilizar los precios; y el sobrante que pudiere quedar, de alguna cosecha excesiva, se deposita para el año siguiente, u otro cualquiera más avanzado, con el fin de suplir la deficiencia de una cosecha pequeña.

Pero este plan ha repercutido en contra del gobierno del estado, a modo del efecto que produjo en Aladino, el uso de la lámpara maravillosa. Es muy fácil, en verdad, realzar los precios, por medio de un mandato que ordena la restricción de las ventas diarias en Santos, y así sostener los precios y hacer que aumenten las utilidades. La adhesión de los ocho estados vecinos, productores de café, que han convenido en cooperar con el estado de San Pablo, en el plan de controlar las ventas, también ha contribuido a reforzar el poder del Instituto, sostenido además, por la cláusula que estipula que el Tesorero del estado viene a ser, automáticamente, presidente del Instituto.

Los productores se muestran reticentes respecto a sus beneficios
A los cafeteros de San Pablo, no les es grato hablar de sus ganancias, limitándose a hacer observaciones abstractas a este respecto, y evasivas sobre el aumento de los jornales.

Un americano residenciado en San Pablo, me insinuó la conveniencia de abstenerme de abordar el tópico referente a utilidades excesivas, pues en su sentir, las relaciones comerciales entre Brasil y Estados Unidos se mantendrán en mucho mejores condiciones, en tanto los americanos no pretendían hacer gestión alguna, con la mira de quebrantar el plan de la estabilización. Opina dicho señor que el sostenimiento del actual nivel de precios, traerá por sí solo, dentro de poco tiempo, un exceso de producción que, por natural consecuencia, causaría un descenso en los precios, sin que ello despierte una enemistad que perduraría por muchos años, como acontecería, si semejante depreciación le pudiera ser directamente atribuida a los americanos.

Todo esto significa, en otras palabras, que ellos mismos se degollarán dentro de poco.

Me manifestó, además, que hay en San Pablo hombres de negocios influyentes en los círculos cafeteros, cuya opinión es que ya se debería principiar a pensar en bajar los precios del café, aseveración que me fue confirmada por el doctor Pluvio Barreti, editor en jefe de *El Estado de San Pablo*, uno de los periódicos más importantes de la localidad.

El doctor Paulo R. Pestana, Director del Departamento de Industria y Comercio, me manifestó que el valor de las haciendas de café en San Pablo, había doblado, aproximadamente, desde la fecha en que el Instituto inició el plan de control, en 1924; pero observó, a la vez, que ello era debido, en parte, a las fluctuaciones en el valor de la moneda nacional. En un Boletín publicado en 1920, afirma el doctor Pestana que, entre 1907 y 1910, el número de cafetos en producción, era de 525.625.000, y que de 1925 a 1926, había aumentado a 966.142.590. En aquel año escribió, además, lo siguiente:

Sin duda que ha de ser grato, a aquellos de nuestros habitantes de San Pablo, que se enorgullecen de los adelantos de la región, apreciar un progreso tan rápido, por las estadísticas que he publicado. Sin embargo, estas estadísticas no dejan de estar envueltas en ciertas sombras, y ya se columbran, en el horizonte, nubes oscuras, presagiosas de próximos peligros.

Comentario del doctor Adriani

Como se desprende del anterior artículo de *The New York Times*, del 9 de octubre pasado, la situación del mercado cafetero es incierta Hay que advertir, sin embargo, que el Brasil, principal país productor, se da cuenta de la necesidad de reorganizar la industria sobre nuevas bases. La Comisión del Instituto del Café de San Pablo, que durante varios meses del corriente año visitó los Estados Unidos, estudiando las perspectivas del mercado cafetero, tuvo ocasión de presentar al Instituto las resoluciones votadas por el National Trade Coffee Council, la organización americana de los importadores y tostadores de café, el 16 de abril pasado. Tales resoluciones, después de reconocer que existen grandes posibilidades para el aumento del consumo de café en los Estados Unidos, declaraban que era indispensable a tal efecto «establecer un precio que induzca al máximum de consumo, en vez de encontrar la resistencia de los consumidores, ofrecer oportunidades al consumo de substitutos y bebidas competidoras, y hacer inútil toda propaganda». La Comisión recomienda, en su informe al Instituto, que se tomen en cuenta las demandas de la asociación americana, que representa el primer mercado consumidor.

No hay duda de que en el Brasil se dan cuenta de que la estabilización no garantiza la prosperidad permanente de la industria cafetera, y de que la solución habrá de buscarse por otras vías He tenido oportunidad de leer en la prensa brasileña varios artículos en que se invoca la necesidad de organizar la industria cafetera sobre bases científicas, que hagan posible el mayor rendimiento unitario, la disminución del costo de producción y de venta y el aumento del consumo. Últimamente el estado de San Pablo, después de reformar el Instituto del Café y de reformar los estatutos y aumentar el capital del Banco del Estado, reorganizó los institutos agronómico y biológico. Estos últimos podrán contribuir al mejoramiento del cultivo del café y a la lucha contra las enfermedades de la planta, una de las cuales, la c. stephanoderes es bastante grave, habiendo atacado más de 200.000000 de plantas.

En otros países —Filipinas, Hawai, Angola— se acaban de establecer estaciones experimentales destinadas exclusivamente al estudio del cultivo y beneficio del café. En Colombia se concluyó recientemente un contrato entre el Gobierno y la Federación Nacional de Cafeteros, por el cual ésta se encarga de la defensa y fomento de la industria cafetera, dedicando para ello un derecho de

147

exportación. La Federación se compromete a establecer una comisión integrada por diez técnicos, encargados de recorrer los principales centros cafeteros de la República y a dar a los cultivadores instrucciones para obtener mayor rendimiento en las cosechas y mejorar la calidad del grano. También enviará al extranjero uno o varios expertos con el fin de que estudien en los centros cafeteros de mayor importancia los métodos modernos de cultivo y beneficio.

Venezuela, cuya prosperidad depende tanto del café, debe seguir atentamente las iniciativas que se toman en otros países para establecer la industria cafetera sobre bases científicas. De no tomar tales iniciativas, cuyo éxito, en la opinión de los expertos, es seguro, puede depender la ruina de nuestra industria cafetera y una grave crisis económica para el país. Nadie sostendrá que Venezuela está en capacidad para resistir la competencia de países en donde la industria cafetera está organizándose científicamente, haciendo posible una mayor producción por mata y por hectárea, mejor calidad del grano, y precios mínimos de producción y de venta.

La convención cafetera de Chicago

Washington, octubre 29 de 1928. Del 10 al 4 de octubre corriente se celebró en Chicago la XVIII Convención de la National Coffee Roasters Association (Sociedad Nacional de Tostadores de Café). Varios de los delegados expusieron la difícil situación de los tostadores de café, que han perdido, como resultado de la estabilización una de sus fuentes posibles de ganancias, o sea la compra del fruto en un mercado sujeto a fluctuaciones. Pero, naturalmente, el inconveniente más serio proviene de la defectuosa organización de la industria, y la Convención declaró que deberían tomarse medidas para disminuir los gastos de fabricación y distribución.

El presidente en ejercicio, míster Floyd E. Norwine, atacó con cierto vigor la política de valorización que calificó de miope. Entre otras cosas, dijo míster Norwine:

Los enormes provechos que resultan de la producción de café en el Brasil han estimulado su cultivo en todos los países en donde crece, y es solamente cuestión de tiempo para que la producción anual exceda al consumo y el mercado de nuevo se rija por la ley de la oferta y la demanda. Ningún plan o política que extorsione al consumidor puede ser impuesto como carga permanente y obtener buen éxito, y todo plan que no contemple las mutuas ventajas para todos los interesados en la industria, desde el productor hasta el consumidor, no puede perdurar.

El doctor Sebastián Sampaio, representante del Brasil, defendió la política del Instituto del Café; afirmó que la industria cafetera brasileña dispone de suficientes recursos financieros para enfrentar todas las contingencias; expuso las medidas tomadas por el Gobierno, el Instituto, las sociedades agrícolas, etc., para mejorar la calidad del grano, aumentar el rendimiento y disminuir el costo de producción.

La siguiente información publicada por *The New York Times*, del 28 de octubre corriente, resume las ideas expresadas por el doctor Sampaio en la Convención de Chicago:

Contrariamente a las aseveraciones que aquí se han publicado últimamente, puedo asegurar que la industria cafetera del Brasil, se encuentra en condiciones prósperas, y que existe un espíritu de perfecto acuerdo cooperativo, entre los productores brasileños y los consumidores americanos, según lo afirma Sebastián Sampaio, Cónsul General del Brasil en Nueva York, quien acaba de regresar de dos conferencias sobre café, a las cuales asistió en Chicago. El señor Sampaio, desempeñó el cargo de delegado del Instituto de San Pablo, en la Convención Anual de Tostadores, y en el Consejo Nacional del Comercio del Café. El señor Sampaio aseguró además, «que no existe crisis alguna, en la industria del café, y que los actuales precios del grano, son el reflejo simple de las condiciones del mercado, que por primera vez, están produciendo, a los hacendados del Brasil, beneficios racionales, esenciales para la vida del país, ya que el café, representa las tres cuartas partes de las exportaciones brasileñas y, por razón natural, es el factor dominante, en los cambios de la moneda nacional, así como en la prosperidad del país, y el que le da capacidad, para ser y seguir siendo uno de los mayores importadores de mercancías americanas».

El Cónsul General dijo que: «las dos últimas cosechas de café en el Brasil, justificaban plenamente la política del Instituto, de distribuir las por proporciones determinadas, que se iban entregando regular mente, cada mes, a los puertos brasileños, en forma de que no las entorpezca la ley de la oferta y la demanda». En prueba de ello, hizo referencia a las variaciones que se producían en el volumen de las cosechas, y observó que la actual, una de las más pequeñas que registra la historia, «llega solo a la cuarta parte de la anterior, que fue una de las más grandes conocidas».

El cónsul diserta sobre la exportación cooperativa

Las relaciones cafeteras américo-brasileñas, han entrado en una vía constructiva de cooperación práctica, conforme se ha comprobado en las conferencias. La necesidad de colaborar en este asunto, se patentiza, al considerar que, el Brasil, produce las tres cuartas partes del café del mundo, y que los estadounidenses, se beben más de la mitad de los 24.000.000 de sacos que se consumen mensualmente en los países del globo; teniendo además, en cuenta, que las tres cuartas partes, casi, del que se importa en los Estados Unidos, es de procedencia brasileña.

Se labora en ambos países, con el fin de afirmar este espíritu de colaboración. El conductor de este movimiento, en el Brasil, es el doctor Mario Rollin Telles, presidente del Instituto del Café, a quien secundan con entusiasmo, el presidente del Brasil, señor Washington Luis, el gobernador Julio Prestes de San Pablo, y todas las organizaciones cafeteras del país. Últimamente envió a Estados Unidos, la misión cafetera técnica, llamada Misión Lima-Queiros, la cual regresó al Brasil, imbuida de las miras americanas respecto al comercio del café, y llevando consigo, indicaciones y recomendaciones, de acuerdo con las cuales, está procediendo el Instituto, después de haberlas estudiado.

La tendencia hacia el sistema basado en la cooperación, es fomentada en los Estados Unidos por los comerciantes y las organizaciones cafeteras que tienen todos representación en el Consejo Nacional del Comercio del Café, y, muy especialmente, en la Asociación Nacional de los Tostadores de Café, a todas las cuales viene prestando apoyo y dispensando consejos el Departamento de Comercio, desde que desempeña esta cartera, el señor Hoover.

Los tostadores americanos pretenden que sus industriales producirán pérdidas

El comercio de café, tanto en este país, como en el Brasil, y también en las demás partes del mundo, se encuentra de nuevo en plena prosperidad, con la sola excepción de los tostadores de los Estados Unidos, quienes se quejan de estar sufriendo serias pérdidas. Sin embargo, esta condición no es general entre ellos, según lo demuestra la venta reciente de siete establecimientos de tostar, de la Check Neal a la Postum Company, por la cantidad de $ 45.000.000. Ya se ha hecho una costumbre, achacar la culpa, a los precios del café del Brasil, de toda crisis que se produce en el comercio del grano. En la junta de Chicago los tostadores nacionales, hubieron de convenir francamente que la causa principal de la crisis se debe a la falta de nuevos métodos de efectuar las operaciones correspondientes, principalmente en lo que atañe a distribución, para poder hacer frente a la competencia de los bodegueros y a los almacenes de enlace (Change Stores). En el Brasil se tomaron medidas, el mes pasado, encaminadas a establecer un acuerdo más perfecto, respecto a precios: el señor Telles, presidente del Instituto del Café, de San Pablo, organizó varias comisiones técnicas, que se encargarán de llevar a cabo una campaña de educación, con el fin de mejorar aún más, la calidad del café, y también de investigar el costo de producción, y poder así llegar a producir más, con gasto menor.

Estas comisiones están ya en plena actividad, y se cuenta con que tendrán listos sus informes, para la fecha en que la Misión Americana del Café, ha de llegar al Brasil.

No queda duda de que el Brasil se apresta a reorganizar la industria sobre nuevas bases. En su discurso de Chicago el doctor Sampaio dijo: «Se necesita ser absolutamente ignorante en asuntos comerciales para descender el precio de cualquier mercancía sin esforzarse en reducir su costo de producción. Tal procedimiento iría contra todas las leyes económicas». En el mismo discurso, al hablar del informe presentado al Instituto por la Comisión enviada a los Estados Unidos, agregaba: «En tal mensaje todo el mundo puede leer la principal conclusión de ustedes: los precios *deben bajar*».

Venezuela debe observar atentamente la nueva evolución de la industria cafetera. Nosotros también debemos organizar nuestra industria cafetera,

151

como toda nuestra agricultura, sobre nuevas bases. Una industria cafetera brasileña que mantuviera su prosperidad sobre la base de la técnica científica y de precios mínimos de producción, significaría la ruina de la industria cafetera venezolana.

Diciembre, 1928.

El café y nosotros

El costo de producción en el Brasil

La comisión presidida por el doctor J. C. Muniz, Cónsul del Brasil en Chicago, presentó al Instituto del Café de San Pablo, en la sesión del 4 de diciembre pasado, su informe sobre el precio de producción del café, después de un estudio minucioso y prolongado.

Para los propósitos de su investigación la Comisión dividió el estado en tres zonas, de acuerdo con la edad y rendimiento de las plantaciones: 1.ª La zona vieja. Las plantaciones comprenden 600.000.000 de matas, de 30, 40 y 60 años de edad. El promedio del rendimiento es de 37 arrobas por cada 1.000 matas. El costo de producción de cada 15 kilos es de $ 5,00 aproximadamente. La productividad de esta zona está declinando. 2.ª La zona intermedia. Cuenta con 300.000.000 de matas de 30 a 40 años de edad. El promedio del rendimiento es de 55 arrobas por cada 1.000 matas. El costo de producción de 15 kilos, puestos en Santos es de $ 4,67. 3.ª La zona nueva. Cuenta con 100.000.000 de matas de 4, 15 y 20 años de edad. El rendimiento es de 70 arrobas por cada 1.000 matas. El costo de los 15 kilos, en Santos, es de $ 3,94. La Comisión no incluyó en sus cálculos las mermas, que alcanzan generalmente al 2,5 %. Si se considera que el tipo medio del café brasileño es el Santos N.º 5; que los 10 kilos de esta calidad cuestan $ 3,39; y que alcanzan el precio de $ 4,00, la ganancia resulta ser de 61 centavos, que la Comisión, en consideración de los riesgos a que está sujeto el cultivo y el comercio del producto, reputa moderada.

No hay que exagerar la importancia del estudio de la Comisión del Instituto. El costo de producción es un concepto relativo. En países cafeteros, como el Brasil, Colombia o Venezuela, los precios de los terrenos, plantaciones, mano de obra y artículos de primera necesidad, se inflan y desinflan con el alza y la baja del café, que es el regulador de su vida económica. Pero descontando lo que pueda haber de relativo en dicho estudio, sería conveniente que se emprendieran estudios análogos en los demás países productores. Ojalá que nuestras cámaras de comercio se decidieran a iniciar y costear la investigación en Venezuela. Si pudiera comprobarse que el costo de producción en Venezuela es menor que en el Brasil, las perspectivas de nuestros cafeteros no serían tan desfavorables, por lo menos, mientras no tengan lugar cambios revolucionarios en los métodos empleados por los productores brasileños.

La próxima cosecha brasileña y las existencias mundiales

Aun cuando se ha calculado la próxima cosecha de San Pablo en 15 millones de sacos, la última correspondencia llegada del Brasil trae el cálculo de que la producción de San Pablo será de 11.000.000; la de todo el Brasil 16.000.000; y la del resto del mundo, 8.000.000. Es decir, la producción se elevará a 24.000.000, cifra que corresponde casi exactamente al consumo mundial. La actual cosecha es mayor que la del año pasado, pero menor que la de 1927, la cual superó todas las precedentes.

Las existencias mundiales eran, el 1.º de febrero de este año, de 18.535.516 sacos (*The Spice Mill*, febrero de 1929), es decir, 10/12 de una cosecha normal. Tales existencias son las mayores registradas hasta hoy, y superan las del año 1907-1908, que habían sido de 14.126.227 sacos. Es necesario notar, sin embargo, que para entonces el consumo mundial era solo de 17.107.727 sacos.

Durante el periodo 1907-1927 solo hubo sobreproducción en cinco años. Es claro que la disparidad entre la producción y el consumo permitía ajustar la oferta y la demanda en el curso del tiempo, sobre todo por virtud de las fluctuaciones de precios. La penalización de la sobreproducción tendía a restringir las nuevas plantaciones. En la actualidad, el dominio artificial de los precios, hace difícil y tardío ese ajuste. Las existencias mundiales son hoy crecidas y, sin embargo, se siguen estableciendo plantaciones. Es claro que la penalización puede retardarse, pero si las cosas siguen así, ocurrirá un día, y las penas serán graves.

La solidez financiera del instituto del café

Hace algunas semanas el *Farm Journal* de Filadelfia publicó un editorial, que reprodujo abundantemente la prensa diaria de los Estados Unidos, en el cual se anunciaba el colapso de la valorización dentro del corriente año. El editorial coincidió con otros rumores desfavorables para el Instituto, que habrían logrado influir en los mercados. El Instituto no tardó en desmentir la noticia y en llevar a los mercados cafeteros el convencimiento de que disponía de medios suficientes para mantener el dominio de los precios.

La posición financiera del Instituto es sólida. Pero ese solo hecho no basta, sin embargo, para tranquilizar definitivamente a los productores y sobre todo a los consumidores y traficantes extranjeros. Es posible, en primer lugar, que el Instituto se decida deliberadamente a bajar los precios y a concentrar sus esfuerzos en la mejora de los métodos de cultivo y en la disminución del costo de producción, lo cual estaría de acuerdo con las tendencias dominantes en la economía industrial. En segundo lugar, la situación se mantendrá inquietante mientras no se logre un ajuste entre la producción y el consumo. Si la sobre-producción cafetera, en vez de ser la excepción, se convierte en la regla, el solo factor crédito no permitirá mantener el dominio de los precios.

Lo que se opina de la situación

Más importante que los hechos mencionados, que cada» uno interpreta a su manera, es el espíritu con que los grandes centros consumidores del exterior contemplan la situación. No se puede ni se debe esconder que, con contadas excepciones, domina el parecer de que los precios actuales son artificiales y no se justifican.

Se ha dado bastante publicidad a la entrevista celebrada por el presidente Hoover con el Ministro de Hacienda, Industria y Comercio de El Salvador. En esa entrevista míster Hoover manifestó su opinión de que el café bajaría tarde o temprano, y que era posible que la baja ocurriera más bien pronto.

Esa opinión tiene una gran autoridad. Y no es sino una de las voces del coro. El número de febrero del corriente año de la revista *The Spice Mill* contiene el siguiente juicio:

De todos los países cafeteros del mundo llegan noticias sobre la adopción de medidas para aumentar la producción cafetera. Lo mismo está ocurriendo en el Brasil. Es solo cuestión de algunos años que 144 el exceso de la producción sobre el consumo sea tal, que se impongan medidas para restringir la produc-ción y evitar las nuevas plantaciones. Entre tanto el Brasil continúa repletando sus almacenes del interior, restringiendo la demanda de su producto y sos-teniendo un paraguas sobre los otros productores, quienes pueden vender a precios que, aun cuando sean inferiores a los que obtiene el Santos, son sin embargo lo bastante satisfactorios como para estimular nuevas plantaciones. Es claro que el resultado final de esa política no se dejará esperar mucho tiempo y afectará desastrosamente el más importante producto brasileño.

El *South American Journal*, de Londres, publicó a mediados del año pasado un artículo, que reproduce el *Boletín de la Secretaría de Agricultura de Minas Gerais*, de septiembre de 1928. El artículo contiene el siguiente párrafo:

Los observadores competentes opinan que la mejor política que puede adoptar el Brasil, sería la de poner fin a la política de control de los precios en el primer momento oportuno, dejándolos que lleguen a su nivel económico natural. Toda baja pronunciada de los precios tendería a eliminar los concurrentes, pues las condiciones de los suelos y del clima de San Pablo y de Minas Geraes son de tal modo favorables que los productores paulistas pueden soportar precios que no cubrirían el costo de producción de los otros concurrentes.

El número que acaba de citarse del *Boletín de la Secretaría de Agricultura de Minas* contiene también un artículo del señor Hipólito de Vasconcellos, Cónsul del Brasil en Manchester, que ataca vigorosamente la política de valorización y recomienda se siga la única política racional, que es la de aprovechar las condiciones naturales del Brasil, que son favorables para ese cultivo, y tratar de implantar sistemas más eficientes y económicos de cultivo, recolección y beneficio del producto. Estas ideas parecen ganar cada día mayor favor popular mientras se debilita la fe en una valorización puramente financiera.

Nuevas organizaciones cafeteras

Cualquiera que sea el suceso de la valorización, es de la mayor oportunidad y conveniencia que los productores de café de los diversos países se organicen. Así podrán aprovechar mejor la bonanza actual y presentar un frente unido a las calamidades que puedan traer los años de las «vacas flacas».

En Colombia se estableció el año pasado la Federación Nacional de Cafeteros, con el objeto de confrontar los problemas que presenta la industria cafetera en Colombia. Su acción parece muy bien encaminada. Hasta ahora sus iniciativas se han concentrado 145 en los aspectos de la producción. Uno de sus primeros actos fue la fundación de una granja central de experimentación y demostración en Cundinamarca y una granja local en Caldas. The Coffee Planters Union of Kenyas and East Africa, recientemente establecida, está realizando una obra encomiable, no solo en cuanto concierne a los métodos más modernos de cultivo, sino también en lo que atañe a la organización comercial de venta.

En Guatemala se acaba de organizar (Decreto presidencial del 6 de diciembre de 1928) la Oficina Central del Café, bajo los auspicios del Ministerio de Agricultura, y con la participación de la Confederación de Asociaciones Agrícolas y de la Cámara de Comercio. El gobierno ha acordado una subvención, pero su sostenimiento estará a cargo de las organizaciones nombradas. Los proyectos presentados para su funcionamiento le dan funciones más o menos análogas a las ejercidas por el Instituto del Café de San Pablo y la Federación de Cafeteros de Colombia. El gobierno de Guatemala está gestionando con los demás gobiernos de la América Central la creación de una oficina centroamericana, y algunos países han acogido favorablemente su gestión.

Nosotros y la situación
Nuestros hacendados no parecen darse cuenta de los peligros que se preparan. Y, sin embargo, ¿quién podría afirmar que Venezuela necesita menos que los otros grandes países productores de poner su industria cafetera sobre bases sólidas? Ni sería tampoco justificado pretender que la organización de una industria a cuya prosperidad está vinculada la prosperidad de nuestro país, no sería beneficiosa para los productores y para el pueblo todo entero. Ello es evidente de toda evidencia.

Una organización similar a la establecida en los otros países contribuiría a resguardar la prosperidad de ricas regiones venezolanas. Todo tiende hoy a aconsejar que tales organizaciones se entiendan sobre todo con los aspectos de la producción. En este campo queda mucho por hacer en punto al aumento del rendimiento por mata y por hectárea, mejora de la calidad del grano y disminución del costo de producción. Se han recomendado en tal sentido la selección de variedades mejores y más productivas, la plantación en los terrenos más apropiados, el perfeccionamiento de los métodos de cultivo y beneficio, la adopción de maquinaria más eficiente, etc. Pero la lista de problemas que requieren estudio y experimentación podría alargarse.

La necesidad de reorganizar nuestra industria cafetera debería mover a los conductores de nuestro país al análisis de nuestra agricultura toda entera, más todavía de nuestra entera economía nacional. De ese análisis saldría seguramente cualquier plan encaminado a asegurar nuestra prosperidad permanente. Nunca se insistirá lo bastante en lo deplorable de la situación de un país cuya economía descansa sobre uno o pocos cultivos. El café ha compuesto siempre la mayor parte de nuestras exportaciones. No debemos equivocarnos en la apreciación de los cambios que han seguido al auge de la industria petrolera en Venezuela; esa industria es precaria; está en manos extranjeras; es, desde el punto de vista económico, una provincia extranjera enclavada en el territorio nacional, y ejerce una influencia relativamente insignificante en la prosperidad económica de nuestro pueblo.

No insistamos sobre lo del petróleo. Pero sí en la necesidad de libertarnos de la pesadilla del café, de sus precios, de sus crisis, de las perspectivas de la valorización brasileña, etc. Y para ello debemos querer la diversificación de nuestra producción agrícola. La variedad de zonas que componen nuestro territorio nos ofrecen una base natural para esa diversificación, y ella se hará necesariamente a medida que se vaya poblando el territorio nacional. Pero sería injustificable que, a causa de nuestra desidia la diversificación quedara abandonada al acaso.

Como lo han hecho otros países, también Venezuela debería proceder a un reconocimiento e inventario de sus recursos naturales. Es la base indispensable de las instituciones de investigación, experimentación y enseñanza agrícola. De otra manera los resultados no serían los que se esperan.

Tomemos nuestra ganadería como ejemplo. Desde hace más de un siglo se viene insistiendo en la posibilidad de desarrollar en los Llanos una gran industria ganadera. Las esperanzas no han muerto, pero las potencialidades continúan confinadas al papel, y la gente comienza a temer que esas esperanzas sean defraudadas. ¿Cuáles las razones? No hay sino una. Sencillamente nuestra incapacidad para enfrentar sus problemas de manera racional y científica.

Para ello se debería, en primer lugar, practicar el reconocimiento de los inmensos recursos de los Llanos. Sobre esa base podría entonces establecerse un plan para su desenvolvimiento, que indudablemente comprenderá instituciones de investigación, experimentación, enseñanza y vulgarización de los diversos aspectos de la industria agropecuaria.

En Rhodesia, en Kenya, en Queensland, en el Brasil, la industria ganadera está en pleno desenvolvimiento. Los progresos hechos en las últimas décadas son decisivos. Hasta que se demuestre lo contrario debemos creer que en Venezuela también hay lugar para una industria ganadera igualmente desarrollada.

La industria ganadera es solo un ejemplo. Todos nuestros cultivos están en la misma situación. Mientras no se adopte y ejecute un plan científico para la racionalización de nuestra agricultura, no nos libraremos de la pesadilla del café, no se diversificará nuestra producción agrícola, la prosperidad económica y el bienestar social de nuestro país no podrán descansar sobre bases sólidas. El porvenir del país requiere que se resuelvan también otros problemas vitales, pero la regeneración de nuestra agricultura es un factor primordial de ese porvenir.

Mayo, 1929.

La cosecha y el consumo mundiales

Los expertos del Instituto del Café de San Pablo estiman que la cosecha del Estado será de 13.787.987 sacos de 60 kilos durante el año 1929-1930 (*Boletín do Instituto de Café*, abril de 1929). Según Nortz & Co., conocidos comisionistas de Nueva York, la cosecha mundial se elevará en 1929 a 29 o 30 millones de sacos. La misma firma estima el consumo mundial del mismo año en 24 millones de sacos. La significación de estas cifras es que, al terminar la presente estación, las existencias de café de San Pablo quedarán reducidas a 8 millones de sacos; que subirán con toda probabilidad a 14 millones el 1.º de julio de 1930 —mayores en 2.500.000 sacos que las del 1.º de julio de 1928— cantidad suficiente para el consumo de 18 meses del café de esa calidad.

El control de los precios

Este exceso de la producción sobre el consumo, que hasta ayer había sido la excepción, amenaza convertirse en la regla. El ritmo de producción en todos los países es un crescendo continuado. Innecesario producir los ejemplos. Los precios actuales, sin duda remuneradores, están fomentando las plantaciones, que aumentan en medida que no guarda proporción con el acrecimiento necesariamente limitado del consumo. Si nada viene a contrastar los desarrollos en curso, se debe esperar que en un futuro próximo la producción desbordará el consumo en tal forma que el derrumbamiento de los precios no podrá evitarse.

Es verdad que el Instituto del Café de San Pablo se mantiene en posición de controlar los precios. Sus recursos son adecuados según parece, para hacer frente al sobrante de la presente cosecha. Pero si el aumento de producción de los otros países se conjuga en 1930 con una abundante cosecha brasileña, es dudoso que puedan conseguirse los recursos financieros suficientes. Habrá sonado el momento de liquidar las cuentas pendientes de muchos años y de la crisis inevitable.

La valorización en el banquillo

Los ataques contra la valorización se hacen más frecuentes y más certeros, a medida que amontonan las nubes precursoras del mal tiempo.

Las conocidas casas comisionistas de Nueva York, Nortz & Co. y Arnold Dorr & Co., expresan franca desaprobación. La segunda afirma que el Comité de Defensa comete un error grave en mantener los altos precios.

De tal modo —dice— está alentando a los productores de todo el mundo a acrecer la producción y preparando una situación que solo tiene dos alternativas: dos malas cosechas en dos años seguidos, lo cual es improbable, o una tremenda liquidación en el futuro. Parece casi suicida que el Comité de Defensa no haga descender los precios lo bastante para desaconsejar las nuevas plantaciones en otros países.

El informe anual, correspondiente a 1928-1929, de la British Chamber of Commerce of Brazil, Inc. —muchos de los mayores productores de café son británicos— hace notar que las plantaciones siguen aumentando a la sombra de los altos precios, y que si el proceso continúa el colapso de la valorización será inevitable. *The Times*, de Londres (mayo de 1929), publica una carta de un comerciante inglés que se esconde bajo seudónimo, en la cual se discute la defensa de la política de valorización hecha por un funcionario brasileño.[15] El autor reconoce que los beneficios de la valorización han sido innegables, pero duda de que pueda aseverarse lo mismo cuando se contempla el porvenir.

El 16 de mayo pasado el Instituto del Café de San Pablo ofreció un banquete a míster Berent Friele, presidente de la American Coffee Corporation, considerado como el mayor comprador de los Esta dos Unidos. En respuesta al doctor Mario Rollin Telles, Secretario de Finanzas del estado de San Pablo, quien acababa de afirmar que la baja de precios no podría proporcionar ningún alivio, pues no sería capaz de aumentar las exportaciones, míster Friele se permitió aconsejar al Instituto la baja de los precios «como ayuda a los tostadores y estímulo del consumo».

La oposición no viene solo de los traficantes y consumidores extranjeros. La oposición en el Brasil mismo se hace cada día más evidente. Hay razones que explican la disconformidad con la actual situación. La valorización beneficia igualmente al Brasil y a los demás productores, pero el Brasil es el único que carga con el esfuerzo financiero; el único que sustrae los sobrantes al tráfico; el

---

15   Véase: Boletín de la Cámara, N.º 188, 1.º de julio de 1929.

único que ve desmejorarse su grano en los almacenes; el único inmediatamente expuesto al colapso de los precios. Por otra parte, el Brasil está perdiendo terreno en algunos mercados. Las exportaciones brasileñas a los Estados Unidos compusieron en 1927 el 71.4 % de las importaciones americanas y en 1928 solo 65.9 %.

Entre los descontentos la voz más autorizada es la del doctor Antonio de Quirós Telles, miembro de la Comisión del Instituto que visitó en 1928 a los Estados Unidos en misión de estudio. En su artículo el doctor Quirós observa el aumento de la producción y sus peligros; afirma la necesidad de que el Brasil «Se ponga en condiciones de vender su café a precios remuneradores, pero no susceptibles de estimular su cultivo en otras regiones del mundo»; y recomienda la adopción de diversas medidas, termina diciendo el doctor Quirós, «que colocarían a San Pablo en posición tal que ningún país podría pensar en competir con nosotros». (*The Tea and Coffee Trade Journal*, junio 1928.)

El futuro de la valorización

Parece casi asegurado que la actual política de valorización será modificada en el futuro más o menos inmediato. Pero la valorización, en cualquier forma, ya no podría ser descartada. Los beneficios, cuando su empleo sea discreto y se tomen en cuenta los intereses de los consumidores, son innegables. Antes de la valorización, la colocación del café era desordenada, y buena parte de las ganancias eran para los traficantes extranjeros, quienes vivían manipulando los precios en beneficio propio. Los ventajosos sistemas de venta empleados por las cooperativas fruteras de los Estados Unidos, el sistema de elevadores de trigo del Canadá y otras organizaciones cooperativas, han demostrado los beneficios de la ordenada y metódica colocación de los productos. El suceso de estas experiencias ha inducido a los Estados Unidos a establecer el Consejo Federal Agrícola (Federal Farm Board) y a idear las corporaciones de estabilización, grandes compañías encargadas de la colocación ordenada y económica de la cosecha de cada uno de sus principales productos agrícolas.

El aspecto más criticado de la valorización actual es la política de los altos precios, que necesita ciertos retoques. En tiempos normales, los institutos cafeteros deberían contentarse con suministrar a sus miembros facilidades de crédito, informaciones sobre las condiciones de los mercados y comodidades para el almacenaje de sus cosechas; y mantener servicios de propaganda en vista de la expansión de los mercados sin intervenir directamente en el control de los precios. Estas intervenciones serían solo lícitas en épocas de crisis, para afrontar las desinflaciones de precios verdaderamente anormales y ruinosas.

Los aspectos de la producción en el primer plano

Es de creerse que en las organizaciones cafeteras del futuro, el aspecto financiero no ocupará, como es el caso actualmente, el puesto primordial. Este será atribuido a los aspectos de la producción. La gran necesidad de la industria cafetera, como de la industria agrícola en general, es la de conformarse a la tendencia que hoy domina en la economía industrial: intensificar la producción y reducir los precios.

En los Estados Unidos y otros países progresistas se han dado grandes pasos en tal sentido. Estudios recientes han demostrado que el agricultor americano, gracias al empleo de maquinaria agrícola y de métodos perfeccionados de cultivo, produce por término medio el décuplo del agricultor chino. Cada chino cultiva 0.21 hectáreas por habitante, al paso que el americano cultiva 5.2. Mientras el trabajador chino solo produce alimentos para 2, o cuando más 2 1/2 habitantes, el americano produce para 10. Este proceso no parece detenerse. En su discurso pronunciado en Atlanta el 4 de julio de 1929, Arthur M. Hyde, Secretario de Agricultura de los Estados Unidos, afirmó que en los últimos diez años el rendimiento de cada agricultor americano había aumentado en 30 %.

Aun cuando muchos de los cultivos tropicales, como el café o el cacao, por ejemplo, no son susceptibles de un extenso empleo de maquinaria y no prometen un considerable aumento del rendimiento del trabajo agrícola, es permitido creer que la selección de mejores variedades, la plantación en terrenos apropiados, los métodos perfeccionados de cultivo y el empleo de maquinaria más eficiente para el beneficio, permitirían intensificar la producción y reducir los precios de costo.

A este respecto son elocuentes los resultados conseguidos con otros productos tropicales. En 1925-1926 el rendimiento por hectárea de la caña fue de 1.51 toneladas de azúcar en el Brasil y de 13.71 en Java (Sugar, League of Nations, Geneve, 1929).

Resultados igualmente satisfactorios han sido obtenidos por los holandeses en el Oriente con el caucho, la palma de aceite y otros productos. En todos los casos, ello pudo conseguirse con la organización de los productores, el establecimiento de estaciones experimentales y la elaboración y divulgación consiguiente de métodos científicos de cultivo y beneficio.

Los grandes países productores de café se han dado cuenta de la necesidad y las ventajas de organizarse y aunar recursos en vista de resolver los problemas financieros y técnicos que se presentan. Algunos, Venezuela entre ellos, siguen reacios a la organización, aun cuando los peligros de la situación son evidentes y claras las ventajas.

Inútil repetir la importancia del café en nuestra vida económica. Su importancia y las circunstancias actuales aconsejan la asociación de los productores venezolanos de ese grano. El surgimiento de una organización de los cafeteros, establecida sobre bases convenientes, marcará el alba de un nuevo día en la vida económica de Venezuela, que traerá la organización de las clases productoras, el perfeccionamiento de los métodos de producción y la prosperidad de toda la familia venezolana.

La ciencia y el porvenir de la industria cafetera

Valorización financiera y producción eficiente

La solución de los problemas que hoy se plantean en la industria cafetera puede buscarse por dos distintas vías: la creación de organismos, como el Instituto de Defensa del Café de San Pablo, para la ventajosa colocación del producto en los mercados mundiales, mediante la valorización financiera; o la aplicación de métodos científicos más eficientes de producción, que es la tendencia que parece dominar actualmente. En general, las organizaciones cafeteras existentes aplican conjuntamente los dos métodos, aun cuando ponen especial énfasis en uno de ellos.

Hasta este momento la valorización ha sido un real suceso. El 15 de septiembre se reunió el IV Congreso de los Productores de Café del Brasil, y el Ministerio de Finanzas del Estado de San Pablo pudo declarar que la situación actual y las perspectivas del futuro eran excelentes. Es posible que ese optimismo esté justificado. Sin embargo, la opinión que tiende a prevalecer en los círculos cafeteros, aun del mismo Brasil, es la que considera generalmente que la colocación ordenada y económica de la producción es indispensable, muchos niegan que la estructura y los planes del Instituto de San Pablo sean los más sabios. Según algunos sus actividades deberían limitarse a la organización de un sistema de crédito conveniente, la creación de una red de almacenes de depósitos, la investigación de nuevas formas de empleo del café, el establecimiento de servicios de estadística, información y propaganda.

El hecho que importa revelar es que la fe en la panacea de la valorización comienza a flaquear. La colocación ordenada del café es un factor indispensable de la prosperidad, pero de ninguna manera primordial. Con el tiempo, la prosperidad de la industria dependerá de la eficiencia de los métodos de producción, es decir de la aplicación de la ciencia.

Para aumentar el rendimiento del café y reducir el costo de producción del grano se requieren metódicas y prolongadas investigaciones científicas con respecto a ciertos problemas, tales como los que se relacionan con la determinación de los suelos más apropiados para el cultivo del café; la propagación de variedades más productivas que las actuales que rindan un grano de mejor calidad; la cultivación, poda y sombrío del café; la fertilización de las planta-

165

ciones; el dominio de las enfermedades e insectos que atacan la planta; la elaboración de implemento y maquinaria adecuados para las diversas operaciones;
el mejoramiento de los métodos de recolección y beneficio; el aprovechamiento
de los desperdicios, etc.

El factor científico en algunos países cafeteros

En algunos de los principales países cafeteros se han establecido en los últimos
años instituciones científicas en beneficio de la industria cafetera.

El Brasil no se contenta con la valorización. El país disfruta de condiciones
especialmente favorables para el cultivo del café; sus principales zonas de
producción están servidas por un admirable sistema ferrocarrilero y vial; sus
recursos son inmensos y, sin embargo ninguno parece más dispuesto a aprovechar todas las posibilidades que ofrece la ciencia. En este empeño colaboran
el Ministerio Federal de Agricultura, los departamentos agrícolas de los estados
y las sociedades de productores.

En el estado de San Pablo, las instituciones agrícolas estaduales, como
el Instituto Agronómico de Campitlas y la Escuela y Estación Experimental
Agrícola de Piracicaba, colaboran con el Instituto de Defensa. Recientemente
estuvo en el Brasil el doctor Robert L. Emerson, del Instituto Tecnológico de
Massachusetts, con la misión de hacer un estudio sobre los métodos de producción del café. A su regreso a los Estados Unidos, el doctor Emerson hizo las
siguientes declaraciones:

Productores de café de San Pablo están recibiendo enseñanza sobre los
métodos perfeccionados de cultivo del café, en vista de la reducción del costo
de producción y la mejora de la calidad del producto. En esta campaña el
gobierno de San Pablo colabora con el Instituto del Café y 20.000 agricultores.
La campaña que se está realizando comprende el envío a cada hacienda de
dos peritos, uno de los cuales es un agricultor práctico y el otro un experto en
el cultivo del café. El uno enseña al agricultor cómo plantar, cultivar y abonar la
tierra; el otro, cómo recolectar, escoger, graduar y preparar el producto para
el mercado. Parejas recorren el Estado, convocando y celebrando reuniones de
agricultores en los sitios más apropiados, y visitando las diversas plantaciones.

Las principales mejoras introducidas se relacionan con el abono del terreno y la recolección de la cosecha. Hasta hoy el abono se había aplicado en el hoyo que se excavaba en torno de la mata, procedimiento sumamente perjudicial para las raíces de los cafetos y muchas veces fatal para las plantas. Actualmente se construye una zanja a lo largo de la hilera de cafetos y se vierten en ella los abonos. El año siguiente se construye una zanja análoga en ángulo recto con la anterior y se repite la operación. De esta manera las plantas casi no sufren daño y pueden nutrirse suficientemente.

Hasta ayer la recolección del café se hacía a mano, con el resultado de que se «arrancaban al mismo tiempo las cerezas maduras, las cerezas verdes, las hojas y los brotes, con perjuicio evidente para la planta. Actualmente se está enseñando a los cafeteros a recolectar la cosecha, de manera que solo se arranquen las cerezas maduras y no se dañe la planta. Para ello se emplea una caña larga provista de un dispositivo que permite agarrar cada rama y sacudirla, haciendo caer solo las cerezas maduras.

El gobierno de San Pablo está contribuyendo con todos los medios posibles —servicios del personal y ayuda financiera— al éxito de esta campaña, y los resultados permiten esperar un porvenir halagüeño para la industria cafetera brasileña.

En el estado de Minas Gerais cooperan en tal obra la Secretaría de Agricultura, el Instituto de Defensa del Café y las escuelas y estaciones experimentales de Vicosa y Lavras. Hace algunos meses la Secretaría de Agricultura decretó un censo de la industria cafetera en el estado, con el fin de tener una base segura para la formulación de una política cafetera. Al mismo tiempo la Secretaría encomendó al Inspector de la Defensa del Café la clasificación de los tipos de café producidos en Minas y el estudio de las medidas más aptas para estimular el mejoramiento de los métodos de cultivo y beneficio. Entre las recomendaciones hechas por el Inspector merece mencionarse la que acuerda a los tipos finos el privilegio de poder ser exportados sin tener que esperar el turno de costumbre.

En Colombia, el Congreso de Cafeteros aprobó recientemente el establecimiento de una estación experimental central y de varias estaciones departamentales. La Federación está dando actualmente pasos con el fin de establecer una de las mejores estaciones del mundo. A este esfuerzo debe agregarse la actividad verdaderamente encomiable que están desarrollando los departa mentos de Agricultura de Antioquia y el Valle del Cauca.

Java, el África Oriental inglesa, Hawai, El Salvador, Haití, Puerto Rico, etc., cuentan con estaciones experimentales, en las cua les se realizan investigaciones que tienen por objeto exclusivo o primordial el cultivo del café.

El futuro de la industria cafetera en Venezuela

La valorización emprendida por el Brasil ha beneficiado a Venezuela y demás países productores. En tales condiciones, algunos países no han sentido la necesidad de realizar ningún esfuerzo. El paraguas brasileño les ha dado la peligrosa ilusión de que siempre estarán protegidos contra la intemperie de los malos precios.

Sería de la mayor oportunidad que los venezolanos comenzaran a protegerse contra la dañina ilusión. Se puede estar seguro de que en un mañana más o menos próximo volverá a regir incontrastable la ley de la oferta y la demanda y habrá de cerrarse el famoso paraguas. La prosperidad será solo de los que emplean métodos eficientes. Los rutinarios se arruinarán sin remedio.

Cuando la prosperidad de la industria cafetera dependa de los métodos eficientes de producción, no podremos esperar que sus beneficios se extiendan hasta nosotros gratuitamente, como su cede hoy en el caso de la valorización financiera. Cada país recogerá solo los frutos de su propio esfuerzo. Por razones obvias, la mayor parte de los resultados de las investigaciones que se realicen en el Brasil, Colombia o Java no tendrán ningún valor para Venezuela. Y aun aquellas susceptibles de utilización requerirán para su divulgación un personal competente, que haya adquirido la necesaria preparación científica y que no podrá improvisarse.

Todos los que en Venezuela se interesan en la prosperidad de la industria cafetera deberían concertarse en vista de la creación de una estación experimental del café, provista con los medios suficientes. Dichas estaciones son costosas —si se quiere conseguir resultados, es necesario integrarlas con un personal científico de primer orden— pero con el tiempo retornan multiplicados los fondos invertidos. Cada una de las estaciones experimentales de los Estados Unidos ha probado ser un excelente negocio.

Dado el costo de instalación y funcionamiento de una estación experimental eficiente, es claro que no podría ser emprendida sino por el Gobierno Nacional o por la asociación de los productores de café. De cualquier modo su establecimiento es de la mayor urgencia. Es sabido que se requieren diez y a veces veinte años antes que ciertas investigaciones sean susceptibles de aplicación práctica, aun cuando bajo muchos respectos su beneficiosa influencia se hará sentir inmediatamente.

Toda esta obra por hacer —que debe ser realizada, si se quiere resguardar la prosperidad de Venezuela— está clamando porque nuestros productores de café sigan el buen ejemplo que acaban de darles los de Colombia, Guatemala, Costa Rica y otros países. Pueden estar seguros de que en el porvenir la prosperidad no será un presente sino el resultado de su propio esfuerzo. La política del avestruz o de las manos cruzadas no podrá sino ser ruinosa. En todo caso merecería que lo fuera.

Importancia de las estaciones experimentales

El factor más importante de prosperidad de las industrias mecánicas de los Estados Unidos o mejor, el factor decisivo de los estupendos adelantos realizados durante el siglo XX en todos los dominios de la vida material es el establecimiento de organismos dedicados, de manera regular y sistemática, a la investigación y experimentación científicas.

No es nuestro propósito, sin embargo, tocar aquí temas de economía industrial. Solo queremos declarar que la opinión de la casi unanimidad de los economistas y peritos agrícolas es que la prosperidad de la agricultura depende hoy de la eficiencia de los métodos de producción, eficiencia que solo puede alcanzarse mediante la investigación y experimentación científicas.

Los Estados Unidos de América fueron los primeros en darse perfecta cuenta de ello y sus instituciones de investigación y experimentación científicas son las primeras del mundo. *La Nación*, los estados y las fundaciones privadas gastan anualmente en beneficio de la agricultura sumas que superan con mucho los $ 200.000.000, de las cuales gran parte se dedica a la experimentación e investigación científica. Los resultados han superado todas las previsiones. Cada una de las estaciones experimentales de los Estados Unidos ha justificado su costo. Se ha dicho y demostrado, por ejemplo, que la sola propagación de la frambuesa Latham, efectuada por la Estación de Minnesota, ha pagado con creces el costo de su instalación y sostenimiento. Y en 1928 el costo de mantenimiento de la Estación de Minnesota se elevó a $ 521.751,08.

Los Estados Unidos no compiten directamente con nosotros, así mucha mayor importancia revisten para nosotros los servicios de investigación y experimentación agrícola que se están estableciendo en los grandes imperios coloniales europeos en el África y el Asia tropicales. Entre dichos servicios merecen especial mención los de las posesiones holandesas del Mar de la Sonda. Hace ya varias décadas que Holanda estableció allí varias instituciones de investigación y experimentación agrícola. Los resultados han sido grandemente fecundos. Actualmente los productores en Java y Sumatra de azúcar, caucho, quina, tabaco, kapok, té, aceite de palma, etc., compiten victoriosamente con los productores de otros territorios en los mercados mundiales. Durante el año de 1928 el presupuesto del Departamento de Agricultura de las Indias Orientales —y se debe observar que los productores de azúcar y otros mantienen sus propias estaciones experimentales fue de $ 9.804.428,00, de cuya suma se destinaron $ 126.202,50 para el Jardín Botánico de Buitezorg y $ 148.613,58 para la estación experimental del mismo nombre.

Las estaciones experimentales del caucho y la gutapercha y del té y la quina rindieron en 1928 un producto bruto de $ 3.678.949; suma que no solo cubrió los gastos de gestión, sino que dejó una ganancia líquida de $ 1.305.989. Tales resultados han sido posibles gracias a la política seguida por el gobierno holandés, el cual siempre ha procurado obtener los servicios de peritos de la mayor competencia científica, cualquiera que sea su nacionalidad recompensando debidamente sus servicios.

Es indudable que los países que sigan empleando métodos agrícolas rutinarios no podrán pretender competir con productores eficientes como los de las Islas Orientales holandesas, que cuentan con la asistencia de peritos científicos de primer orden.

Octubre, 1929.

La colonización en Venezuela

El mundo entero advierte la expansión, cada día más y más pujante, de los Estados Unidos de América. Por primera vez en la historia, el planeta todo entero es teatro de la expansión de un pueblo. Las grandes organizaciones económicas y financieras que tienen sus sedes en los majestuosos rascacielos de Nueva York, símbolos de acero y granito de esta civilización faustiana, están empeñadas en un proceso de integración de la economía mundial.

La expansión abarca el mundo entero, pero adquiere especial intensidad en la América Latina y, dentro de la América Latina, en los países bañados por el Caribe, por razones de orden geográfico, económico y político que son obvias. Las cifras que expresan, en lo que atañe a nuestros países del sur, sus tráficos comerciales y sus inversiones de capitales se multiplican con ritmo extraordinariamente rápido. En la última década, o mejor, en los dos últimos años, Estados Unidos ha dado pasos de gigante para adquirir el control de las comunicaciones ferroviarias, aéreas, cablegráficas, radiofónicas y telefónicas; de las fuentes de energía hidroeléctrica, y de los grandes reservorios de materias primas de la América Latina. Nuestros periódicos publican las noticias que les trasmiten las agencias periodísticas americanas. Los cines del continente muestran casi únicamente las películas impresas en Hollywood. *E pluribus unum.*

El paso de marcha de los Estados Unidos ha sido espectacular. La historia no había visto nada igual. Y, sin embargo, el proceso de expansión se inicia apenas. Así, por ejemplo, hasta ayer los planes ideados en Wall Street para la integración de diversos ramos de la economía nacional fueron de alcance limitado y se desenvolvieron casi enteramente dentro de los límites nacionales. Es en los dos últimos años en los que la formación en Europa de carteles y trusts continentales y la necesidad de encontrar nuevos mercados para la excesiva producción que aflige a ciertas industrias, han extendido el alcance e impreso una fulmínea rapidez a la integración económica. Cada una de las ramas de la vida económica de los Estados Unidos, incluso las industrias agrícolas, ha ido cayendo bajo el control de organizaciones colosales, cuyos capitales se cuentan por millares de millones de dólares y cuyos presupuestos anuales son mayores que los de muchas naciones de mediana magnitud. Tales organizaciones, ya victoriosas en la lucha para el dominio del vasto mercado interior, están bien preparadas para enfrentar la concurrencia en todos los mercados del mundo. La América Latina se considera unánimemente como el mercado más prometedor, y en casi todos los casos se encuentra comprendida dentro del área económica de integración. Este proceso de expansión económica se marida en los Esta dos Unidos con cierto estado de espíritu, que recuerda el que se vio aparecer en Atenas después de la victoria sobre los persas; en Roma, en la mañana de la destrucción de Cartago; en España, después de la Reconquista; en Inglaterra, después de las guerras napoleónicas. Este estado de espíritu constituye el aspecto verdaderamente trascendental de la vida americana. En nuestro mundo todavía mens agitat molem. Es el espíritu el que está consiguiendo triunfos en los dominios de la vida material y al mismo tiempo preparando al pueblo para un gran florecimiento moral, intelectual y artístico. Ahora parece dominar la agitación sin rumbo, la crítica destructiva de las viejas ideologías, el caos intelectual y moral. Pero detrás de Mencken, Lewis y otros demoledores, atareados en triturar una cultura ya vieja y gastada, se divisan hombres como Dewey y Waldo Frank, que se afanan por darle un sentido moral al inmenso venero de energías que guarda el pueblo americano y en trazar los lineamientos de un «nuevo mundo» espiritual.

Queríamos expresar estas condiciones antes de observar cómo las corrientes comerciales, que se inflan con los días; las inversiones de capitales que aumentan sin cesar; y las sucursales, agencias y representaciones de empresas bancarias, industriales y comerciales, que se establecen continuamente, traen consigo la formación de colonias, cada día más y más numerosas, de ciudadanos norteamericanos, el hecho sin duda más importante de todos los que acompañan la expansión. De acuerdo con *Commerce Reports* (1.º de abril de 1929), órgano del Departamento de Comercio de los Estados Unidos, los residentes norteamericanos en la América Latina suman un total de 50.104, de los cuales 2.215 habitaban en Venezuela para la fecha del censo.

No queremos hablar aquí de las consecuencias del establecimiento de estas colonias en las relaciones internacionales. Nos proponemos solo analizar los efectos de los contactos entre angloamericanos y latinoamericanos en el dominio más limitado de las relaciones interindividuales.

Nosotros y los angloamericanos

¿En qué condiciones se establece el contacto entre los americanos del Norte y los americanos del Sur? Si averiguamos cuáles son esas condiciones y tratamos de poner en claro las consecuencias iniciales de dicho contacto, tal vez podamos adivinar el camino que seguirá nuestra evolución en los próximos años.

Los angloamericanos disponen en su país de oportunidades casi ilimitadas para su formación física, intelectual, técnica y moral. Disfrutan de todas las libertades y garantías legales. Llevan riqueza, competencia, salud, prestigio y el deseo de trabajar. El trabajo es en su país como un mandamiento religioso, y todos los ciudadanos sienten la obligación de trabajar. Su patria, que es verdaderamente paternal, los acompaña en sus peregrinaciones al extranjero, siempre lista a protegerlos contra injusticias y agravios. Y sobre todo, los anima un optimismo sin límites, planta que crece lozana en este pueblo de hombres libres.

Los latinoamericanos, con excepción de una minoría insignificante, no disponen de las mismas oportunidades que ofrece la patria providente de los hombres del Norte. Dadas las condiciones que caracterizan el periodo histórico que en este momento atraviesan las naciones latinoamericanas, las libertades y garantías de que gozan sus ciudadanos son decididamente inferiores a las que disfrutan en sus propios países, gracias a la doble protección que los ampara, los ciudadanos norteamericanos. La concepción del trabajo que prevalece en nuestros países es diferente de la angloamericana. La formación que reciben los hijos de «buena familia» —de quienes podría esperarse las más preciosas contribuciones a la vida nacional— los prepara admirablemente para despilfarrar las fortunas morales y materiales de sus padres y, si todavía duran, las de sus abuelos. Y sobre todo, los latinoamericanos, como lo anotaba hace días un escritor yanqui, están afligidos por el «complejo» de la inferioridad, que los mantiene temerosos, apesadumbrados, mirando su propia sombra.

Las consecuencias iniciales y futuras del contacto son evidentes. En la *lucha de competencia* nosotros habremos de ser, mientras perduren las actuales condiciones, los vencidos. Si nosotros no aprendemos a emularlos en las cualidades que hacen posible su predominio, a sus manos pasarán mañana lo mejor de nuestras minas, de nuestras tierras, de nuestros rebaños, de nuestras florestas,

173

de todo cuanto tenemos. Lo que ha sucedido en las Antillas, anticipa la suerte del continente. Esto no quiere decir que ellos sean nuestros enemigos ni que debamos tenerles miedo. Tengámosle sí mucho miedo a enemigos tan terribles como son nuestro atraso, nuestra incompetencia, nuestra desorganización y nuestra falta de espíritu público.

Vale la pena que estudiemos la manera de resolver esta situación aflictiva. Algún espíritu simplista e indolente propondría que los americanos renunciaran a su competencia técnica, a sus capitales, o que se quedaran en su casa. No parece posible que esta solución sea considerada por la generalidad de las gentes como equitativa y factible. Otros espíritus buscarán la solución con poemas incendiarios, protestas inflamadas e invocaciones a los manes de abuelos batalladores. ¿Para qué gastar la pólvora en salvas?

El esfuerzo de nivelación

La única solución que parece adecuada es mucho más compleja y requiere esfuerzos incomparables mayores. El plan que parece más seguro para alcanzar la victoria en esta lucha de competencia, es uno capaz de nivelarnos en los varios aspectos de nuestra vida, y particularmente en el campo de la ciencia y de la técnica, con los angloamericanos y otros pueblos que marchan a la vanguardia del progreso humano.

Tal plan tiene que ser necesariamente complicado —tan complicado como la vida social misma—; pero nos aventuramos a afirmar que un nuevo sistema educativo y un plan de colonización serán sus elementos primordiales.

Es evidente, para todos los que lo estudien, que nuestro sistema educativo necesita transformaciones radicales. La educación es todavía medieval en la mayoría de los países latinoamericanos. La tarea de efectuar con tal sistema la nivelación de nuestros pueblos con los más progresistas, es tan imposible como sería la de atravesar el Atlántico en curiara. La experiencia de muchos de nosotros nos demuestra que para los que no queremos estudiar teología o abogacía, la instrucción recibida, en vez de armarnos para la lucha por la vida nos desorienta e inutiliza; y ni siquiera puede decirse que los teólogos y abogados quedan muy bien equipados.

No es difícil darse cuenta de que nuestro sistema educativo es inadecuado para las necesidades del país. Para llegar a esta conclusión no se requiere especial competencia. Es claro, sin embargo, que la misión de formular el sistema que ha de reemplazarlo compete a expertos y no a meros aficionados.

Solo nos proponemos expresar aquí algunas consideraciones con respecto a los problemas de población, o más precisamente, sobre los problemas de la migración humana y de la colonización, que constituyen solo parte de ellos. La inmigración y la colonización podrían ser, si se adecuaran a tales fines, poderosos factores de educación, de ascensión económica y, en general, de nivelación de nuestros pueblos con los más progresistas de la Tierra.

La importancia de la política migratoria

Nadie podría negar que la introducción de nuevas razas de animales y de variedades de plantas útiles puede proporcionar grandes riquezas a un país. La introducción de animales o de plantas portadoras de enfermedades y plagas, por el contrario, puede acarrearle ruina. Ahora bien, los problemas de la migración humana son, aun desde el solo punto de vista económico, de trascendencia incomparablemente mayor. Aun los idealistas más intransigentes deben admitir que la población humana es la mayor riqueza con que cuenta un país. Es verdad que en los Estados Unidos, por ejemplo, la naturaleza es opulenta y explica en cierto modo su riqueza. Pero no, las poblaciones indias que habitaron el país durante mucho tiempo eran las menos civilizadas y prósperas de América. Son los hombres, sus educadores, sus pensadores, sus inventores, sus hombres de ciencia, sus técnicos y sus ciudadanos más humildes, que acogen dócilmente las normas morales y científicas que predican sus conductores, los que han hecho la estupenda prosperidad de este pueblo.

Después de todo, no se rebaja al hombre afirmando que aun desde el punto de vista económico es él lo más importante con que cuenta un país. Pero los hombres son algo más que meros productores y consumidores de riqueza. Los inmigrantes que llegaron ayer o habrán de llegar mañana a nuestras playas pueden serlo todo. Al principio serán nuestros peones, nuestros capataces, nuestros empleados, nuestros arrendatarios y nuestros clientes. Pero más tarde serán nuestros parientes, nuestros amigos, nuestros socios, nuestros héroes o criminales, nuestros genios o dementes, nuestros mandatarios o gobernados. Y si ello no ocurre en la primera generación ocurrirá en la segunda. Es evidente

175

que la admisión de malos inmigrantes puede ser infinitamente más peligrosa que la de cualquier animal o planta plagada.

La consideración de los problemas migratorios no es extemporánea en lo que a Venezuela se refiere. El desarrollo de la industria petrolera en la región del lago de Maracaibo y el que tendrá casi seguramente lugar en la cuenca del Orinoco; el desenvolvimiento de la industria aurífera en Guayana; y los desarrollos agrícolas e industriales que habrán de seguirlos, traerán inmigración a Venezuela, buena o mala, con o sin la intervención del gobierno. Aun cuando nuestro país tiene inmensas posibilidades de riqueza, no abriguemos la ilusión de que ellas bastan para atraer y mucho menos para seleccionar a los inmigrantes. En general, las corrientes migratorias espontáneas se dirigen de países de nivel de vida inferior a países de nivel de vida superior, tan naturalmente como el agua corre de arriba para abajo. En el caso de Venezuela es de suponerse que la inmigración espontánea nos vendrá de las Antillas más atrasadas, de la China, de la India o de Java, y en vez de ser un factor de progreso nos hundirá todavía más en nuestro atraso. También entrarán algunos inmigrantes europeos y americanos, pero que pertenecen a categorías, como la de comerciantes al menudeo o profesionales, que no son precisamente los que más necesita Venezuela.

Parece aconsejable que ejerzamos nuestro derecho de decidir cuáles son los extranjeros admisibles y que demos pasos para atraer los inmigrantes que más nos convengan, cualesquiera que sean los sacrificios financieros que ello demande. Cuando se trata de inmigrantes selectos, nunca nos arrepentiremos de haber sido pródigos.

La colonización en Venezuela

Los beneficios de una sabia política de inmigración son seguros. Pero sus ventajas pueden ser óptimas solo en el caso de que se combinen con un plan de colonización, adaptado a las condiciones geográficas y económicas de las varias zonas del país y susceptible de estimular todas las manifestaciones de la vida nacional.

Las regiones en donde se concentra la población de Venezuela —las mesetas de las cordilleras de los Andes y de la Costa— son las más favorables para el inmigrante europeo, tanto en virtud de sus condiciones de clima como de su mayor desarrollo económico. En estas regiones la colonización debería tal vez limitarse al establecimiento de núcleos o células de inmigrantes. Estos serían reclutados en los países que más se distingan en las industrias o artes que se quieran establecer o perfeccionar y cuyas condiciones sociales se semejen más a las nuestras. Tales colonias permitirían estimular los cultivos fruteros, la industria sericícola, la industria avícola, la industria lechera, la producción de hortalizas, los cultivos de trigo y arroz, etc.; e industrias como las textiles, la peletería, la cantería, la sombrerería, las mecánicas, etc. En los ramos de agricultura y de la cría, en particular, dicha inmigración permitiría conseguir rápidamente el mejoramiento de nuestros sistemas de cultivo y de cría y la diversificación agrícola, que son de tanta urgencia para el progreso económico del país y para la solidez de nuestra economía nacional.

El plan debería también contemplar las regiones despobladas del Orinoco. Aun cuando las exploraciones efectuadas hasta hoy han sido muy incompletas y nada se ha hecho para determinar sistemáticamente la medida de sus recursos, se puede afirmar que la Guayana, de acuerdo con lo que ya sabemos, es la región venezolana mejor dotada por la naturaleza. Es muy posible que un día descubramos que verdaderamente estaba allí el Dorado que tanto buscaron los conquistadores. La Guayana está llamada a jugar en el desenvolvimiento histórico de Venezuela el mismo papel que jugó el Oeste en la formación de los Estados Unidos. El Oeste, salvaje y bravío, en sus tierras siempre vírgenes, siempre ubérrimas, siempre generosas, fue el perenne renovador de los ideales que animaron a los peregrinos de la nueva Inglaterra y a los correligionarios de Penn y de Lord Baltimore, el crisol de la nacionalidad americana. Cuando la fuerza del ideal parecía declinar en los hombres satisfechos, el Oeste reanimaba y robustecía la fe en la libertad, en la igualdad, en la democracia; engrosaba los rangos de los no-conformistas y de los *selfmademen*; y perpetuaba esa fisonomía que ha hecho inconfundible al pueblo americano. En la Guayana se realizará la amalgama de nuestros tipos regionales, diversos y casi hostiles, y surgirá el venezolano «nacional». Nuestra independencia no quedó asegurada sino el día en que los patriotas dominaron el Orinoco. La Venezuela que recogerá y multiplicará la herencia que le dejaron los hombres maravillosos de hace un siglo; la que esperamos que sea un día, por el genio de sus hijos y por su esfuerzo civilizador, la primera nación de la América tropical; en fin, la Venezuela de nuestros sueños, no surgirá en el horizonte sino en el día en que hayamos poblado e incorporado a la patria la Guayana.

En nuestra opinión, la colonización de la Guayana y demás regiones de la hoya del Orinoco debería hacerse principalmente con nacionales, que son los que más se adaptan para la conquista de su naturaleza salvaje, por su aptitud para resistir mejor sus climas, sus enfermedades y demás obstáculos naturales. Es posible que en algunas regiones puedan también establecerse algunos núcleos de inmigrantes extranjeros. En todo caso, los expertos extranjeros podrán colaborar con los nacionales en el reconocimiento de los recursos de estas regiones; en la elaboración del programa de desenvolvimiento agrícola; en el establecimiento de un sistema ferrocarrilero y vial; y en la formulación de planes para el establecimiento de las colonias.

Tanto en lo tocante al establecimiento de las células o núcleos de inmigrantes especializados, en nuestros actuales centros de población, como la colonización propiamente dicha en la cuenca del Orinoco, debemos procurar la adopción de los métodos más aprobados y más modernos. La Comisión nombrada recientemente por el Congreso de los Estados Unidos con el encargo de establecer un plan de bonificación y desarrollo de los Estados meridionales de la Unión, después de estudiar detenidamente los métodos practicados en su propio país y en el extranjero, concluye su informe con el siguiente párrafo, que resume sus ideas sobre bonificación y que constituye al mismo tiempo la mejor definición que hayamos leído de lo que debe ser la colonización moderna.

La experiencia de los Estados Unidos y de otros países —dice la Comisión— ha conducido a una nueva concepción de la bonificación. La bonificación no podría considerarse completa con la conclusión de las solas obras de ingeniería. Solo podrá llamarse tal cuando hayan sido establecidas en las tierras bonificadas comunidades agrícolas prósperas y felices. El establecimiento de tales comunidades requiere tierras a precio moderado; condiciones fáciles de compra, sobre la base de un plan liberal de amortización; preparación de las granjas para el cultivo antes de la llegada de los colonos; capital adecuado o crédito para mejoras, implementos y provisiones; un programa agrícola preparado por peritos, con anterioridad al establecimiento de los colonos; la adecuada orga-

nización económica apropiada; y el establecimiento de instituciones sociales
—escuelas, iglesias, hospitales, centros, etc.— en beneficio de la comunidad.

Con las adaptaciones necesarias, dicho sistema puede perfectamente aplicarse
en Venezuela. La colonización de comunidades se recomienda especialmente
en los trópicos, en donde el clima, las enfermedades y las dificultades de cultivo
y de venta de la mayoría de los productos, presentan obstáculos que no pueden
vencer individuos aislados. Es el sistema adoptado con tan buen suceso por
la United Fruit Company en los países del Caribe, por Ford en el Amazonas, y
por los ingleses y holandeses en sus colonias del Oriente. El mismo que siguen
los Estados Unidos, el Canadá, Australia, Nueva Zelanda, Italia y otros países
igualmente avanzados.

Con un buen plan de inmigración y colonización Venezuela podría, pues,
poblar sus territorios desiertos e incorporarlos a la vida nacional; diversificar su
agricultura; desarrollar nuevas industrias y perfeccionar las existentes; contribuir al mejoramiento de su raza y a la nivelación de su cultura, especialmente en
el dominio de la técnica, con la de los pueblos más progresistas del Occidente;
acelerar extraordinariamente su desenvolvimiento económico y social; integrar,
en fin, sus elementos humanos en un tipo nacional que perpetúe la integridad
de la Patria.

La Patria nos agradecería que encontráramos —y nuestro deber es buscarlas— las vías seguras de su prosperidad y de su gloria. Ya van a cumplirse los
cien años del día en que el Libertador abandonó esta vida terrena. No conme-
moremos ese día con ritos funerarios. Comencemos más bien empresas como
las que él habría iniciado si estuviera entre nosotros. No podríamos tributarle
más cumplido homenaje. Desde su Olimpo, en donde continúa vigilando sobre
nuestro destino, el Grande Hombre de América se exultará cuando raye el alba
del día de grandeza y de gloria que soñó para Venezuela.

Washington, noviembre de 1929.

Crónica cafetera

De acuerdo con la International Yearbook of Agricultural Statistics, 1928-1929, que acaba de publicar el Instituto Internacional de Agricultura, de Roma, el promedio de la producción mundial de café fue de 12.078.000 quintales métricos (quintal métrico, 220,46 libras) durante los años 1909-10 a 1913-14; y se elevó en 1925-29 a 13.971.000; en 1926-27, a 14.222.000; en 1927-28, a 23.586.000; y en 1928-29, a 20.500.000. Es decir, la producción actual es casi el doble del promedio durante el periodo 1909-1914, sin que pueda decirse lo mismo del consumo.

Las estadísticas publicadas por el Instituto del Café de San Pablo permiten darse cuenta del exceso de la producción sobre el consumo de los años recientes. De conformidad con dichas estadísticas, la producción durante el periodo comprendido entre 1920 y 1928 se elevó a 176.000.000 de sacos, mientras que el consumo mundial durante el mismo periodo fue solo de 166.422.000 sacos. Es decir, la producción excedió al consumo en 9.822.000 sacos. La superproducción fue particularmente alarmante en el año de 1927-28, en que el mundo produjo 36.337.000 sacos y consumió solo 23.536.000. Se espera que la cosecha 1929-30 dejará un exceso igualmente alarmante. En tales circunstancias hay que convenir que la valorización financiera encuentra dificultades invencibles y deja de ser ventajosa.

De acuerdo con la información de la Bolsa del Café y del Azúcar de Nueva York las existencias visibles mundiales el 1.º de enero de 1930 eran de 5.079.355 sacos, contra 5.267.008 en la misma fecha de 1929. Los cambios son, pues, insignificantes.

Las cifras relativas a las existencias visibles e invisibles sí son alarmantes. Según Nortz & Co. en Boletín, el 13 de diciembre de 1929, las existencias del Brasil comprendidas las almacenadas en el interior, se elevaban el 1.º de noviembre de 1929 a 28.000.000 de sacos. La misma casa calcula que para el 1.º de julio de 1930 las existencias mundiales serán de 24.000.000 de sacos, cantidad que corresponde al consumo mundial de un año. La casi totalidad de dichas existencias serán de café Santos, tipo del cual el mundo solo consume 15.000.000 de sacos.

El descenso de los precios

El descenso de los precios del café, que muchos anunciaron con la debida anticipación, ha ocurrido. Las pérdidas han sido ruinosas para muchos, y todos los países cafeteros pasan actualmente por una crisis económica cuya duración es difícil anticipar. Se calcula que la depreciación sufrida por las existencias brasileñas se eleva a más de $ 300.000.000.

Todos habrán observado que la baja ha sido más acentuada para las calidades inferiores. Para el 1.º de enero de 1930 los cafés Santos habían perdido la mitad, aproximadamente, de los precios vigentes en la misma fecha del año anterior. Las calidades finas, en cambio, solo habían perdido de 30 a 35 %. Así, por ejemplo, el Medellín Excelso se cotizaba a razón de $ 0,26 la libra a comienzos de 1929 y valía $ 0,18 el 1.º de enero de 1930. De paso, es de observar las ventajas que hay en producir las mejores calidades de un producto.

Durante el presente mes de enero la baja se ha acentuado en la Bolsa de Nueva York, debido, según parece, a la inhabilidad del Instituto del Café para obtener un empréstito de 50.000.000. Los precios del café, al terminar la semana 12-18 de enero, son los más bajos que se hayan registrado durante los últimos veinte años. El descenso de la Bolsa ha coincidido con una rebaja considerable en los precios al detal del café tostado. Los grandes almacenes de comestibles redujeron sus precios, por la tercera vez, desde el año pasado. Los precios de las calidades inferiores han sido reducidos de 35 a 25 centavos.

Algunos de los negociantes en café piensan que los precios han alcanzado su nivel más bajo, y que deben esperarse en adelante precios estables. Tal es la opinión, entre otros, de míster Berent Friele, presidente de la American Coffee Corporation, considerado como el mayor comprador de los Estados Unidos. Es indudable que la baja de precios contribuirá a aumentar el consumo en los Estados Unidos, y sobre todo, en Europa, en donde los gastos de alimentación forman un renglón mucho más importante del presupuesto familiar. Durante el último siglo el consumo de café en los Estados Unidos pasó de 3 a 12 libras por habitante —es decir, creció, cuatro veces más rápidamente que la población— y la creencia general es que puede todavía aumentar considerablemente.

La valorización brasileña

En octubre pasado presentó su dimisión al Instituto del Café de San Pablo el doctor Mario Rollin Telles, presidente de la organización y Ministro de Finanzas del estado de San Pablo. La dimisión fue aceptada, y en su puesto fue nombrado el doctor A. C. de Sales, Jr., quien inmediatamente declaró que el Instituto continuaría desenvolviendo la misma política que hasta ahora.

A fines de noviembre de 1929 el Instituto obtuvo de un consorcio de banqueros ingleses, americanos, holandeses y suecos un empréstito de 2.000.000 de libras esterlinas. De acuerdo con el comunicado del consorcio, publicado en la prensa de Nueva York el 27 de noviembre de 1929 el Instituto se ha obligado a movilizar más rápidamente que hasta ahora las existencias al puerto de Santos en 10.000 sacos, es decir, de 30.000 a 40.000 sacos diarios. El Instituto ha estado gestionando un nuevo empréstito de $ 50.000.000, pero sin éxito, según parece.

El 3 de diciembre de 1929 se reunió en San Pablo el Congreso Paulista de productores de café, con el objeto de discutir la valorización. El Congreso no parece haber llegado a un acuerdo definitivo sobre los varios problemas.

La política de valorización pasa por un periodo de incertidumbre y ha quedado envuelta en la lucha política que actualmente se desenvuelve, con violencia inusitada, en el Brasil. El partido gubernamental la apoya. La plataforma del doctor Julio Prestes, candidato presidencial de dicho partido y actual gobernador del estado de San Pablo, se declara en favor de la valorización, que considera «indispensable para garantizar la prosperidad financiera del Brasil».

El partido de oposición no observa la misma actitud.

Parece seguro que el Instituto del Café de San Pablo podría, si dispusiera de los recursos suficientes, conseguir la colocación más ordenada y económica de la producción y hacer subir en cierta medida los precios. ¿Lo hará? Todo depende del éxito de la actual campaña presidencial del Brasil; de los resultados de la Conferencia de Desarme Naval que actualmente celebra sus sesiones en Londres; y, en general, de la situación económica del mundo durante los próximos meses. En todo caso, no es dable esperar que el Instituto se decida a aceptar una vez más la política de los altos precios, que la experiencia ha demostrado ruinosa.

Congreso anual de los tostadores americanos

Uno de los trabajos presentados al Congreso contenía la relación de las actividades del Brazilian American Coffee Promotion Committee, organización encargada de la propaganda del consumo. Por primera vez fueron invitados al Congreso delegados de los países productores. Algunos de ellos, entre los cuales el Brasil, Colombia, Costa Rica, Haití y Hawai aprovecharon la oportunidad para organizar exposiciones cafeteras.

Del 4 al 7 de noviembre de 1929 se celebró en Nueva Orléans el Congreso anual de la National Coffee Roaster Association. El Congreso examinó las mejoras que podrían adoptarse para perfeccionar los métodos de distribución y provocar el aumento del café brasileño en los Estados Unidos. A comienzos de 1929, como es sabido, fue eliminada la agencia del Instituto del Café de San Pablo en los Estados Unidos y se dio dicha representación a una Comisión del National Trade Council of Coffee Roasters. Los métodos de propaganda seguidos actualmente son los mismos que han sido aplicados con tan buen éxito en lo que respecta a otros productos alimenticios, es decir, propaganda a base de estudios científicos o pseudo científicos, conferencias, panfletos, carteles, etc. Para financiar dicha propaganda la Comisión recibe del Instituto del Café la suma de 200 reís por cada saco de café exportado a los Estados Unidos, lo cual hace una suma total de $ 160.000.

Otro de los trabajos leídos en el Congreso fue el presentado por el doctor Robert L. Emerson, del Instituto Tecnológico de Massachusetts, trabajando en cooperación con el Braziliam American Coffee Promotion Committee y los institutos científicos del Brasil en vista de poner la industria cafetera brasileña sobre bases científicas. El doctor Emerson declaró que la divisa del gobierno de San Pablo es *Mejor Café, no más café*. Cartelones con dicha frase pueden verse en todos los rincones de San Pablo.

Otra sociedad nacional de agricultores

En enero de 1929 se constituyó en San Salvador la Sociedad de Agricultores de El Salvador, con el objeto de contribuir a la mejora de los métodos de cultivo de los productos salvadoreños; de trabajar por la adopción de leyes y medidas que de cualquier modo favorezcan la agricultura, tales como la creación de un banco hipotecario y la construcción de caminos carreteros; y hacer propaganda a los productos del país en los mercados mundiales. La Sociedad se propone vender a sus socios a precio de costo abonos, herramientas y maquinarias agrícolas, y eventualmente, encargarse de la colocación de sus cosechas. La propaganda en el exterior se limitará especialmente al café, en cooperación con el gobierno y con los traficantes extranjeros.

El ingreso a la Sociedad será gratuito. Una lista de productores de café, que cosechan el 90 por ciento del café producido en el país, se ha obligado a pagar cinco centavos por cada saco de café exportado. La Sociedad acaba de pedir al gobierno que se encargue de recaudar dicha contribución y acuerde, además, una asignación adicional.

Estrados de las plagas del café

Hasta ahora los cafetales de Venezuela han quedado relativamente inmunes a las plagas y enfermedades del café. En otros países esas plagas han sido desastrosas. A mediados del siglo XIX el *Hemileia vastatrix* arruinó las plantaciones de Ceilán, causando pérdidas que fueron estimadas en $ 85.000.000 aproximadamente. En 1876 la enfermedad invadió las plantaciones de café de Arabia. A fines del siglo la enfermedad atacó y aniquiló las plantaciones de Madagascar. Actualmente el *Stephanoderes Coffea*e causa estragos en el Brasil; el «Ojo de gallo», *Stilvella flavida*, está haciendo daños en las plantaciones de Nicaragua; y otro insecto, el *Coccus virids*, preocupa a los departamentos de agricultura de Puerto Rico y de los otros países cafeteros. Si una de estas enfermedades llegara, por desgracia, a Venezuela, nos encontraría perfectamente impreparados. Las oraciones y las rogativas no serían suficientes; según parece, Dios no ayuda sino a los que se ayudan.

La situación y nosotros

La crisis ha llegado y ha sido ruinosa para todos. Algunos de los países productores han afrontado la crisis con coraje y se preparan a tomar las medidas más apropiadas para devolver la prosperidad a la industria. Muchos piensan que el secreto para superar la crisis consiste en mejorar la calidad del producto y en abaratar el costo de producción. Es muy posible que todo lo que se haga para dar mayor eficiencia a los métodos de producción comenzará por agravar la crisis actual —que es una crisis de sobreproducción— pero tal línea de conducta

184

parece ser la única capaz de devolver con el tiempo la prosperidad a la industria cafetera. A los que no hagan nada, a los que «se echan de barriga», según la elocuente expresión vulgar, debe anunciárseles ruina en la baja y después de la baja, indefinidamente.

Todo aconseja a los venezolanos que acojamos de la manera más franca la invitación de los promotores de la Asociación de Cafeteros de Venezuela. Los venezolanos también debemos hacer lo que están haciendo otros países y hacerlo mejor que ellos, de ser posible. Es evidente que nada eficaz podría hacerse sin asociarse y sin aunar recursos. Tenemos la convicción de que la acción que se propone podrá dentro de algunos años devolver la prosperidad a nuestra industria cafetera, y nos permitirá competir con los otros países productores en los mercados mundiales.

Febrero, 1930

Estación experimental cafetera en Nicaragua

A mediados del año pasado el gobierno de Nicaragua contrató con la Tropical Plant Research Foundation, de Washington, el envío de un experto agrícola, con el fin de efectuar un reconocimiento agropecuario del país y hacer sugestiones para el establecimiento de un departamento de agricultura. La Tropical envió al doctor J. B. Knight, antiguo profesor del Colegio de Agricultura de Poona, India, y actual profesor de la Universidad de Harvard. Después de varios meses de resistencia [sic] en Nicaragua, el doctor Knight ha presentado al gobierno nicaragüense un magnífico informe. En lo que respecta al cultivo del café, dicho informe recomienda la fundación de una Asociación de Cafeteros, cuyo objeto sería la organización de servicios de investigación y experimentación, y la asistencia a los miembros en todo lo relativo a la graduación y mercadeo del producto. La Asociación sería financiada mediante el cobro de una pequeña contribución por cada saco de café exportado y una asignación oficial.

Uno de los primeros pasos de la Asociación sería el establecimiento de una estación experimental del café, la cual tendría por objeto hacer investigaciones y estudios sobre los siguientes pun tos:

1. Sombrío del café en Nicaragua.
a) Sombrío adecuado según las diversas circunstancias.
b) Especies de árboles que deban emplearse.
c) Métodos de plantación de los árboles de sombrío
2. Abono de café.
a) Cantidad, calidad y métodos de aplicación.
b) Abonos comerciales —en particular, abonos nitrogenados.
c) Abasto local de abonos —desperdicios del café, compost, estiércol de cuadra, abonos verdes.
3. Propagación.
a) Selección de las semillas.
b) Lecho para el semillero.
c) Semilleros.
d) Trasplante de los cafetos.
4. Plantación.
a) Distancia a que deben plantarse los cafetos.

186

b) Excavación de los hoyos.

c) Manipulación de las plantas hasta la siembra en el campo.

d) Tiempo propicio para la plantación.

e) Edad en que deben trasplantarse las plantas de semillero.

5. Operaciones de cultivo.

A. Poda.

a) Primera poda.

b) Podas posteriores.

c) Tiempo favorable para la poda.

d) Implementos apropiados para la poda.

B. Desyerbo.

a) Desyerbo provechoso.

b) Tiempo propicio para el desyerbo.

c) Frecuencia con que debe hacerse.

d) Implementos.

I. Implementos manuales que pueden sustituir al machete.

2. Implementos de tracción animal.

3. Implementos de tracción mecánica.

6. Métodos de recolección y beneficio de la cosecha, inclusive la graduación del producto para el mercado.

7. Cuestiones varias.

El Informe recomienda que los trabajos sean encomendados a peritos de reconocida reputación —pues de otro modo, dice, se perdería miserablemente el dinero y el tiempo— y hace otras sugestiones sobre el establecimiento y gestión de la Estación.

Me ha parecido oportuno llevar a conocimiento de los productores venezolanos de café este plan para el establecimiento de la Estación Cafetera de Nicaragua. Los peritos juzgarán si dicho plan es el más adecuado y completo. Cualquiera que sea su opinión, sin embargo, puede afirmarse sin temor de ser desmentido que la aplicación de métodos científicos en el cultivo del café es también indispensable en Venezuela. Los venezolanos que contribuyan al buen éxito del funcionamiento de la ya establecida Asociación de Cafeteros Venezolanos, pueden estar seguros de que habrán hecho con ello algo patriótico y de positivas ventajas para sí mismos. Es de esperarse que nadie se niegue a participar en una obra en beneficio propio y en beneficio de su Patria.

La próxima Conferencia Agrícola Panamericana

Desde el 8 hasta el 20 de septiembre de 1930 se celebrará en Washington la Conferencia Interamericana de Agricultura, Selvicultura e Industria Animal, acordada por el Consejo Directivo de la Unión Panamericana, en cumplimiento de las resoluciones aprobadas por la Sexta Conferencia Internacional Americana reunida en La Habana a comienzos de 1928. Se espera que la próxima conferencia sea una de las más importantes que se hayan celebrado bajo los auspicios de la Unión. En las páginas siguientes se hace una relación sucinta de sus antecedentes históricos, de sus finalidades y de sus posibles resultados.

La agricultura y los congresos panamericanos

Varios de los países miembros de la Unión Panamericana han participado en las conferencias agrícolas internacionales celebradas en Europa y en América en el pasado y en el presente siglo. Algunos de ellos tomaron parte en la conferencia verificada en Roma en 1905 que creó el Instituto Internacional. Es de recordarse, asimismo, que algunos organismos agrícolas de países americanos han participado en conferencias agrícolas internacionales y hacen parte de varias organizaciones mundiales.

En repetidas ocasiones y desde hace ya muchos años congresos interamericanos han examinado los problemas agrícolas de los países americanos y formulado planes para su solución.

Los congresos científicos latinoamericanos celebrados en Buenos Aires, del 10 al 20 de abril de 1898, en Montevideo, del 20 al 31 de marzo de 1901, y en Río de Janeiro, del 6 al 16 de agosto de 1905, contenían en sus programas una sección intitulada «Agronomía y Zootecnia». El Congreso Científico Internacional Americano, que tuvo lugar en Buenos Aires del 10 al 25 de julio de 1910, contenía también en su programa una sección dedicada a las ciencias agrarias. En dichos congresos fueron presentados trabajos sobre temas agrícolas y se tomaron resoluciones tendientes al fomento de la agricultura en América.

Los congresos científicos panamericanos han examinado en sus varias reuniones los problemas de la agricultura. El Primer Congreso Panamericano se celebró en Santiago de Chile del 25 de diciembre de 1908 al 5 de enero de 1909. Su programa contenía una sección intitulada «Zoología y Botánica», en la cual se presentaron varios trabajos relacionados con la agricultura. Entre las resoluciones aprobadas merecen citarse las que recomiendan la formulación de leyes sobre conservación de bosques, y el estudio de la flora médica de los varios países americanos.

El Segundo Congreso Científico Panamericano se celebró en Washington del 27 de diciembre de 1915 al S de enero de 1916, y en él se presentaron ponencias acerca del «estudio de las fuentes naturales de riqueza, agricultura, irrigación y selvicultura». En este congreso fueron presentados notables trabajos sobre cuestiones agrícolas. Entre las resoluciones aprobadas merecen indicarse las que recomiendan la creación de institutos meteorológicos; la reglamentación de la explotación forestal y el uso de las aguas de irrigación; el establecimiento de servicios veterinarios; la convocación de un congreso para la lucha contra las plagas y enfermedades de las plantas; y la compilación y distribución de informes relativos a la producción agrícola de las repúblicas americanas.

El Tercer Congreso Científico Panamericano tuvo lugar en Lima del 20 de diciembre de 1924 al 6 de enero de 1925. El programa comprendía una sección denominada «Ciencias Agrícolas y Biológicas». Entre las 25 o más resoluciones tomadas por el congreso sobre temas relacionados con la agricultura deben mencionarse las que recomiendan que se declare obligatoria la enseñanza de la agricultura en las escuelas primarias; que se establezcan servicios de divulgación agrícola; que se cataloguen las plantas de los varios países; que se establezca un instituto técnico internacional para la lucha contra las enfermedades endémicas y exóticas de animales y plantas; que se practique un estudio sobre las leyes de cuarentena animal y vegetal de los varios países; que la Unión Panamericana presente a la Sexta Conferencia Panamericana una ley modelo que regule el intercambio comercial de plantas, animales y sus productos, de manera de impedir la difusión de dichas enfermedades y plagas animales y vegetales. Otra resolución, en fin, recomienda que la Unión Panamericana coopere en el estudio de los problemas relacionados con el exterminio de enfermedades de animales y plantas y «Si fuere necesario, convoque una conferencia internacional con el fin de establecer una reglamentación uniforme para la defensa de las industrias agropecuarias contra los peligros que las amenazan».

Del 1.º al 10 de mayo de 1912 se celebró en Montevideo la Conferencia Internacional de Policía Sanitaria Veterinaria, con asistencia de delegados de los gobiernos de Argentina, Brasil, Chile, Paraguay y Uruguay. Con fecha 8 de

190

mayo de 1912 fue suscrita una convención, por la cual los países signatarios —y los que se adhieran en el futuro— se comprometen a tomar medidas comunes para impedir la propagación de enfermedades anima les. Esta convención fue ratificada por el Brasil el 26 de octubre de 1921. No se tiene información sobre la ratificación por parte de los otros países.

En la misma ciudad de Montevideo se celebró del 2 al 10 de mayo de 1913 la Conferencia Internacional de Defensa Agrícola, con asistencia de delegados de Argentina, Bolivia, Brasil, Ecuador, Chile, Colombia, Paraguay, Perú y Uruguay. Con fecha 10 de mayo de 1913 fueron suscritas tres convenciones sobre exploración de los focos de origen de la langosta; establecimiento de reglamentación internacional para la defensa de la agricultura contra las enfermedades que la atacan; y defensa contra plagas desconocidas, respectivamente. Dichas convenciones han sido ratificadas por varios de los países signatarios.

Las conferencias comerciales panamericanas también han dedicado su atención a los problemas de la agricultura en cuanto afectan el intercambio comercial. La Tercera Conferencia Comercial, celebrada en Washington del 2 al 5 de mayo de 1927, aprobó, a propuesta de las delegaciones del Paraguay y Venezuela, la resolución siguiente:

La Tercera Conferencia Comercial Panamericana recomienda que la Unión Panamericana procure la cooperación de las oficinas sanitarias de las diversas naciones de América con el objeto de llegar a un plan de cooperación interamericana para la conservación, protección y desenvolvimiento de la ganadería y la agricultura, con el fin de estudiar y llevar a la práctica la eliminación de las limitaciones y restricciones que hoy existen en el comercio interamericano para los productos de la industria agropecuaria.

La Segunda Conferencia Panamericana para la Uniformidad de Especificaciones, celebrada en Washington del 9 al 11 de mayo de 1927, y la que se había reunido anteriormente en Lima, desde el 23 de diciembre de 1924 al 6 de enero de 1925, hicieron recomendaciones sobre unificación de los productos agrícolas.

Los antecedentes inmediatos

Hemos referido las varias ocasiones en que asambleas interamericanas han examinado y tomado resoluciones para afrontar en común los problemas de la agricultura. Dicha enumeración indica la oportunidad —más todavía, la necesidad— de los acuerdos tomados por la Sexta Conferencia Internacional Americana.

La conferencia de La Habana aprobó dos acuerdos sobre la materia. El primero tomado el 7 de febrero de 1928, recomendó la celebración de una conferencia interamericana de control sanitario vegetal y animal. El segundo tomado el 18 de febrero de 1928, dispuso que se enviara a la Unión Panamericana la ponencia de la sexta comisión de la conferencia, relativa a la cooperación agrícola continental, con la recomendación de que la Unión estudiara las indicaciones en ella contenidas y tomara al respecto la decisión que juzgara conveniente.

Por resolución del 7 de marzo de 1928 el Consejo Directivo de la Unión Panamericana acordó tomar en consideración la ponencia que le fue trasmitida por la sexta conferencia, y autorizó al presidente del Consejo para designar una comisión encargada de su estudio, la cual quedó integrada por los ministros de Colombia y Nicaragua y el encargado de negocios del Paraguay.

La Comisión presentó su informe al Consejo Directivo en la sesión del 2 de mayo de 1928. En conformidad con las recomendaciones contenidas en dicho informe, el Consejo resolvió darle carácter de permanente a la Comisión del Consejo; y acordó el establecimiento de una oficina de cooperación agrícola en la Unión Panamericana; la celebración de una Conferencia Interamericana de Agricultura, Selvicultura e Industria Animal; y la creación en los países miembros de la Unión Panamericana de comisiones nacionales de Cooperación agrícola, con la misión de prestar a la Unión su cooperación para la elaboración del programa y trabajos preparatorios de la conferencia, y asistida en la compilación de datos y en la elaboración de estudios agrícolas. En cumplimiento de esta resolución fue establecida en la Unión Panamericana la Sección de Cooperación Agrícola y han sido establecidas 20 de las 21 comisiones nacionales de cooperación.

Con la ayuda de peritos de reconocida competencia, bajo la dirección del doctor W. A. Orton, Director de la Fundación para Investigaciones sobre Plantas

Tropicales (fallecido recientemente), y del doctor B. T. Galloway, patólogo principal de la Oficina de Introducción de Plantas del Departamento de Agricultura de los Estados Unidos —ambos de merecida reputación científica— se elaboró el proyecto de programa de la Conferencia, teniendo siempre en mira aquellos temas de mayor interés continental, susceptibles al mismo tiempo de suscitar y promover la cooperación de todos los países. El anteproyecto de programa fue oportunamente comunicado a todos los gobiernos, así como también a las comisiones nacionales de cooperación agrícola de los países miembros de la Unión, con la solicitud de que se sirvieran enviar sus críticas y sugestiones. Las respuestas recibidas no contenían objeción alguna sobre los temas del programa, pero sí se sugerían en ellas oportunas adiciones. En atención a esto, la Comisión Permanente del Consejo formuló un nuevo proyecto de programa, que fue presentado al Consejo Directivo en la sesión del 1 Q de mayo de 1929. En la misma sesión el Consejo Directivo resolvió aceptar el programa recomendado por la Comisión; fijar como fecha de apertura de la Conferencia el lunes 12 de mayo de 1930; y escoger la ciudad de Washington como sede de sus trabajos. El Consejo se reservó el derecho de reconsiderar en su sesión de noviembre de 1929 tanto el programa como la fecha de apertura de la conferencia, en el caso de que así lo aconsejase el estado de los trabajos preparatorios.

Posteriormente la Comisión de Vigilancia y la Comisión Permanente del Consejo sobre Cooperación Agrícola autorizaron al Director General de la Unión para que, de acuerdo con la tradición establecida y en señal de cortesía, ofreciera al gobierno de los Estados Unidos de América la oportunidad de convocar la Conferencia. El Director General informó oportunamente que el gobierno de los Estados Unidos acogía con agrado dicha oferta. En su sesión del 6 de noviembre de 1929, el Consejo Directivo, siguiendo las recomendaciones de la Comisión Permanente de Agricultura, acordó aceptar la generosa oferta del gobierno de los Estados Unidos; trasmitir a dicho gobierno toda la documentación relativa a la Conferencia; y decidir la fecha de celebración. De acuerdo con el mensaje presentado al Congreso por el presidente de los Estados Unidos, la conferencia celebrará sus sesiones, como se dijo anteriormente, del 8 al 20 de septiembre de 1930.

Carácter y finalidad de la conferencia

Es de esperarse que la conferencia que va a celebrarse en 1930 será la primera de una serie de conferencias agrícolas panamericanas que tendrán lugar periódicamente en las capitales de los varios países miembros de la Unión.

La conferencia tendrá por objeto formular planes para la cooperación de los países de América en la realización sistemática de investigaciones científicas sobre agricultura, selvicultura e industria animal, y establecer los institutos que habrán de impulsarlas y coordinarlas. Las discusiones tendrán tres finalidades principales: 1.º —definir los problemas que en cada país pueden ser resueltos mediante la cooperación interamericana; 2.º —discutir la política y los métodos de procedimiento para la solución, mediante esfuerzos cooperativos, de dichos problemas; y 3.º —decidir la ubicación de las estaciones y laboratorios de investigación y la forma en que serán financiados. La conferencia no tendrá el carácter de los congresos en donde se presentan estudios preparados de antemano, sino más bien el de conferencias que estudian en comisión informes y conclusiones concretas. La agenda incorporará los resultados de dos años de preparación, durante los cuales la Unión Panamericana ha trabajado en cooperación con las comisiones nacionales de cooperación agrícola y organizaciones científicas americanas. Las bases de discusión serán preparadas de antemano y en cada caso comprenderán cuadros estadísticos de la producción y del comercio internacionales, y gráficos que indiquen las tendencias en desarrollo. Se preparan a la vez estudios sobre las cuestiones técnicas y sobre la organización que serán remitidos a los delegados con la debida anticipación.

Se espera que en el curso de las sesiones los delegados tendrán oportunidad para visitar los laboratorios científicos y las estaciones experimentales que se encuentran en la ciudad de Washington y en sus inmediaciones, así como también las exposiciones especiales que se organicen para entonces.

Los posibles resultados

El Programa de la conferencia comprende tres grupos de temas: los relacionados con la técnica agrícola, la economía agrícola y las enfermedades de animales y plantas y sus métodos de prevención y de dominio. El Programa es, pues, de gran amplitud y no hay duda de que ofrecerá la oportunidad para considerar todos y cada uno de los problemas de las industrias agrícolas en los países de América. Independientemente de los resultados concretos que puedan conseguirse —y es de esperarse que serán muy satisfactorios— la Conferencia hará que la atención de los pueblos y de los gobiernos se fije sobre problemas tan vitales como lo son los de la agricultura, contribuirá a definir la política agrícola que deba seguirse y a poner los varios problemas en su verdadera perspectiva, y de muchas maneras ejercerá una influencia educadora, que, por difícil que sea estimarla, no podrá menos de ser profunda. En todos los países de América el progreso agrícola demanda la aplicación de métodos científicos y la organización sistemática de la investigación científica, que ha probado ser el secreto de los estupendos progresos realizados en muchos campos de la vida material moderna.

La conferencia llega en momento oportuno, cuando comienza a acelerarse extraordinariamente el desenvolvimiento económico de los países de América Latina; cuando la América tropical, principalmente, comienza a sufrir con la triunfante concurrencia de territorios africanos y asiáticos, en donde comenzaron a aplicarse desde hace algún tiempo los métodos científicos; y cuando en casi todos los países se está despertando un creciente interés por la agricultura, como lo prueban la reciente creación de los departamentos de agricultura, de escuelas agrícolas, de estaciones experimentales y laboratorios, y el establecimiento de sociedades agrícolas.

Es de suma importancia que la conservación, explotación y desenvolvimiento de los recursos naturales se lleve a efecto en América de acuerdo con los sistemas más racionales y el progreso de cada país pueda así descansar sobre las bases más sólidas. Es conveniente que se ilustre la importancia de ciertas cuestiones. Así, por ejemplo, será posible apreciar la conveniencia de que en los varios países de América se practiquen reconocimientos agropecuarios, se levante un censo tan completo como sea posible de los varios recursos naturales, y se practique la clasificación de los suelos, antes de formular una política para la conservación, utilización y desenvolvimiento de estos recursos. La conferencia permitirá examinar la cuestión de las tierras públicas. De la solución que se dé a este problema depende, según muchos, la orientación que tome la evolución económica y social de dichos países durante un largo periodo de su porvenir. Las discusiones de la Conferencia pueden tener la misma significación en lo que respecta a otros problemas.

195

La concurrencia que los territorios tropicales que forman parte de imperios coloniales están haciendo a la América tropical no necesita ni siquiera mencionarse. Lo ocurrido con el caucho y la quina y el cacao es sabido de todos. Es evidente que si los países de la América tropical no se aperciben a tiempo de los peligros de dicha competencia y no toman medidas para organizar la producción agrícola sobre las bases más eficientes, ésta logrará por lo menos retardar su progreso económico y social.

Y a propósito de la concurrencia que los países tropicales de otros continentes está haciendo a la América tropical, se deben mencionar los esfuerzos del Imperio Británico para organizar eficientemente la agricultura en sus posesiones. El impulso merced al cual se realizan estos esfuerzos se debe en gran parte a la Junta Imperial de Mercado (Imperial Marketing Board), creada en mayo de 1926, en cumplimiento de un acuerdo tomado por la Conferencia Imperial, asamblea inaugurada después de la guerra con la misión de integrar, sobre todo en el dominio económico, los varios territorios que componen el Imperio Británico. La Junta recibió durante el primer año la asignación de 500.000 libras esterlinas, y en los años siguientes la asignación anual de 1.000.000 de libras esterlinas, con el fin de favorecer la colocación de los productos del Imperio. La junta acordó destinar gran parte de estos fondos para la financiación de investigaciones científicas y el resto a estudios económicos y propaganda. Uno de los principales propósitos que tiene en vista es la creación de una red de estaciones agrícolas experimentales en las posesiones tropicales del Imperio. Bajo su influencia se están dando pasos para la más eficiente organización de los departamentos coloniales de agricultura. Durante los años de existencia la junta ha suministrado fondos para la realización de numerosas investigaciones agrícolas y para llevar a efecto proyectos de variado orden.

Entre las más importantes iniciativas debidas a la junta mere ce mencionarse la convocación de la Conferencia Imperial de Agricultura, que celebró sus sesiones en Londres del 4 al 28 de octubre de 1927. Esta conferencia recomendó el establecimiento de un servicio llamado a ser una especie de banco de liquidación imperial en materias agrícolas, y de varias instituciones llamadas a coordinar las investigaciones agrícolas del Imperio en varios campos.

Esta metódica actividad no podrá menos de favorecer las posesiones tropicales y asegurarles ventajas en la concurrencia que deben afrontar en los mercados mundiales. Iguales esfuerzos metódicos se están realizando en las Indias Holandesas del Oriente y en las posesiones tropicales de los imperios europeos y americanos.

Todas estas circunstancias concurren a darle especial importancia a la próxima Conferencia Interamericana de Agricultura, Selvicultura e Industria Animal. Es muy probable que ella sea, para el desarrollo económico y social de los países miembros de la Unión Panamericana y la marcha del panamericanismo, la más importante conferencia que se haya celebrado hasta ahora bajo los auspicios de la Unión Panamericana.

Mayo, 1930.

El nuevo empréstito brasileño y la situación cafetera

En abril pasado se concluyeron favorablemente las negociaciones emprendidas por el estado de San Pablo para obtener un empréstito en defensa de la industria cafetera. Un sindicato bancario de Nueva York y Londres se comprometió a levantar un empréstito de $ 100.000.000, que debía ser ofrecido en su oportunidad en Nueva York, Londres y centros bancarios de Suiza, Holanda, Italia y otros países. De conformidad con los términos del arreglo, el empréstito será garantizado con las existencias de café almacenadas en el interior de San Pablo. Para atender al servicio del empréstito se establecerá una tasa de transporte de $ 0,73 por saco.

Todavía no se sabe con precisión cuál será la futura política cafetera del Brasil. Sí se sabe, sin embargo, que, según los términos del arreglo convenido con los banqueros, el estado de San Pablo se obliga a colocar cada año la cosecha ordinaria, y a liquidar, además, dentro del término de diez años, las existencias que queden para julio próximo. Esto nos basta para convencernos de que el nuevo empréstito no será empleado para reforzar la valorización, sino, al contrario, para liquidarla, esto es, para devolver la libertad al mercado cafetero. Las declaraciones hechas al respecto por el Secretario de Estado interino de los Estados Unidos el 11 de abril pasado confirman esa conclusión. Es sabido que, de acuerdo con la política adoptada desde hace años, el Departamento de Estado se ha opuesto al levantamiento de empréstitos que puedan ser empleados con fines de valorización o monopolio, que puedan gravar al consumidor americano. Así el Departamento puso su veto al empréstito solicitado hace tres años por el mismo San Pablo con el propósito de mantener la valorización.

En la presente oportunidad no se ha formulado ninguna objeción. En la declaración citada, el Secretario de Estado dijo que

el empréstito no estaba en conflicto con la política del Departamento, opuesta a la concesión de empréstitos para ser empleados con fines de monopolio o de valorización. El programa anunciado por los productores y negociantes brasileños de distribuir la venta de las existencias acumuladas en un periodo de diez años, y de no almacenar porción alguna de la producción ordinaria, muestra que no existe la intención de imponer precios más altos para la venta del café. (*The United States Daily*, 12 de abril de 1930.)

El balance de la valorización

Veamos cuáles son las consecuencias del convenio que acompaña el empréstito. Según informaciones recibidas por la Bolsa del Café y del Azúcar de Nueva York, las existencias visibles eran de 5.254.173 sacos el 1.º de abril de 1930, contra 4.982.667 para la misma fecha de 1929. Las existencias almacenadas en el interior del Brasil eran de 20.503.000 sacos el 31 de marzo de 1930, contra 10.403.000 en 1929. Para julio próximo, cuando el convenio entrará en vigor, los almacenes del interior contendrán según previsiones atendibles, de 14 a 15 millones de sacos.

El consumo mundial es actualmente de 24 a 25.000.000 de sacos anuales. El Brasil contribuye con unos 16.000.000 de sacos, de los cuales tocan al estado de San Pablo 10.500.000 más o menos. Para liquidar los sobrantes actuales en el periodo de diez años sería necesario que el promedio de la cosecha ordinaria de San Pablo no pasara de 9.000.000. Ahora bien, el promedio de la cosecha anual durante los últimos años ha sido de 12.000.000, y la de este año parece que superará los 20.000.000 de sacos. A menos que ocurra una helada ruinosa, una peste asoladora o un aumento considerable del consumo, que no podría en todo caso ser inmediato, presenciaremos un abarrotamiento de los mercados y un nuevo descenso de los precios, sin consideración alguna para el costo de producción.

Modificada la valorización y eliminada la política de los altos precios, que no reportó sino ventajas pasajeras, los productores brasileños deben, sin embargo, soportar todavía las cargas. Las tres operaciones de defensa del café efectuadas en 1907-08, 1917-18 y 1921-22 llevaron al establecimiento de tasas que se han venido perpetuando. Cada saco de café exportado estará en adelante gravado con una tasa de transporte de $ 0,73, como garantía del empréstito de 1930; $ 0,63 como garantía del empréstito de Lazard Fréres; 5 francos como resultado del empréstito de valorización de 1908, y una tasa de exportación ad-valorem de 11 %. Estas cargas componen un total de $ 2,50 por saco. De manera que cada tentativa del gobierno de San Pablo para interferir con el proceso natural de la oferta y la demanda ha terminado invariablemente en un

199

nuevo gravamen. Una política que no alcanza sino ventajas pasajeras, al precio de cargas permanentes, no podría recomendarse como beneficiosa. Si, además, se tienen en cuenta los efectos perniciosos de las violentas crisis cafeteras en la economía nacional, y todavía más en la psicología nacional, la valorización se justifica difícilmente; y ni siquiera la opinión brasileña lo intenta.

Hacia una nueva política

No es de creerse que el Brasil intente resolver nuevamente sus dificultades con la imposición de altos precios, no justificados por el juego normal de la oferta y la demanda. Es casi seguro que no volveremos a ver precios altos impuestos por la valorización. El Brasil parece buscar las necesarias soluciones por otros caminos. En un memorable discurso pronunciado en una asamblea celebrada el 15 de mayo de 1929, el doctor Julio Prestes, presidente electo del Brasil, dijo que en el caso de que la política de la valorización fracasara, el Brasil recurriría a su habilidad para producir café a precios más bajos que sus competidores. Ha llegado el momento, según parece, para intentar la segunda solución, demos-trando que es posible asegurar la prosperidad de la industria, cualesquiera que sean los precios mundiales. Como lo afirman Nortz & Co., en su revista del 7 de febrero pasado, «el principio director de la industria cafetera en los años venideros será, no cómo pueden conseguirse artificialmente altos precios, sino cómo puede producirse el café a costos mínimos».

Las noticias que nos llegan del Brasil y, en especial, de San Pablo, nos dan cuenta de una serie de medidas dirigidas a beneficiar la industria cafetera. Entre dichas medidas merecen citarse las siguientes:

1) Mejora de los métodos de cultivo y beneficio. En esta tarea colaboran el Departamento Federal y los departamentos provinciales de agricultura y las sociedades agrícolas. Los estudios e investigaciones practicadas en el Instituto Agronómico de Campinas, sostenido por el estado de San Pablo, en lo que respecta al establecimiento de las plantaciones, abono de los cafetales y pro-pagación de nuevas variedades han merecido justos elogios. En esta labor de investigación colaboran los doctores Robert L. Emerson y S. C. Prescott, del Instituto Tecnológico de Massachusetts. Dicha labor está integrada por un per-sonal de demostración y divulgación agrícola, encargado de hacer asequibles a

los plantadores los resultados de las investigaciones científicas. Debe también considerarse como factor importante de mejoramiento los agrónomos y prácticos, al servicio de los particulares, salidos de las magníficas escuelas agrícolas del Brasil, escuelas que siguen la norma angloamericana de formar técnicos igualmente competentes en la teoría y práctica de la agricultura. Esta obra ha dado muy buenos resultados, según lo afirma el Instituto de Defensa en un comunicado publicado en *The Tea and Coffee Trade Journal*, de abril de 1930. La obra dirigida al mejoramiento de la calidad del café —dice el comunicado— se desenvuelve intensamente en todas las regiones del país. Comisiones de técnicos recorren continuamente las varias Zonas, instruyendo a los cafeteros sobre las mejoras que se necesitan. Un ejemplo de los benéficos resultados de dicha campaña es la excelente calidad de los cafés de la cosecha 1929-30, que muy pronto estarán disponibles en los puertos de exportación. Otra prueba de esto es que ya se han recibido en Santos varias partidas de café del tipo A, que han merecido unánimes elogios.

Los expertos cafeteros brasileños se muestran optimistas en cuanto a la posibilidad de mejorar la calidad del café. El señor Rogerio de Camargo, tal vez el más distinguido de los expertos cafeteros del Brasil, afirma que «el país produce indudablemente el mejor café del mundo por su apariencia, cereza, aroma y gusto» y cree que puede remediarse la inferioridad actual, que solo depende de malas prácticas de cultivo, recolección y beneficio.

2) Destrucción del café averiado y eliminación de viejas plantaciones. Últimamente el Instituto ha destruido o vendido para abono alrededor de 800.000 sacos de café. Al mismo tiempo los productores, de acuerdo con el gobierno, han resuelto eliminar algunas de las viejas plantaciones, en donde el costo de producción es superior al precio corriente de venta.

3) Propaganda. En los Estados Unidos el Instituto de Defensa ha encomendado al American Coffee Promotion Committee la propaganda, la cual se desenvuelve de manera muy activa e inteligente. El Instituto ha creado organizaciones permanentes de propaganda en Francia, Portugal, Yugoslavia, Grecia y Egipto, Austria y Hungría, Dinamarca, Suecia, Marruecos y Argelia, Uruguay y Japón.

4) Diversificación de la producción agrícola. El Departamento Federal y los departamentos provinciales de agricultura han dedicado particular atención al desarrollo de industrias agrícolas, distintas de la cafetera, con el fin de hacer

menos expuesta la situación de los agricultores y de dar una base más sólida a la economía nacional. Para la selección de dichas industrias no solo se averigua si se adaptan a las condiciones de clima y de suelo del Brasil, sino también si son susceptibles de encontrar mercados remuneradores. En las plantaciones cafeteras abandonadas y en los terrenos de la costa y del interior de San Pablo se han establecido en los últimos años vastas plantaciones de naranjas y de bananos, y se han iniciado cultivos en vasta escala de trigo y del gusano de seda. En los otros estados del Brasil se están haciendo esfuerzos en el mismo sentido.

Como se ve, el Brasil parece decidido a consagrar sus esfuerzos a una nueva política agrícola, que se propone como principales finalidades la obtención de bajos costos de producción, el ajuste entre la producción y la demanda, el mercadeo ordenado y económico de la cosecha, y la diversificación inteligente y sistemática de la agricultura. Es un programa que se acuerda bien con las recomendaciones elaboradas por los mejores economistas para remediar la crítica situación que afecta el azúcar, el caucho, el trigo, el algodón y otros productos agrícolas y mineros.

Los efectos de esta nueva política no esperarán mucho tiempo en hacerse sentir. Las pequeñas naciones del trópico deben mantenerse vigilantes. En frente de ese coloso del mundo tropical, que será el Brasil, y de los territorios tropicales integrados en los vastos imperios coloniales de Holanda, Gran Bretaña, Francia y Bélgica, que disponen de capitales emprendedores, de técnica superior y de activas organizaciones cooperativas, que hacen fáciles la producción y el mercadeo eficientes y económicos de sus productos, la situación de pequeños países rutinarios e ineficientes es ciertamente trágica. En un porvenir, que tal vez no sea muy lejano, tendrán que contentarse con las migajas que sobren del banquete de los ricos.

Lecturas agrícolas

La Cámara de Comercio de Maracaibo ha tenido la feliz idea de contribuir a la conmemoración del centenario de la muerte del Libertador con la publicación de un volumen sobre agricultura. Ninguna forma más apropiada y más digna para conmemorar los héroes de la estirpe de Bolívar —héroes que parecen comenzar a vivir más intensamente el día de su muerte tísica— que la de continuar la obra a que dedicaron su genio y su esfuerzo. No sabríamos tributar mejor homenaje al Libertador que el de disipar el pesimismo que atormentó los últimos días de su vida terrena y le dictó la amarga frase: «He arado en el mar». En vez del panegírico, que ya no podría agregar nada a su genio, ni elevar su rango en la historia, esforcémonos en continuar y fecundar la obra que en sus últimos días se sintió inclinado a creer estéril. A ese pensamiento, nos agrada suponerlo, obedece el tributo que la Cámara de Comercio de Maracaibo ha decidido ofrendar al Libertador en el primer centenario de su muerte.

La Cámara nos ha dado el inmerecido encargo de escribir breves palabras de introducción. Queremos creer que la elección recaída en nosotros se debe a nuestro interés en cuanto concierne a la agricultura, y a nuestra convicción, expresada más de una vez, de que la agricultura y la cría son hoy, y serán mañana, las bases primordiales de la prosperidad y la grandeza del país, mucho, mucho más importante que otras actividades postizas y antieconómicas a las cuales dedicamos mayor atención.

Es urgente que comencemos a preocuparnos seriamente del porvenir de nuestra agricultura, y que expresemos esa preocupación no solo con palabras vanas. Las industrias agrícolas, siguiendo el ejemplo de las industrias fabriles, están adoptando los métodos científicos. Esta adopción ha ocasionado en la agricultura una revolución parecida a la llamada revolución industrial. Casi todas las industrias agrícolas, en la zona tropical como en la zona templada, sufren hoy de exceso de producción, causada por la aplicación de métodos científicos y el empleo de maquinaria agrícola. El exceso de producción ha traído la baja ruinosa de los precios. Es seguro que en un futuro más o menos próximo se restablecerá el equilibrio —un equilibrio instable, es claro— entre la producción y el consumo, entre la oferta y la demanda. La prosperidad resurgirá entonces, pero solo favorecerá a los países aptos para proveer los mercados del mundo con los productos más baratos y de mejor calidad. Los países de agricultura rutinaria, como el nuestro no pueden aspirar a la prosperidad mientras permanezcan en las actuales condiciones.

Es oportuno advertir que las industrias agrícolas, por muchos respectos, ofrecen problemas más complicados que las industrias fabriles, debido, principalmente, a las mayores dificultades para controlar la producción. Por ello la agricultura necesita de las inteligencias mejor dotadas y de las voluntades más vigorosas. La situación de Venezuela y de otros países tropicales de América requiere esfuerzos excepcionales, pues ellos no solo necesitan adaptarse a los continuos cambios que acarrea la aplicación de los métodos científicos, sino también a nivelarse con los territorios comprendidos en los imperios coloniales de Holanda, Gran Bretaña, Francia y Bélgica y, en nuestra América, el Brasil, en donde comenzaron a aplicarse, desde hace décadas, los métodos científicos; que cuentan con capitales emprendedores, con mano de obra competente y barata y con grandes organizaciones cooperativas para estimular la producción y facilitar el mercado de sus productos.

Nosotros somos optimistas, a pesar de todo. La tarea de prepararnos para afrontar victoriosamente la concurrencia de otros países en los mercados mundiales es difícil, pero no imposible. Es verdad que el atraso de nuestra agricultura es grande, y que comenzamos tarde a remediarlo. Pero en cambio, podemos valernos de los métodos más recientes, y aprovechar las experiencias de los otros. En las últimas décadas se ha aprendido mucho en lo que respecta a la conservación y desenvolvimiento de los recursos naturales, acompañado de un reconocimiento agrícola. El inventario y el reconocimiento permitirán la clasificación de las tierras, determinando con precisión las que deben permanecer con su cubierta vegetal, las llamadas marginales, destinables a pastos y otros empleos semejantes, y las de labor; y la elaboración de una inteligente política de disposición de las tierras públicas, de desenvolvimiento agrícola, de conservación de bosques y aguas, de colonización, en resumen, de una política de conservación y desenvolvimiento de los recursos naturales.

Cuando el desarrollo agrícola de un país se efectúa a la buena de Dios, los despilfarros son inevitables —y los estragos calamitosos y casi irreparables, porque en muchos casos se necesitarán siglos para remediarlos—. En Venezuela los recursos naturales se están despilfarrando ante nuestros ojos. La explotación del balatá, la sarrapia y otros productos forestales en la Guayana

204

y otras regiones del país; las prácticas nefastas del conuco y las quemas; el pastoreo incontrolado de las praderas naturales de Los Llanos, que está aniquilando los pastos y entronizando en su lugar la cizaña, son ejemplos de una explotación ruinosa, que está destruyendo nuestros bosques y nuestros pastos naturales, empobreciendo las aguas y deteriorando los suelos.

Es evidente que la conservación de los recursos naturales y la racionalización y mejoramiento de la agricultura suponen la acción oficial. Nada decisivo podría esperarse de la iniciativa privada. En Venezuela, el Gobierno Nacional, con providente iniciativa, acaba de establecer el Ministerio de Salubridad, Agricultura y Cría, y del nuevo organismo podemos esperar iniciativas encaminadas a conseguir la prosperidad de la agricultura venezolana.

Las cámaras de comercio y organizaciones similares, justa mente interesadas en la prosperidad de la agricultura, así como también de las otras ramas de la economía nacional, pueden, sin embargo, prestar una ayuda preciosa. Este volumen que edita la Cámara de Comercio de Maracaibo puede hacer mucho por el progreso de la agricultura en los estados Zulia, Trujillo, Táchira, Mérida, Falcón y Lara, entre cuyos comerciantes, agricultores y criadores va a distribuirse. Sus capítulos han sido tomados de libros y revistas y no constituyen un conjunto orgánico. Pero si nuestros agricultores y criadores aprendieran y practicaran las enseñanzas que contiene, la agricultura y la cría podrán dar, en Venezuela, un paso memorable en la vía de su mejoramiento.

Antes de concluir nos permitimos sugerir a los agricultores y criadores que lean este libro, que no se satisfagan con su lectura. Adquieran manuales de agricultura tropical, entre los cuales los hay ya excelentes; suscríbanse a revistas agrícolas tropicales, para que estén al corriente de los cambios y mejoras que continua mente se introducen; constituyan asociaciones de todo orden para el ejercicio y fomento de la agricultura y la cría; y, sobre todo, ofrezcan a sus hijos la oportunidad de estudiar agronomía, veterinaria, economía agrícola, profesiones nobles, productivas, útiles para los que las siguen y para la colectividad entera. Existen excelentes escuelas agrícolas en muchos países americanos, y son de mencionarse como especialmente convenientes para nosotros, las de los Estados Unidos, el Brasil, Puerto Rico y Trinidad.

Deseamos en fin, expresar a la Cámara de Comercio de Maracaibo nuestra sincera gratitud por la inmerecida distinción con que ha querido honrarnos, y

hacer votos porque su iniciativa contribuya efectivamente a mejorar la agricultura y la cría, bases de la grandeza de Venezuela, y sirva así a realzar el pedestal
de Bolívar.

Zea (Estado Mérida), septiembre de 1930.

Un sistema nacional de comunicaciones

El mundo actual es extraordinariamente peligroso para los pueblos indolentes, retrasados, que en vez de seguir los caminos reales de la historia se internan por sus veredas y viven sin método, sin honorabilidad, sin audacia y sin gloria. Ayer pudo ser más o menos fácil para un pueblo permanecer aislado y vivir su vida, una vida cualquiera. Los otros pueblos no estaban vitalmente interesados en sus vicisitudes, ni los afectaba su destino. Solo se interesaban en su suerte cuando podían conquistarlo sin fatiga y realizar un buen negocio. En el mundo actual, que han unificado el rápido navío a vapor, el ferrocarril, la aeronave, el automóvil, el telégrafo, el teléfono, el transporte de energía a largas distancias y las grandes empresas económicas y financieras —para citar solo los principales agentes de unificación— el aislamiento es imposible, la vida de un pueblo interesa inevitablemente a la sociedad de las naciones, y si un país quiere tener derecho a la consideración de los otros, debe conducirse como se conducen los hombres de la buena sociedad.

En un mundo cuya unificación se perfecciona incesantemente no es de extrañar que el viejo concepto de soberanía vaya perdiendo su vitalidad, a tiempo que se afirman el concepto de la solidaridad internacional y la doctrina de la cooperación. Los teorizantes y los cruzados del nuevo orden sostienen que los intereses de la comunidad internacional deben prevalecer sobre los intereses egoístas de la nación. Sobre la base de este postulado determinan por ejemplo que los recursos naturales deben tenerse y explotarse por cada pueblo como si fueran patrimonio común de la humanidad. Esta doctrina no es sino la racionalización de la ley formulada por primera vez por el capitán A. T. Mahan, en su libro *Problems of Asia*, que dice:

La pretensión de una población indígena para retener indefinidamente el control del territorio que ocupa no se basa en un derecho natural, sino en su capacidad para desarrollarlo de manera de asegurar el derecho natural del mundo a que sus recursos no permanezcan baldíos sino que sean utilizados en provecho general.

Teoría que, según el decir de Sir Arthur Keith, el eminente antropólogo inglés, ha justificado, consciente o inconscientemente, las conquistas y los imperialismos desde los comienzos más remotos de la historia.

En virtud de estos desarrollos los pueblos están hoy sujetos a presiones internacionales difíciles de rechazar, y amenazados por un imperialismo más sutil, más discreto y menos áspero que el pasado. La ocupación militar no será ya más la primera fase de ninguna conquista. Es muy posible que en las conquistas del futuro no ocurra nunca un desembarco de soldados. Ciudadanos de un país poderoso, «guerrilleros» por propia cuenta o al servicio de grandes empresas, protegidos diplomáticamente, armados de poderosos medios financieros y experiencia técnica, llegarán a otro país de ciudadanos menos garantizados y pobres de capital y de técnica, e irán ganando poco a poco el control de su crédito, de sus fuentes de energía, de sus tierras y de sus minas más ricas, en una palabra, de sus empresas más productivas, hasta dejar conquistados, en una batalla sin sangre y sin escándalo, todos los puntos estratégicos de su organismo económico. Entonces la conquista será completa y para mantenerla solo serán necesarias algunas presiones discretas y oportunas.

Los países de la América Latina corren, evidentemente, peligros que pueden o no materializarse según sea su conducta.

Dónde están y cómo se remedian las deficiencias

Tenemos que admitir que, comparados con los Estados Unidos de América y otros pueblos que marchan a la vanguardia de la humanidad, los pueblos latinoamericanos muestran décadas y a veces siglos de retraso, sobre todo en los dominios de la ciencia, de la técnica y de la economía. La tarea de nivelación es difícil, porque es menester saltar las etapas para equipararse con los pueblos avanzados y seguirlos en su marcha. Ello no es posible sino con los mismos objetivos, la misma tenacidad, mayor previsión y mejor método que los que han puesto en práctica los pueblos que se trata de emular. Y es necesario convenir en que hasta ahora la historia de los pueblos latinoamericanos casi no exhibe sino empirismo, improvisación y soluciones de continuidad en su acción colectiva. Situados en un mundo dominado por la ciencia experimental, la técnica y la economía, la inteligencia y la voluntad de sus clases dirigentes se ejercieron de preferencia en la poesía, la literatura, las llamadas profesiones liberales y la política. Sus más distinguidos investigadores y hombres de ciencia, sus grandes técnicos, sus grandes banqueros, sus grandes industriales, sus grandes comerciantes, fueron en su mayor parte extranjeros. Es preciso que el espíritu de nuestros países se adecue al espíritu de la época y a nuestras necesidades, y que la inteligencia y la voluntad de sus habitantes se movilicen hacia finalidades prácticas.

Para conseguir el óptimum de eficiencia y evitar todo despilfarro de energías, al afrontar los grandes problemas técnicos, es necesario allegar antes todos los hechos e informaciones que de alguna manera se relacionen con ellos y someterlos al estudio minucioso de expertos, en vista de la formulación de planes nacionales, que puedan realizarse con método y continuidad. Las grandes naciones modernas nos han enseñado ese método de plantear y resolver difíciles problemas técnicos. Podríamos citar numerosos ejemplos. Cuando el gobierno de Italia, después de las guerras de independencia, va a afrontar los problemas del mediodía de la península, comienza por crear una comisión de investigación, la cual publica el resultado de sus estudios en la famosa *Relación de la encuesta sobre las condiciones del Mediodía*, que presenta la cuestión en todos sus aspectos y prepara la solución.

Cuando Francia, después de la desgraciada guerra del 70, se apresta a emprender su reconstrucción, encarga a comisiones de expertos el estudio de los varios problemas, entre las cuales la Comisión De Freycinet que formuló los principios y la política sobre el desarrollo de las vías fluviales francesas, en coordinación con los demás sistemas de transportes. Cuando Alemania, en la primera década del presente siglo, se propone realizar la reforma tributaria, la hace preceder del estudio de una comisión integrada por financistas eminentes, publicado en cuatro volúmenes en 1908, en el cual se expone la historia económica y financiera del Imperio y de los Estados confederados, se estudian sus actuales condiciones y se las compara con las de los demás países, en vista de su eventual reforma. Los Estados Unidos de América hicieron preceder la formulación de su política colonial, después de la guerra con España, de su política industrial, de su política inmigratoria, de su política bancaria, de su política tributaria, de su política de conservación de los recursos naturales, etc., de poderosos estudios de comisiones de expertos. El actual presidente de los Estados Unidos ha creado docenas de tales comisiones. En la Gran

Bretaña la comisión técnica es parte esencial del proceso legislativo. Merecen citarse dos ejemplos recientes: el de la Comisión Simon, que preparó con sus minuciosos estudios la resolución del vasto y complicado problema de la reorganización política de la India; y el de las dos comisiones enviadas al África oriental inglesa, en vista de la reorganización política y de la formulación de un plan general de comunicaciones de las posesiones inglesas del Océano Indico. Es conocida de todos la obra realizada en muchos países por Kemmerer y sus comisiones de expertos. Colombia organizó en 1929 el Consejo Nacional de Vías de Comunicación, integrado por expertos de reputación internacional, con el mandato de formular un plan para el desarrollo de sus vías de comunicación. La nueva Rusia ha regularizado el método. El *Gosplan*, cuyas realizaciones han llenado de admiración y de inquietud al mundo, está encargado de estudiar y formular planes para el desarrollo de todos los aspectos de la vida nacional rusa. Otro ejemplo notable lo ofrecen las comisiones técnicas permanentes de la Sociedad de las Naciones, cuyos estudios y actividades tanto han hecho para prestigiar la gran organización internacional.

Estos ejemplos y otros muchos que podrían citarse, en realidad no agregan nada a lo que nos dice o debería decirnos el sentido común. Los problemas técnicos son demasiado complicados, envuelven aspectos que forzosamente escapan a la comprensión del ciudadano ordinario, y solo pueden ser confiados a mentes expertas. Si un país no tiene la fortuna de poseerlas, debe buscarlas en donde las hay. Algunos opinan que eso de buscar expertos extranjeros es humillante. Pero, en realidad, nunca es humillante aprender lo que no se sabe. Lo que es ciertamente humillante, y en muchos casos sumamente perjudicial, es hacer las cosas mal, aun cuando podamos aducir en nuestra ayuda la excusa del patriotismo. El método de resolver los problemas técnicos mediante el previo estudio y las recomendaciones de expertos, se ofrece a los países latinoamericanos que quieran afrontar y resolver con buen éxito sus problemas económicos y sociales.

Un sistema nacional de comunicaciones

Uno de los problemas técnicos más importantes es el relacionado con las comunicaciones, materia que está vinculada a aspectos primordiales del desarrollo nacional de nuestros países.

La importancia que las comunicaciones tienen en la vida política, económica y social de un país ha sido ampliamente estudiada.[16] Un escritor francés, Ed. Demolins, ha estudiado en su libro *Comment la route crée le type social*, las rutas naturales y su influencia en la historia de los pueblos. No sin razón exclama Demolins, en expresión que envuelve evidente paradoja: *Oh! qu'il est important pour un peuple d'avoir bien su choisir sa route.*

Un sistema de rutas fue siempre el gran agente de segmentación política de las naciones y de los imperios. En realidad, un sistema de rutas es el indicio más seguro de posesión de un territorio, de tal manera que ha podido con justicia decirse que una nación comprende los territorios que abarca su sistema de rutas. La Vía Regia, que conducía de Persépolis a Sardis, en el antiguo Imperio Persa; la vasta red de calzadas del Imperio Romano; los ferrocarriles transcontinentales de los Estados Unidos y del Canadá; el Great Trunk Road, en la India; el Transiberiano en el Imperio Ruso, son ejemplos de rutas que estructuraron varios territorios y los incorporaron a conjuntos nacionales e imperiales. Por ello las rutas estuvieron siempre asociadas a serios esfuerzos de penetración y a tentativas afortunadas de colonización.

Las rutas ejercen decisiva influencia en la vida económica. Marcan los sitios donde se levantan las ciudades y surgen los grandes centros de producción, y los puntos por donde pasa el eje de la población y de la riqueza de un país. Extienden el área y aumentan el volumen de los intercambios comerciales, porque intensifican la producción en las zonas activas, abren a la explotación las tierras y recursos baldíos, promueven la división del trabajo, circunscribiendo cada industria agrícola o fabril a la zona más favorable y acrecen, en fin, la productividad y la eficiencia de las poblaciones.

No es menor la influencia social de las rutas. Revuelven todas las gentes que se encuentran a su vera y las amalgaman en un tipo común. Realizan su unidad espiritual, porque aun todavía hoy es por ellas por donde le llega a la mayoría

---

16   El estudio de las rutas es uno de los principales objetos de la geografía humana, ciencia que cuenta con eminentes representantes en Alemania, Francia, Inglaterra y Estados Unidos de América. Para el presente estudio hemos consultado al respecto: P. Vidal de la Blache, *Principes de géographie humaine*, París, 1922, pág. III; Jean Brunhes, *La géographie humaine*, París, 1925, cap. 3, vol. 1; Jean Brunhes y Camile Vaillaux, *La géographie de l'histoire*, París, 1921, cap. 8; Lucien Febvre, *La Terre et l'evolution humaine*, París, 1922, pág. VI, cap. 2; Isaiah Bowman, *The New World*, Nueva York, 1928, y Ellsworth Huntington, *The Pulse of Progress*, Nueva York, 1926.

las noticias y los ruidos del mundo, las ideas y las leyendas que mueven sus pasiones y ponen al unísono el diverso ritmo de sus voluntades.

Es evidente que para formular un plan de comunicaciones deben tomarse en consideración las múltiples influencias que ejercen las rutas. Sería impropio que las trazáramos al acaso, insuficientes y descoyuntadas, o que las fijaran los intereses locales, exclusivistas y miopes. Solo debe fijadas la amplia y detenida visión de los intereses nacionales. No solo esto. En Venezuela todo plan de comunicaciones debe suponer su integración con los sistemas continentales. Nuestro país tiene la vocación continental. Porque es la cabeza de la América del Sur; porque a sus playas arribarán los tráficos encaminados a la región central de la América Meridional, por la vía maestra de su producción;[17] porque el Orinoco es el brazo norteño de ese vasto sistema de comunicaciones fluviales —potencialmente el primero del planeta— formado por él, el Amazonas y el Plata. Si la geografía no bastara a imponerla, esa vocación continental contaría en Venezuela con la fuerza de una tradición histórica que comenzó el día en que nuestros ejércitos traspasaron nuestras fronteras para ir a libertar pueblos y quedó sellada con la gloriosa jornada de Ayacucho.

La elaboración de un plan de comunicaciones no es, pues, posible sino después de un estudio detenido y concienzudo de nuestra geografía económica, de la historia de nuestras comunicaciones, de las experiencias de países de condiciones más o menos similares a las nuestras, del grado de evolución que han alcanzado los diversos medios de transporte y de nuestras aspiraciones. Por nuestra parte, nos limitaremos a expresar breves consideraciones sobre algunos de los puntos que parecen requerir maduro estudio.

Coordinación de los medios de transporte

Un sistema de comunicaciones, para conseguir el óptimum de eficiencia y de economía, debe ofrecer la coordinación más completa. Las últimas décadas han visto cambios revolucionarios en los medios de transporte. Las carreteras están haciendo victoriosa concurrencia a los ferrocarriles en todas partes. Los transportes aéreos se han convertido en un medio de comunicación regular, aun cuando no es posible todavía determinar su puesto en el conjunto de los

---

17   Juan A. Briano, *Ferrocarril Intercontinental Panamericano. Sus nuevas orientaciones*, Buenos Aires, 1927.

medios de comunicación. Las comunicaciones fluviales han tomado nueva vida, sobre todo en países como los Estados Unidos, después de haber sido completamente supeditados por el ferrocarril. En el campo de las comunicaciones ferrocarrileras, la electrificación, la construcción de locomotoras veloces y de singular potencia y las consolidaciones han traído cambios dignos de estudio.[18] La opinión que parece prevalecer hoy entre los economistas es la de que las vías fluviales son las más económicas, particularmente adaptadas para el transporte de productos agrícolas y materias primas de poco valor; que el ferrocarril es el medio más adaptado para los grandes tráficos y las grandes distancias, en la mayoría de los casos, la vía troncal por excelencia; que la carretera es el más económico, el más cómodo, el más autónomo y el más eficiente de los medios de comunicación, cuando se trata de pequeños y medianos tráficos, y aun en el caso de grandes tráficos, cuando se trata de distancias que pueden recorrerse en un día —el ideal para las vías secundarias y de alimentación—; y, por último, que los transportes aéreos se anuncian como especialmente adaptados para el transporte de correspondencia, ciertas categorías de pasajeros y mercancías costosas, casos en los cuales la consideración del costo del transporte no es la dominante.

El puesto que cada uno de estos medios de transporte deba tener en un sistema nacional de comunicaciones, no podrá determinarse definitivamente sino a la luz de los estudios que hemos apuntado.

Construcción y explotación de las vías de comunicación

¿A quién deben pertenecer las vías de comunicación y quién debe explotarlas? La cuestión ha sido muy debatida, aun cuando la discusión solo se limita a algunos de los medios de transporte. Todos admiten hoy que las vías fluviales y las carreteras deben ser acondicionadas y construidas por el Estado. En materia de ríos y de canales la práctica es general. En lo tocante a carreteras se cuentan

---

18 De Alemania nos viene la noticia de un invento, el «Zepelín sobre ruedas», capaz de una velocidad de 100 o más millas por hora, que en la opinión de los expertos permitirá al ferrocarril competir victoriosamente con el aeroplano y el ómnibus automóvil y revolucionará las comunicaciones ferrocarrileras.
La nueva invención representa años de trabajo del doctor Franz Kruckenberg y un equipo de expertos del Laboratorio Experimental del Tráfico de Hanover, en cooperación con los ferrocarriles del Estado alemán. Véase: «Fast German Rail Car, open new vistas of Transportation», por Kendell Foss, en *The New York Times*, del 9 de noviembre de 1930.

excepciones, pero la experiencia favorece la construcción por el Estado.[19] La discusión concierne a los ferrocarriles y las vías aéreas, aun cuando hay unanimidad en lo que atañe a la oportunidad del control por el Estado de empresas privadas que exploten dichos medios.

La explotación de los ferrocarriles por el Estado es practicada por Alemania, Bélgica, Canadá, Holanda, Italia, Japón, Suiza, etc. La explotación privada persiste en muchos países, pero aun en Inglaterra y Estados Unidos, paraísos de los economistas liberales, el Estado ha debido intervenir para consolidar ciertos ferrocarriles y eliminar ruinosas concurrencias, impedir las tarifas abusivas y remediar deficiencias en la construcción de las líneas y en el material rodante. En los Estados Unidos, después de repetidas intervenciones, fue establecida por ley de 4 de febrero de 1887, la Comisión del Comercio Interestadual (Interstate Commerce Commission), encargada de regular todas las empresas de transporte en vista del interés público.

En general, la tendencia hoy dominante, es la explotación por el Estado y, en su defecto, el estricto control de las empresas privadas. Se critica a las compañías privadas su miopía, que no les deja ver sino sus propios intereses, y lo que es mucho peor, los intereses momentáneos de sus accionistas. Las compañías privadas no pueden comprender que es tan importante construir las líneas y dependencias como edificar el tráfico, y adoptan tarifas prohibitivas que no permiten sino el tráfico obligado. El Estado es más apto para promover los intereses permanentes de la colectividad. Se contentará con rendimientos mínimos si están compensados por un aumento de la prosperidad económica general y ventajas de otro orden.

Es necesario hacer constar que si la cuestión se considera desde el punto de vista del público, las ventajas que los ferrocarriles estaduales procuran a los consumidores no son de ningún modo inferiores a las que procuran los de las empresas privadas. Los ferrocarriles alemanes y suizos, por ejemplo, son modelos de eficiencia. El ferrocarril sud-manchurriano, que explota el gobierno japonés, es considerado por algunos como el mejor del mundo.[20]

---

19 «Economía vial», por A. J. Brosseau, Vicepresidente de la Cámara de Comercio de los Estados Unidos, Boletín de la Unión Panamericana, octubre de 1929.

20 No hay que dejarse impresionar por el lugar común de que el Estado lo hace todo mal. Porque hay algunos Estados que hacen muchas cosas muy bien, y hay empresas privadas que no podrían estar peor administradas ni representar mayores perjuicios para

Conviene fijar nuestra atención en otro punto. Es relativamente fácil para un gobierno como el de los Estados Unidos de América, Inglaterra o Francia, embozar y controlar las empresas privadas, aun cuando en muchos casos los resultados han sido desalentadores. En otros países, la tarea de controlar algunas empresas extranjeras billonarias y apoyadas por gobiernos omnipotentes es de las que desafían a un Hércules, y sería mejor no tener que intentarla. Por supuesto, esto no quiere decir que seamos hostiles a las inversiones de capital extranjero. Muy bien puede haber participación de capitales extranjeros, aun en empresas estratégicas de nuestra organización económica, si esa participación asume ciertas formas o se toman ciertas precauciones. Como lo dijo el presidente Wilson en su discurso de Mobile, las inversiones de capital extranjero no son peligrosas si están administradas por nacionales.

La crisis de los ferrocarriles

La historia de los ferrocarriles de Venezuela es de las que decepcionan a cualquiera. No han realizado ninguna de las ilusiones que se concibieron cuando fueron iniciados. Su administración no parece que haya sido ejemplar. En todo caso, sus tarifas han sido altas, de esas que no estimulan la producción ni desarrollan el tráfico. Las erogaciones hechas por el Estado venezolano para satisfacer los compromisos contraídos en los contratos ferrocarrileros componen un total de Bs. 65.052.592,73. Los ferrocarriles tampoco han gozado de envidiable prosperidad. Los mayores rendimientos han tocado al Ferrocarril de Maiquetía a Macuto, el cual percibió durante un periodo de veintiséis años (1896-1922) una utilidad media anual de 2,23 %. El peor librado ha sido el de Guanta a Barcelona, con una pérdida media anual de 0,23 % durante el periodo 1892-

---

el público. El liberalismo económico, el *laisser passer*, es una doctrina gastada, que los hechos, primero, y la ciencia económica después, han puesto en desuso. Queda todavía uno que otro liberal empedernido, pero carece de las robustas convicciones y el fervor de cruzado que tuvieron Smith, Ricardo, Say, Mill. Desde los días de Sismondi, se suceden las críticas certeras contra las ingenuidades y las falacias del liberalismo económico. Recientemente un eminente economista y hombre de Estado alemán, muerto trágicamente, Walther Rathenau, y el celebrado economista inglés John Maynard Keynes, han hecho el balance del liberalismo y declarado su bancarrota irremediable.
Véase: Walther Rathenau, *La triple révolution*, París, 1921, y Maynard Keynes, *The End of Laissez-faire*, Londres, 1926.

1922.[21] La situación parece empeorarse, o se ha empeorado decididamente, con la concurrencia de las carreteras. Pero aun sin este agravante, su situación no habría dejado de ser precaria.

Actualmente los ferrocarriles están en crisis en todas partes. Aun en Alemania, en Inglaterra, en Estados Unidos, cuyos sistemas ferrocarrileros son modelo de eficiencia, han visto disminuir sus rendimientos ante la concurrencia del vehículo automotor. En los Estados Unidos ele América, los ferrocarriles sufren la concurrencia del aeroplano, apenas sensible, y la desastrosa del canal, ele la carretera y ele la tubería para la conducción del petróleo y del gas. Nos referiremos aquí a la concurrencia ele la carretera y del vehículo automotor. El ómnibus automóvil ha reducido, en muchas partes del país, los rendimientos ele los ferrocarriles en un 50 %, y los servicios de los ómnibus, que antes eran locales, son hoy continentales y funcionan día y noche. Igualmente sería esa la disminución ele rendimientos ocasionada por el camión de carga. Todos los ferrocarriles de McClie West han sido afectados. El tráfico local entre puntos como Kansas City y San Luis ha sido monopolizado por los autocamiones. Los transportes ele ganado en distancias ele 200 a 300 millas han seguido el mismo curso. Grandes empresas, como la International Shoe Company, han abandonado por completo los ferrocarriles y transportan sus productos en camiones hasta puntos que distan 700 millas ele sus fábricas. Hasta productos perecederos como la mantequilla, son transportados en camiones refrigeradores desde Wisconsin, en las márgenes del lago Michigan, hasta Nueva York, a un costo inferior en un 20 % al del ferrocarril. Estos casos podrían multiplicarse. Los ferrocarriles se defienden. Los pequeños ferrocarriles, mal equipados y deficitarios, han sido integrados en los grandes sistemas, y éstos han racionalizado su administración, han reconstruido y reorganizado sus líneas, han coordinado sus servicios con los de las carreteras, los canales y las vías aéreas, y transformado el material rodante para temperar, por lo menos, la concurrencia.[22]

---

21 Estos datos han sido tomados del excelente estudio de los doctores Germán Jiménez y Vicente Lecuna, intitulado Los ferrocarriles en Venezuela, editado en 1930 por la Cámara de Comercio de Caracas.

22 «The Railroad Crisis: The Causes and Remedies», por William Z. Ripley, profesor de Economía Política de la Universidad de Harvard, *The New York Times*, 28 de diciembre de 1930.

El auge de la carretera

Fue en la primera década del presente siglo, cuando el automóvil, superada la fase de experimentación, se convirtió en un medio de transporte de rapidez, autonomía y comodidad singulares. Las experiencias de la guerra, las mejoras hechas al automóvil y los adelantos en la técnica de construcción de carreteras han contribuido a darle creciente importancia.

El gobierno de Venezuela inició en 1910 un programa de construcción de carreteras, proseguido con rara tenacidad, y este país cuenta hoy con una red de carreteras, que medía, a comienzos de 1930, 8.500 kilómetros de extensión. Las esperanzas que hizo concebir la carretera se han justificado en su mayor parte, y los beneficios económicos, políticos y sociales han sido grandes e innegables.

La carretera es de construcción más económica que el ferrocarril y requiere menores gastos de sostenimiento. En Venezuela, según los datos del Ministerio de Obras Públicas, el costo de construcción de un metro cuadrado de carretera es de Bs. 20, como máximum, en carreteras de piso natural y en terreno montañoso, rocalloso y áspero, incluyendo el costo de las obras de arte. El pavimento de macadam ha costado a razón de Bs. 5 a Bs. 8 por metro cuadrado, incluyendo el arreglo previo del camino. El costo anual de la conservación de un metro cuadrado de calzada es de Bs. 0,14 en las carreteras de piso natural y Bs. 0,30 en las carreteras de piso de macadam.[23] En nuestros ferrocarriles el valor kilométrico asignado, para el cálculo del interés garantizado, va de un mínimum de Bs. 68.000, en el Ferrocarril de Carenero, a un máximum de Bs. 500.000 en el Ferrocarril Central de Venezuela. El costo efectivo de algunas construcciones hechas recientemente ha sido de Bs. 380.268,35, por kilómetro, en la prolongación realizada por el Ferrocarril del Táchira en 1912-1915, y de Bs. 461.757,80, en la prolongación del Ferrocarril de La Ceiba. El promedio de los gastos anuales de explotación de todos los ferrocarriles de Venezuela fue, en 1929, de Bs. 16.035,50, por kilómetro. Comprendemos que estas cifras no son suficientes para la debida comparación de los dos medios de transporte, pero aun descontando lo que puedan tener de excepcionales, nos dejan ver

---

23 Véase: «Transporte por caminos carreteros en Venezuela. Datos del Ministerio de Obras Públicas», Boletín comercial e industrial del Ministerio de Relaciones Exteriores, 31 de octubre de 1920.

que el ferrocarril requiere mayor capital que la carretera y un volumen mucho mayor de importaciones extranjeras.

En lo que respecta al costo del transporte, es evidente que, en general, es menor en la carretera. Si en países, como los Estados Unidos de América, a pesar de su eficiencia, de las inmensas distancias, de los cuantiosos tráficos y de tarifas que descienden hasta menos de Bs. 0,04 por tonelada-kilómetro, los ferrocarriles no pueden competir en la mayoría de los casos con la carretera, en Venezuela las cosas no deben ocurrir diversamente. Según datos que hemos podido recoger, el costo medio del transporte de una tonelada-kilómetro, en nuestras carreteras, es de Bs. 0,60, aun cuando sabemos de casos en que llega hasta Bs. 0,35. En el Ferrocarril de Santa Bárbara a El Vigía el costo del transporte de la tonelada-kilómetro es de Bs. 1,17, si nuestros cálculos no están errados. No disponemos de datos para hacer las comparaciones entre los otros ferrocarriles y las carreteras concurrentes, pero presumimos que en todos los casos la carretera suministra un transporte más económico y más rápido que el ferrocarril.

Mientras nuestros tráficos permanezcan medianos, el vehículo automotor, con su economía, rapidez, autonomía y movilidad será preferible al ferrocarril. El gobierno nacional parece guardar esa convicción. Después de haber construido algunas de las carreteras troncales, ha emprendido la construcción de los ramales, llamados a potenciar sus ventajas. Las carreteras troncales trajeron, junto con sus innegables ventajas, ciertos resultados perjudiciales, como sucedió siempre con todo progreso. Las poblaciones y los campos que quedaron alejados de la carretera perdieron muchos de sus moradores en provecho de las ciudades y poblaciones situadas a lo largo de la vía, como era natural. Algunas ganaron con el cambio y mejoraron su nivel de vida, pero buena parte abandonó sus empleos productivos para ir a aumentar los rangos de los consumidores de gasolina «de juerga», de licores, sedas, perfumes y cosméticos, ocasionando lo que los economistas llaman una pérdida seca. Los ramales, al acrecer la producción, aumentar el volumen del tráfico y favorecer la concurrencia; aumentar la eficacia de la carretera, como vía de penetración; y procurar la mejor distribución de nuestra población, con los grandes beneficios sociales que ello acarrea, reducirá al mínimum los perjuicios y potenciará al máximum las ventajas de nuestro sistema de carreteras.

Las vías fluviales

Con el advenimiento del ferrocarril muchos canales y vías fluviales quedaron abandonados. En Europa quedaron en actividad algunas de las arterias fluviales del centro del continente, pero en los Estados Unidos, por ejemplo, el abandono fue total. Este abandono produjo la impresión de que el riel había triunfado definitivamente sobre la vía fluvial. Sin embargo, las grandes arterias fluviales que se mantuvieron activas en Europa probaron que la vía de agua era más económica que el riel. Hoy las vías fluviales están nuevamente en favor. Los planes de los Estados Unidos comprenden la canalización de 25.000 millas de vías fluviales. En Alemania los canales en operación alcanzan la extensión de 3.850 millas, y se encuentran en construcción ambiciosos proyectos, como el canal del Rin al Danubio. Los canales transportan el 75 % de los productos de gran volumen y poco costo, como la hulla, los minerales brutos, la madera y los materiales de construcción. La importancia de las vías de agua es igual en Holanda y Bélgica. Francia está ejecutando planes para el mejoramiento de sus canales y para la construcción de otros nuevos, como el del Ródano al Rin.

Venezuela es copropietaria de esa incomparable red fluvial que forman el Orinoco, el Amazonas, el Plata y sus afluentes, potencialmente el primero de los sistemas fluviales de la Tierra. Cuando ese sistema esté acondicionado y en actividad, Venezuela gozará de una situación extraordinariamente ventajosa.

Como dijimos más arriba, los transportes por vía fluvial son los más económicos cuando se trata de productos agrícolas y de materias primas de poco costo. La International Joint Commission, comisión mixta americano-canadiense creada por el tratado suscrito por la Gran Bretaña y los Estados Unidos el 11 de enero de 1911, calcula que el costo del transporte de una tonelada-milla por ferrocarril equivale al de 6 toneladas por agua.[24] Al referirse a las obras de canalización del Mississippi, dijo recientemente el presidente de los Estados Unidos, míster Hoover: «En general, si se dispone de carga para el retorno, 1.000 búshels de trigo pueden transportarse 1.000 millas en el mar o en los Grandes Lagos por $ 20 a 30; en gabarras modernas en el Mississippi por $ 60 a 70; y en ferrocarril por $ 150 a 200».

---

24 *The Nation*, 15 de octubre de 1930.

En Europa, los costos del transporte fluvial son mucho más reducidos. En una distancia de 225 millas, desde la región del Ruhr a Manheim, en las riberas del Rin, el costo del transporte de una tonelada métrica, y durante los años 1926-1927, varió entre un mínimum de $ 0,12 y un máximum de $ 0,48. En Holanda encontramos que en una distancia de 225 kilómetros, Rótterdam a Groningen, los 100 kilos pagan: por tren expreso, entregados en 1 día, $ 2,50; por tren ordinario, entregados en 5 a 6 días, $ 1,20; por agua, entregados en 3 días, $ 0,30.[25]

Venezuela, poseedora de una vasta red fluvial, debe fijar su atención en las posibilidades de economía que ofrecen los transportes fluviales.

No muchos puertos, sino buenos

Un gran puerto es obra de la geografía, del tiempo y de recursos incontables. Nueva York, Londres, Hamburgo, son ejemplos de los emporios que han creado las necesidades del comercio moderno. La superioridad de su equipo prevalece sobre las distancias y les permite atraer tráficos que parecerían destinados a puertos más cercanos de sus puntos de partida y de destino.

Nos encontramos a veces con la ilusión de que un puerto está completo cuando se han terminado los muelles y otras obras de ingeniería. Nada más falso. Un buen puerto moderno, además de requerir un equipo superior, debe ser una gran ciudad, un gran centro comercial, un gran centro bancario, tener condiciones favorables para el desarrollo industrial y disponer de una red de comunicaciones. Por ello no es posible improvisarlo.

Una cuestión que merece estudio es la de saber cuántos y cuáles puertos debe desarrollar un país. El Consejo Nacional de Vías de Comunicación de Colombia, al considerar la materia de puertos, encontró que por obra y gracia de intereses locales, se proyectaba en el país la construcción de cinco puertos en el Atlántico, todos situados en un litoral de 440 kilómetros de extensión, que representaban obras que excedían en todo a las necesidades y a los recursos nacionales. Uno de los consejeros observó que en el litoral atlántico de los Estados Unidos, en una extensión de costas de 640 kilómetros, entre Connecticut y Virginia, hay solo cuatro puertos para atender a las necesidades

---

25   Estos datos han sido tomados de los siguientes estudios: «The Mississippi Waterway», por Norman F. Titus, y «The St. Lawrence Waterway», por G. P. Pillsbury, en: *The Annals*, marzo de 1929.

de 65.000.000 de personas, aproximadamente. El Consejo recomendó que solo se desarrollara el puerto de Cartagena.[26]

Los puertos son parte integrante y esencial de un sistema de comunicaciones y merecen especial atención.

Hemos querido pasar en revista algunos de los puntos que deben estudiarse detenidamente antes de formular un plan racional de comunicaciones. Nuestro análisis superficial solo es incidental a la presentación de un método para afrontar el problema de las comunicaciones y otros problemas técnicos. Compete a técnicos de indiscutida competencia hacer los estudios definitivos.

Nos hemos atrevido a intentar este estudio, animados por la convicción de que si Venezuela adoptara este método de resolver el problema de las comunicaciones y sus otros problemas técnicos, daría un paso decisivo para colocarse a la vanguardia del mundo americano.

Zea (estado Mérida), marzo de 1931.

---

26   «Trabajo preliminar del Consejo Nacional de Vías de Comunicación de Colombia», por E. W. James, Boletín de la Unión Panamericana, abril de 1930.

Soluciones internacionales de la crisis cafetera

Como es bien sabido, el café, lo mismo que el cacao, el azúcar, el trigo, el algodón, la lana, el caucho y tantos otros productos agrícolas y materias primas, atraviesan por una crisis de sobreproducción. En la mayor parte de los casos, la producción había desbordado desde hacía tiempo el consumo y la crisis estaba latente, pero no se manifestaban sus efectos debido a la política de valorización seguida por los gobiernos y las organizaciones de productores. Era claro que esta política de almacenaje de los sobrantes y de precios artificiales no podía lograr buen éxito, si no se conseguía al mismo tiempo equilibrar la producción y el consumo, y compensar de alguna manera los sacrificios impuestos por el empleo de los cuantiosos capitales requeridos por la valorización. Y sucedió que los altos precios artificiales estimularon en vez de reducir la producción, burlando así todas las esperanzas y agravando la crisis final. Algunos economistas han interpretado este fracaso como una condenación inapelable de las valorizaciones. Otros consideran que las valorizaciones obedecen a un principio racional y sano, como es el de equilibrar la producción y el consumo en periodos de tiempo más o menos prolongados. Lo que sucedió fue que las valorizaciones fueron mal concebidas y mal ajustadas. En algunos casos, el error capital consistió en la imposición de altos precios, que no podían sino inflar la producción y a la larga agravar la crisis. En otros, el mal resultó de no ver el problema en toda su amplitud. Los grandes productos agrícolas y materias primas, o sus posibles substitutos, se producen o pueden producirse en grandes zonas que nunca están bajo la soberanía de una sola nación, y en todo caso, sus mercados son mundiales. Sus problemas no podrían ser resueltos por la acción de un solo país. Atendiendo a estas consideraciones, que parecen confirmar los hechos, se han realizado recientemente esfuerzos para estudiar, plantear y resolver, mediante la cooperación internacional, los problemas relacionados con la producción y distribución de productos afectados por la crisis actual.

La conferencia agrícola internacional

Del 8 al 20 de septiembre de 1930 tuvo lugar en Washington la 1.ª Conferencia Agrícola Interamericana, conferencia que representa la primera fase de un esfuerzo metódico para afrontar los problemas trascendentales de las industrias agrícolas, y aunar, con tal fin, la ciencia, la experiencia y los recursos comunes del continente. De paso, es conveniente hacer notar que esta Conferencia constituye la afirmación de un nuevo panamericanismo, inspirado en la fraternidad y la ayuda mutua, que no despierta inquietudes, ni recelos, ni rivalidades. Todos tienen que beneficiarse y, en efecto, se benefician en estas asambleas que tienen por objeto registrar progresos cumplidos, generalizar métodos e instituciones ejemplares y preparar colaboraciones permanentes para el futuro. Así, en muchos aspectos de su vida, los pueblos americanos irán nivelándose e identificándose, hasta ofrecer esa semejanza de civilización que permita relaciones políticas y sociales basadas en el respeto, la consideración y la simpatía recíprocas.

La Conferencia Agrícola Interamericana estudió todos los aspectos de las industrias agrícolas y formuló en cada caso oportunos acuerdos.

Uno de los temas que merecieron su más cuidadosa atención fue el de la sobreproducción agrícola. La cuestión fue estudiada en uno de los trabajos preparatorios de la Conferencia. En el curso de la discusión habló al respecto el sabio e influyente economista del Departamento de Agricultura de los Estados Unidos de América, doctor W. J. Spillman. En su opinión, la actual crisis de sobreproducción se debe a la revolución ocasionada por la aplicación de métodos científicos y el empleo de maquinaria agrícola. En el caso del café y el azúcar, la sobreproducción no se debió, sin embargo, a esa causa, sino a los precios excesivamente altos que prevalecieron durante un periodo reciente. Durante la Conferencia varios oradores expusieron los resultados de la nueva técnica agrícola. El doctor Spillman hizo notar que ciertas regiones del Medio Oeste de los Estados Unidos, como Kansas, producen trigo al costo de $ 0,43 el búshel, al paso que en las granjas de Ohio, Pensilvania, Illinois, etc., el costo del búshel varia entre $ 1,25 y 1,50. La región del Delta del Mississippi y las nuevas tierras de Texas, Oklahoma, Nuevo México, Arizona y California producen algodón que podría venderse con ganancias al precio entonces corriente de $ 0,11 la libra, mientras que en la vieja zona algodonera el costo de producción de la libra varia entre $ 0,16 y 0,18. Se espera una considerable reducción del costo, como resultado de la máquina recolectora que acaba de lanzarse al mercado, la cual hace el trabajo de cuarenta a cincuenta hombres y permite obtener una fibra de mejor calidad que la obtenida en la recolección manual. El doctor Chardón, Jefe del Departamento de Agricultura de Puerto Rico, citó el caso de la quina. Los holandeses llevaron a Java semillas de la América del Sur, y mediante la selección han obtenido árboles cuya corteza contiene de 3 a 5 veces más alcaloide que en América. El doctor R. Rands, del Departamento de Agricultura de los Estados Unidos, al referirse al caucho, dijo que hace diez años se consideraba como muy buena una cosecha de 400 libras por acre, y hoy se consiguen fácilmente cosechas de 1.000 libras. Estos ejemplos nos ilustran suficientemente sobre los efectos de la revolución que se está efectuando en las industrias agrícolas, y nos inspiran serios temores sobre el porvenir de los productos que Venezuela puede todavía colocar convenientemente en los mercados mundiales.

¿Cuándo terminarán estas continuadas crisis y el progresivo descenso de los precios?

Según el doctor Spillman, cuando se agoten las tierras nuevas que pueden ponerse en cultivo y cesen de cultivarse aquellos terrenos en donde no puede emplearse la nueva maquinaria agrícola. Entonces comenzará un periodo de prosperidad durable.

En relación con la actual crisis la conferencia aprobó resoluciones recomendando la mejora de los métodos de administración agrícola, la diversificación de los cultivos, que consideró de «primordial importancia para el mejoramiento, desarrollo y estabilidad de la vida económica y social de los países de América», y la siguiente, que se refiere al problema mismo de la sobreproducción:

La Conferencia Interamericana de Agricultura estima que prestaría un servicio importantísimo al bienestar de todas las Repúblicas de América, contribuyendo con su firme apoyo a la solución del magno problema agrícola-económico de la sobreproducción de los principales artículos agrícolas y materias primas que producen los países de América, tales como el azúcar, café, cereales, carnes y otros.

Se ha visto en la práctica que el problema de la sobreproducción de los artículos de gran exportación no puede ser resuelto por la acción individual de un solo país, aunque éste sea el principal productor, sino que requiere una común acción internacional.

Por consiguiente, cada una de las industrias americanas, individualmente, en las cuales se ha creado y persiste una situación de desequilibrio entre los abastos y el consumo mundial, con graves consecuencias para el presente y el porvenir de esas industrias, debe procurar que se llegue lo más pronto posible a un mejor reajuste entre dichos factores, comúnmente denominados oferta y demanda, por medio de una acción internacional.

Esta acción podría tomar tres formas en cuanto a la industria azucarera, y refiriéndose únicamente a los grandes países exportadores: 1.º Una estabilización de las exportaciones de cada país durante un corto periodo de tiempo, a fin de que los sobrantes se vayan absorbiendo, basándose dicha estabilización sobre las cifras de exportaciones normales alcanzadas por cada país; 2.º No estimular más de lo que ya lo está, por ningún medio, la producción de este artículo, hasta que el sobrante mundial no haya desaparecido; y 3.º Procurar el mayor consumo posible del artículo, en todos los países y especialmente en aquellas regiones del mundo, como el Extremo Oriente, en donde es posible una gran expansión del consumo, haciéndose esta campaña en forma cooperativa.

De acuerdo con estas sugestiones se celebraron conversaciones en Bruselas, Ámsterdam y Berlín, durante los últimos dos meses, entre representantes de Cuba, Java, Alemania, Checoslovaquia, Polonia, Bélgica y Hungría, con el objeto de estabilizar la industria azucarera. Según los acuerdos suscritos en Ámsterdam y Berlín, los países azucareros se comprometen a restringir las exportaciones durante los próximos cinco años y a reducir, al mismo tiempo, su producción.

Recomendaciones sobre la industria cafetera
Como resultado de reuniones privadas celebradas por los delegados de los países cafeteros y de discusiones que tuvieron lugar en las sesiones plenarias de la Conferencia fue aprobada, en lo que respecta al café, una resolución que recomienda a los gobiernos de los países productores la formación de un Comité Internacional de Propaganda, encargado de desarrollar una acción colectiva para extender el consumo del café a los países no consumidores e intensificarlo en aquellos que están en posición de consumir más, y la siguiente, sobre estabilización de la industria:

La Conferencia Interamericana de Agricultura, habiendo llegado al convencimiento 1) de que una de las medidas básicas necesarias para dar estabilidad a la producción de café en América es tender hacia el más bajo costo de producción y hacia la mejor calidad; 2) de que uno de los medios de obtener este resultado es la localización de los cultivos en las zonas más adecuadas de acuerdo con sus circunstancias naturales y económicas.

RESUELVE recomendar a los gobiernos de los países productores de café:

1. Que procedan al reconocimiento o estudio de las zonas cafeteras de sus respectivos países desde el punto de vista del costo de producción y de la calidad del fruto;

2. Que procuren, por cuantos medios sean efectivos, no estimular el cultivo de las regiones que no ofrezcan perspectivas favorables para resistir la competencia en cuanto a precios y a calidad; y

3. Que contribuyan eficazmente a cimentar las empresas ya existentes y las nuevas sobre una mejor base de organización interna, de cooperación para la venta, de métodos de cultivo y beneficio y diversificación de cultivos, de manera que se preparen a hacer frente en mejores condiciones a la competencia futura.

El Brasil convoca un congreso cafetero

El gobierno del Brasil ha invitado a los países productores de café a un congreso que se celebrará en San Pablo el 31 de marzo corriente. Esta decisión ha sido tomada en cumplimiento del voto formulado en el Primer Congreso Cafetero, celebrado en Nueva York del 1.º al 31 de octubre de 1902. Este Congreso aprobó cinco acuerdos, en los cuales se recomienda a los gobiernos prohibir la exportación de las calidades inferiores de café; trabajar por la supresión y reducción de las tasas que gravan la importación; organizar una unión internacional en vista de una eficiente propaganda del café; eliminar de la venta y de la exportación las cantidades de café que sean necesarias para mantener el equilibrio entre la oferta y la demanda; y reunir un nuevo Congreso de plenipotenciarios para elaborar y suscribir una convención para dar efecto a estas recomendaciones.

Es muy posible que el Congreso que pronto se reunirá en San Pablo reconsidere las resoluciones de 1920 y se ponga de acuerdo sobre un plan de acción internacional. Es evidente que el Congreso puede y debe tomar ciertas medidas, que aconsejan las experiencias de los últimos años y las actuales condiciones sobre producción, comercio y consumo de café, y emprender una eficiente propaganda en vista de extender e intensificar el consumo; prohibir, tanto en el comercio interior como en el comercio exterior, la venta de pasilla y calidades inferiores; acordar una acción común para obtener la reducción de los impuestos y trabas que gravan la importación de café en ciertos países y conseguir la prohibición de venta de productos que se venden como café y que no responden a esa especificación. Últimamente se han establecido en varios países de Europa impuestos sobre el café, que son prohibitivos de su consumo. Los gobiernos de los países cafeteros deberían concertarse para hacer gestiones amigables en vista de reducir dichos impuestos a límites razonables, e ir hasta las represalias, en caso de éxito negativo.

La acción que compete a varios gobiernos

Las medidas de esa naturaleza son las únicas que compete tomar al Congreso. La restricción de las exportaciones y la limitación de la producción internacional, no parecen propias para ser objeto de acuerdo internacional, ni es conveniente que lo sean. No hay que fiarse a ilusiones falaces. Con restricciones o sin ellas se puede aumentar considerablemente la producción de café. Tales restricciones no pueden tampoco impedir que dominen el mercado cafetero los países capaces de producir las mejores calidades y a los precios más reducidos. La limitación de la producción y de la exportación no es un medio seguro de evitar futuras crisis, ni contribuye al progreso de la industria. Hay que decidirse por las soluciones más difíciles, que son a la larga las más ventajosas.

El Brasil no ha esperado la reunión del Congreso cafetero para decidir la política que va a seguir. El doctor Getulio Vargas, nuevo presidente del Brasil, declaró en entrevista concedida el 11 de noviembre de 1930, que había pasado la época en que un país podía basar en un solo producto su entera estructura económica y financiera. En entrevista concedida a mediados de enero último, el Ministro Federal de Finanzas expuso las desastrosas consecuencias de la valorización, y expresó la opinión de que se debe devolver completa libertad al mercado cafetero. Con ese fin, el Gobierno ha comprado al precio de 70 mil reis el saco, los stocks invisibles, o sea, las existencias depositadas en los almacenes del interior; y se propone destruir cinco millones de sacos, penalizar las nuevas plantaciones, prohibir el comercio de las calidades inferiores, y establecer una tasa en naturaleza, que permita en cierto modo asegurar el equilibrio entre la oferta y la demanda. Las medidas acordadas o proyectadas no han bastado, sin embargo, a asegurar la estabilidad del mercado cafetero, pues el cambio brasileño continúa seriamente enfermo, las existencias invisibles siguen pesando sobre el mercado y aún no se han tomado las medidas inequívocas, susceptibles de restablecer la libertad en el comercio del café.

Cualquiera que sea el desarrollo de la crisis, tenemos razones para esperar que dentro del año el mercado cafetero entrará en la vía de un lento pero seguro mejoramiento. Sin embargo, nada nos dice que ese probable mejoramiento sea estable. En la próxima crisis el descenso de los precios según previsiones atendibles, puede muy bien ser más catastrófico que en la actual. Los estudios elaborados por los economistas nos demuestran que la crisis presente ha afectado al café menos gravemente que a otros productos y materias primas cuyo costo de producción se había reducido considerablemente como resultado de la aplicación de métodos científicos y de maquinaria. Es seguro que la racionalización de la industria cafetera, según las recomendaciones de la Conferencia Agrícola Interamericana, reducirá el costo de producción del grano. Es urgente prepararse para la próxima crisis, y que nos preparemos mientras duren los años de las «vacas gordas». Es necesario racionalizar y metalizar nuestra vida económica, de la cual las industrias agrícolas son parte fundamental. De otra manera, no podremos contar con bases sólidas para edificar la prosperidad y la grandeza de la Nación.

Marzo, 1931.

La crisis, los cambios y nosotros

En octubre de 1929 la Bolsa de Nueva York se convirtió en el teatro de una baja espectacular de valores, anuncio cierto de la próxima contracción de las industrias, de la liquidación de los stocks de mercaderías y de materias primas y del paro con su séquito de calamidades sociales. De Wall Street la crisis se difundió a los varios centros económicos, hasta abarcar el mundo entero. Esta universalización de las crisis económicas es hoy la regla en un mundo que, al menos en el plano económico, está completamente unificado.

En Venezuela no tardaron en sentirse, como era inevitable, las repercusiones de la crisis. Ya desde julio de 1929 se había iniciado en los mercados del mundo la baja de las materias primas, y entre ellas el café, nuestro principal artículo venezolano de exportación, y desde entonces comenzó a observarse una leve flojedad en nuestra moneda. Con el advenimiento de la crisis mundial continuó acentuándose la depreciación del bolívar, en la forma que puede verse en el cuadro que se inserta a continuación, el cual contiene el tipo de cambio del dólar el día último de cada mes, desde marzo de 1920, en que nuestra moneda comenzó a resentirse de los efectos de la crisis económica de 1919-1920, hasta el mes de abril de 1931:

TIPO DE CAMBIO DEL DÓLAR EL DÍA ÚLTIMO DE CADA MES 1920-1931[27]
Valor del dólar a la par: Bs. 5,20

	Enero	Febrero	Marzo	Abril	Mayo	Junio	Julio	Agosto	Septiembre	Octubre	Noviembre	Diciembre
1920			5,25	5,35	5,39							5,80
1921												5,45
1922												5,23
1923												
1924												

---

27   Las cifras relativas a los años 1920-1923 nos fueron bondadosamente suministradas por el señor Abraham Belloso, gerente de la sucursal en Maracaibo del Banco Venezolano de Crédito. Los datos relativos a los demás años fueron tomados de los informes semestrales del Banco de Venezuela y del *Boletín de la Cámara de Comercio de Caracas*.

1925

1926

1927

1928

1929

1930

1931   5,70   5,90   6,05   6,15

El promedio de depreciación del bolívar fue de 3,5 %, aproximadamente, durante el año de 1930; de 10,3 %, en el primer trimestre de 1931; de 16,5 %, en el mes de abril próximo pasado; y llegó a 18,5 % el 4 de mayo corriente. La depreciación se ha venido acentuando con la agravación de la crisis y con la baja de nuestros productos de exportación. Para el 16 de abril del corriente año el Café Maracaibo se cotizaba en la Bolsa de Nueva York de 81/2 a 11 centavos la libra el trillado, y 14 centavos el lavado.

Los desarrollos de la actual crisis guardan, en Venezuela, gran analogía con los de la crisis de 1919-1920. Es bien sabido el desenvolvimiento de esa crisis. Hacia fines de 1919, el Federal Reserve Board de los Estados Unidos decidió restringir las facilidades de descuento para las operaciones con el extranjero, con el objeto de impedir el alza continuada de los precios y la especulación desenfrenada. Inmediatamente se desencadenó una crisis en el Japón, que se convirtió para ese país en una verdadera catástrofe económica. La crisis no se propagó inmediatamente al resto del mundo, pero los esfuerzos para la desinflación continuaron en los Estados Unidos, y en abril de 1920 el Banco de Inglaterra y el Banco de Francia se vieron obligados a subir la tasa de descuento. Los efectos de esta medida no tardaron en traducirse en el pánico en las bolsas de valores y, en seguida, en la crisis general, con su acompañamiento inevitable de liquidaciones, contracción de las industrias, quiebras, y el paro y sus miserias. Venezuela sufrió entonces duramente con las repercusiones de la crisis. Bajaron sus productos de exportación, alcanzando el café sus precios más bajos en la Bolsa de Nueva York el 13 de junio de 1921: 8 centavos la libra el trillado y 13 1/4 el lavado Maracaibo. En 1920 el déficit de nuestra balanza comercial alcanzó la considerable suma de 144 millones de bolívares. Nuestra

230

moneda se mantuvo depreciada durante toda la duración de la crisis. El promedio de su depreciación, con respecto al dólar, fue de 6,5 % en 1920; de 16 % en 1921; de 5 % en 1922; y de 1 % en 1923. Su mayor depreciación ocurrió en los días 22 y 23 de mayo de 1921, cuando el dólar se cotizó en Maracaibo a Bs. 6,60, una depreciación de 26,5 %. El restablecimiento de la paridad ocurrió lentamente, y no fue sino en 1924 cuando pudo afirmarse.

El mecanismo de los cambios

El cambio es el barómetro financiero por excelencia. Los economistas lo consideran como el mejor indicio de la situación económica de un país y, en particular, del estado de su balanza internacional de pagos. Cuando el cambio es desfavorable, puede tenerse por seguro que la balanza internacional de pagos es pasiva. El bajo curso de nuestro cambio se debe sin duda a un déficit en nuestra balanza de pagos. Tal déficit se debe, principalmente, a los efectos de la crisis mundial, que ha causado la baja de nuestros productos de exportación, la disminución de las actividades de las compañías petroleras y cierta detención en la afluencia de capitales extranjeros. Pero estas causas no son las únicas, ni muchas veces las principales, que influyen en el curso del cambio. El cambio está dominado, tanto por causas comerciales: balanza comercial; como financieras: estado del presupuesto, sistema monetario, situación del crédito, etc., y políticas; es decir, todos los hechos que afectan favorable o desfavorablemente el porvenir de un país.

En circunstancias normales, cuando no entran en juego causas perturbadoras de orden financiero o político, el curso del cambio obedece a la marcha de la balanza internacional de pagos. Cuando un país dado tiene un sistema monetario basado sobre el patrón de oro,[28] su cambio no fluctúa sino ligera-

---

28 Pueden distinguirse tres tipos o variedades de patrón de oro: 1.º el patrón de oro propiamente dicho, que rige en Estados Unidos de América, Noruega, Suiza, etc., que implica la obligación de redimir en moneda de oro los billetes del Banco de emisión; 2.º el patrón de cambio de oro, adoptado por Italia, Grecia, Chile, Colombia, etc., tipo que tiende a generalizarse, en virtud del cual el Banco Central tiene la opción de redimir sus billetes en oro o en giros contra países que poseen el patrón de oro; y 3.º el patrón de oro en lingotes, vigente en Gran Bretaña, por el cual el Banco de emisión redime sus billetes exclusivamente en lingotes de oro de gran valor. Estos dos últimos tipos de patrón de oro obedecen al propósito de economizar el oro, reduciendo o evitando totalmente la circulación de monedas de oro. En todos casos un patrón de oro efectivo implica que el Banco de emisión está obligado a convertir en oro sus billetes. Véase: «El patrón de oro

mente, aun cuando sea deficitaria su balanza de cuentas, porque los pagos internacionales que no pueden saldarse mediante compensación se efectúan con oro, y el curso del cambio se mantiene dentro de los límites del llamado gold point.[29] Conjuntamente con la exportación del oro u otra providencia que restablezca el equilibrio de la balanza de pagos —que apuntaremos más adelante— el Banco de emisión alza la tasa de descuento, medida que tiene por objeto provocar el reajuste del volumen del crédito a las condiciones económicas, atraer capitales extranjeros en busca del mayor interés, y restringir, en consecuencia el movimiento del oro.

Venezuela tiene patrón de oro. Sin embargo, hace mucho tiempo que, en nuestro cambio, han sido desbordados los límites del gold point. No se puede sino concluir que nuestro patrón de oro, y con él nuestro sistema monetario, tienen, si no vicios de estructura, por lo menos funcionamiento defectuoso.

El actual patrón de oro data de 1918. La Ley de 24 de julio de 1918 estableció como unidad de nuestra moneda el bolívar de oro, equivalente a Gr. 0,290323 de oro fino (Art. 2). La moneda de oro es la única de obligatorio recibo, sin limitación alguna. Las monedas de plata de 900 milésimos de Ley —monedas de 5 bolívares— son de obligatorio recibo hasta la cantidad de quinientos bolívares. Las de 835 milésimos monedas de 2, 0,50 y 0,25 bolívares serán de obligatorio recibo hasta la cantidad de cincuenta bolívares, y las de níquel hasta la cantidad de diez bolívares (Art. 18). En virtud del contrato celebrado entre el Gobierno Nacional y el Banco de Venezuela, este último «se compromete a procurar la regularización de la circulación monetaria en todo el país con forme al sistema legal del patrón oro».[30]

Al parecer, nuestro patrón de oro tiene sus limitaciones, pues todos los pagos que no excedan de quinientos sesenta bolívares, pueden hacerse exclusivamente en moneda de plata y de níquel.

---

a la luz de los acontecimientos posteriores a la Guerra», por Edwin Walter Kemmerer en Boletín de la Unión Panamericana, de agosto de 1929.

29   Se entiende por gold point de una moneda el tipo de cambio, excedido el cual, resulta más económico el envío de numerario, es decir, de oro, que es el único metal amonedado que tiene hoy curso internacional. Los gastos de envío comprenden el embalaje, el flete, el seguro y la pérdida de intereses durante el viaje.

30   Contrato celebrado entre el Ejecutivo Federal y el Banco de Venezuela, por el cual el último queda constituido como agente y banco auxiliar de la Tesorería, Art. 16, *Gaceta Oficial*, núm. 17.158, 2 de julio de 1930.

Tal cantidad es tal vez excesiva, pues la mayor parte de los pagos no alcanzan ese límite.[31] Por otra parte, la moneda de plata, y con más razón la moneda de níquel, no llenan los requisitos de una moneda legal, la cual, en todo caso, debe tener un valor intrínseco igual a su valor nominal. Tal no es, evidentemente, el caso con nuestra moneda de plata. La plata, como es bien sabido, ha experimentado últimamente una baja catastrófica. La onza de metal, que llegó a valer 72 78 céntimos de dólar en 1925, no vale hoy sino 26 céntimos. [32]Es verdad que nuestra ley de monedas establece que «no podrá ordenarse una acuñación de plata sin que por la misma ley se ordene acuñar doble cantidad de oro» (Art. 15), y que «solo el Gobierno Nacional puede importar moneda venezolana de plata o de níquel», pero estas precauciones no bastan para excluir absolutamente toda posibilidad de que el numerario de plata pueda ejercer, en ciertas circunstancias una influencia perturbadora en nuestro sistema monetario. Hay que recordar que la plata ha influido las edades de oro de la historia. Los más claros ejemplos ya otras veces desfavorablemente en nuestra circulación monetaria. En 1871 comienza un periodo de deprecia-ción de la plata, como consecuencia de la gran producción del Oeste de los Estados Unidos y de la desmonetización de la plata en el Imperio alemán. Hacia 1885 ocurre una nueva depreciación del metal, con efectos análogos a los de 1874.[33] En la Memoria de Hacienda correspondiente a 1914, el doctor Román Cárdenas, para entonces nuestro Ministro de Hacienda, después de analizar el curso de nuestro cambio, terminaba por atribuir la flojedad de que entonces se resentía al exceso de numerario de plata en nuestra circulación monetaria.[34] La actual Ley de Monedas, fue formulada con el objeto de evitar los inconvenientes apuntados. Sin embargo, es un hecho que, sobre todo en los periodos de baja

---

31 En algunos países existe la obligación de recibir cierta cantidad de moneda divisional de plata o de níquel, pero ésta no se considera moneda legal.
    En Francia, antes de la Guerra Mundial, era obligatorio, entre particulares, el recibo de 50 francos de moneda divisional, pero solo como moneda de complemento, es decir, para completar una suma. Véase: *Cours d'economie politique*, por Charles Gide, París, 1921, Vol. I, pág. 460.
32 «Silver, Once America's Issue, New a World Problem», por S. Palmer Harman, *The New York Times*, de 8 de marzo de 1931.
33 *El Banco de Venezuela. Anotaciones históricas*, por Leopoldo Landaeta y Vicente Lecuna, Caracas, 1924, págs. 32 y ss, y 101 y sigs.
34 Citado en Landaeta y Lecuna, obra citada, págs. 214 y sigs.

de nuestra moneda, la plata circula con exclusión del oro, que entonces goza de prima.

Otro elemento importante de nuestra circulación monetaria es el billete de Banco. De acuerdo con una disposición que se encuentra en la Constitución Nacional desde 1895 «ni el Poder Legislativo ni el Ejecutivo, ni ninguna autoridad de la República, podrá en ningún caso ni por ningún motivo emitir papel moneda, ni declarar de circulación forzosa los billetes de Banco, ni valor alguno representado en papel». Esta prohibición está confirmada por el artículo 29 de la Ley de Bancos de 15 de julio de 1926, que obliga a los Bancos de emisión a convertir los billetes en monedas de curso legal. El Banco de emisión que se negare a convertir sus billetes en moneda legal, será penado con una multa del 10 % del valor de los billetes rehusados. El interesado deberá dirigirse al Ministerio de Fomento o al Fiscal de Bancos, quienes, comprobado el hecho, impondrán la pena y ordenarán al Banco el pago de los billetes rehusados. El tenedor del billete puede ocurrir a los tribunales en ejercicio de las acciones que le corresponden en virtud de la negativa al recibo o pago de los billetes (Art. 55).

Puede decirse que en Venezuela el billete de Banco es una moneda sana. Las disposiciones de la Ley son severas y, en general, aptas para garantizar su sanidad. Tanto en lo que concierne a su constitución como a su funcionamiento nuestros Bancos de emisión están sujetos a particulares condiciones. Los Bancos podrán emitir billetes hasta por el doble del capital enterado en caja, pero el valor de los billetes emitidos deberá estar representado por las existencias de moneda legal en caja y por la suma de los valores de su activo exigibles en el país a la vista o dentro del plazo de treinta días. En todo caso, la existencia de oro acuñado en caja debe representar la tercera parte por lo menos del valor de los billetes emitidos (Art. 26). El Ejecutivo Federal podrá autorizar a los Bancos de emisión a emitir billetes hasta por el triple del capital enterado en caja, pero los billetes emitidos en exceso del límite fijado en el artículo 26 deberán estar representados por su mismo valor en moneda de oro de curso legal en existencia en la caja del Banco (Art. 27). La actual situación de nuestros Bancos de emisión nos permite considerar nuestra circulación monetaria, a este respecto, como satisfactoria. De acuerdo con el cuadro de los balances de los Bancos nacionales y extranjeros, para el 30 de junio de 1930, el total de la existencia en caja, deducido el monto de los billetes en poder de los Bancos de emisión, estaba en la proporción del 134 y 2 % con los billetes en circulación. Las disponibilidades a la vista y con plazos hasta de treinta días con respecto a las exigibilidades del mismo orden, estaban en proporción de 109,67 %.[35]

Como dijimos arriba, tanto la Constitución como la Ley de Bancos (Art. 29) prohíben el curso forzoso del billete de Banco. Pero una prohibición legal solo es efectiva si se realiza en la práctica. Ahora bien, de hecho, cuando en una región el billete de Banco forma buena parte del numerario en circulación y no existe ninguna agencia del Banco emisor, como sucede en esta región andina en el caso de todos nuestros Bancos de emisión, excepto uno, el billete de Banco circula como si fuera de obligatorio recibo. La persona que debe recibir un pago puede negarse, y algunas veces lo hace, a recibirlo en billetes de Banco, y la Ley le daría la razón. Pero en la mayoría de las veces el pagador no dispone de otro numerario y el rehuso resulta inoficioso. Este curso obligatorio que, en la práctica, tiene el billete de Banco entre nosotros y en los países que puedan encontrarse en nuestras mismas condiciones, tiene sus inconvenientes, que provienen, en primer lugar, de que forma buena parte del numerario en circulación, sin ser, legalmente, de obligatorio recibo sino para el Banco que los emite; en segundo lugar, de la pluralidad de los Bancos de emisión y de la diversidad de sus tipos de billete; y, finalmente, del hecho de que la generalidad de los que circulan, por lo menos en esta parte del país, se encuentran sucios y rotos. En fin, creemos que la presencia del billete de Banco en nuestra circulación monetaria tiene sus inconvenientes que, en ciertas circunstancias, podría convertirse en una influencia perturbadora de nuestro sistema monetario.

Pero los inconvenientes de orden monetario que dejamos anotados no es de creerse que hayan ejercido sensible influencia en el curso de nuestro cambio. La causa debe más bien buscarse en la defectuosa manipulación de la reserva de oro.

La manipulación de la reserva áurea

En el comercio internacional, lo regular es que las mercaderías y los servicios se pagan con mercaderías y con servicios. Esto es lo que en realidad sucede

---

35 «Cuadro de balance de los Bancos nacionales y extranjeros el 30 de junio de 1930», *Boletín de la Cámara de Comercio de Caracas*, de diciembre de 1930.

siempre, si se consideran largos periodos de tiempo. En general el debe y el haber en el comercio entre dos países nunca se equivalen, pero el equilibrio se restablece en virtud de operaciones triangulares, es decir, operaciones en las cuales intervienen tres o más países, que son la norma en el comercio internacional.

El medio usual de pago en el comercio internacional es la letra de cambio, cuyo precio se rige por la ley de la oferta y la demanda. Es claro que cuando la balanza de cuentas de un país es deficitaria y los pagos al exterior no pueden, por consiguiente, saldarse mediante compensación, el precio de la letra de cambio encarece. En un país que tenga patrón de oro, tal alza no puede nunca exceder los límites del gold point. Pasados estos límites es indispensable recurrir al envío de oro.

El curso de nuestro cambio hace mucho que se encuentra por encima del gold point y, sin embargo, no ha ocurrido ninguna exportación suficiente de oro,[36] ni tampoco se han tomado otras medidas que equivalgan en sus efectos a dicha exportación. Nuestros Bancos de emisión poseen una reserva de oro que excede a las exigencias de una circulación sana —y dicho excedente ha permanecido inactivo o esterilizado, para decirlo en la jerga de los banqueros. El hecho de que no se haya exportado suficiente cantidad de oro, ni se hayan tomado otras providencias, indica que debe existir en alguna parte un malentendido con respecto al significado de la reserva de oro.

A este respecto tal vez sea oportuno citar aquí las palabras pronunciadas por el doctor E. W. Kemmerer, el eminente profesor de economía y finanzas de la Universidad de Princeton, en la 39.ª reunión de la American Economic Association, que se celebró en San Luis en diciembre de 1926. En ese discurso el doctor Kemmerer, al referirse a las comisiones gubernamentales de expertos, enunció «ciertas falacias muy comunes y extensamente aceptadas», «responsables de mucha legislación financiera defectuosa que se encuentra en países económicamente nuevos». Dichas falacias son: la de la confusión entre

---

36 Las considerables cantidades de oro que se han comprado en estos últimos meses en estas regiones nos hace presumir que se ha venido exportando oro clandestinamente. En Maracaibo el oro ha llegado a alcanzar una prima de 12 %. Y precisamente, la existencia de tal prima nos ofrece la mejor confirmación de que la moneda de oro no es la corriente, y de que los otros elementos de nuestra circulación monetaria no son convertibles en oro a la par.

el dinero y el capital; la del saldo comercial, que supone que el oro circula en el comercio internacional obedeciendo a leyes económicas fundamentales, distintas de las que rigen los demás productos, y que el país que tiene el llamado saldo comercial desfavorable no puede en manera alguna mantener el patrón oro; y, por último,

la que consiste en creer que la reserva de oro sirve únicamente como respaldo al papel moneda, para inspirar confianza en él, y ayudarlo a mantener su valor oro. El oro no tiene que pagarse; es suficiente que el público sepa que está guardado en reserva; y el valor en oro del papel moneda varía, se supone, de acuerdo, en cierta manera, con el tanto por ciento de la reserva muerta que le respalda.

Una gran mayoría de los administradores financieros y de los banqueros del mundo todavía ignora el hecho económico fundamental de que una reserva de oro es, esencialmente, un fondo regulador y no un fondo de respaldo, y que su función principal consiste en ser usada, así como en el grado en que se la emplea para ajustar el abastecimiento de papel moneda y de crédito bancario a las fluctuantes demandas del comercio, restringiendo el numerario y el crédito en circulación en tiempos de relativa escasez. El movimiento mundial en pro de una vuelta al patrón de oro se apresuraría grandemente si este principio fundamental pudiera ser comprendido por las respectivas autoridades, y si se pudiera abandonar la presente política de tratar la reserva de oro como algo sagrado que ha de mirarse pero no usarse.[37]

Hablando de la política monetaria de Francia durante una época reciente, dice el economista Gide:

La exportación del oro estuvo prohibida durante toda la duración de la guerra, pero terminado el conflicto, tal prohibición no podría continuar sin descalificar la Francia en los mercados del mundo, porque decir que será prohibida la exportación del oro equivale a significar que la Francia no podrá nunca pagar sus compras ni sus deudas en moneda que tenga curso internacional.[38]

---

37 «Trabajo económico consultivo para los gobiernos», por E. W. Kemmerer, Boletín de la Unión Panamericana, noviembre de 1927.

38 Obra citada, Vol. 1, pág. 476.

La política de los Bancos de emisión, detentares de la reserva de oro, puede tener resultados análogos a los de una prohibición de exportación.

Lo que implica un cambio bajo

Los días que siguieron a la Guerra Mundial nos permitieron observar repetidas veces el desenvolvimiento de una crisis monetaria. Entonces nos fue dado palpar los efectos de la depreciación de la moneda en sus diversas fases, desde las más leves hasta las extremas. Muchos que nunca habríamos tenido la curiosidad de estudiar las cuestiones monetarias, supimos de ellas por experiencia, y pudimos apreciar la importancia que el sistema monetario tiene en la vida económica, social y política de un país.

Una moneda que se deprecia rápidamente hasta perder todo su valor — como sucedió con el marco alemán o la corona austríaca, por ejemplo— se convierte en una maquinaria gigantesca de redistribución de la riqueza, que trabaja día y noche y trabaja ciegamente. Despoja a una clase de su riqueza y la regala a otra. Los acreedores ven desmigajarse sus acreencias mientras los deudores miran con alivio que se aligeran sus obligaciones. Las rentas se evaporan sin remedio, y la remuneración de los servicios a salario fijo se reduce incesantemente hasta llegar a casi cero. Los precios interiores tardan tiempo en nivelarse con los precios exteriores, y el costo de bienes y servicios para el que los paga en oro llega a ser ridículo. Con estos precios interiores en zaga a los precios exteriores, las industrias se colocan en una situación privilegiada para hacer una concurrencia invencible a las de los países de moneda estable. Todos los negocios, que deben ajustar se incesantemente a una moneda inestable, se tornan arriesgados y se hacen al día. El riesgo favorece, casi puede decirse que impone, la especulación. Nadie ahorra en una moneda que se volatiza. El proceso de acumulación del capital y las empresas a largo vencimiento, los dos fenómenos más típicos y que dan el mayor mérito al capitalismo, desaparecen. Cuando la moneda ha perdido gran parte de su valor tiende a ser sustituida por una moneda estable. La moneda pierde, pues, en todo o en parte, dos de sus funciones: deja de ser medio de tesaurización y medio de intercambio. Cuando llega el día de estabilizarla y de la rendición de cuentas, se encuentra que casi todo el capital líquido se ha volatilizado, y que es necesario afrontar el difícil reajuste de toda la vida económica y financiera.

Esta es la fase extrema de la depreciación. Las otras fases presentan los mismos fenómenos con intensidad proporcional. Aun depreciación tan leve, como la que sufre nuestra moneda, produce sus consecuencias perceptibles. Unas, al parecer, son favorables; otras, perturbadoras. Los productores de artículos de exportación se benefician en la proporción de la prima que tiene la moneda en que venden. Los fabricantes que trabajan para el mercado interior también se benefician en la medida en que sus costos permanecen invariables. Los deudores ganan en cierta manera, sobre todo aquellos que pagan con productos exportables. La depreciación crea una situación difícil y, en general, desfavorable para los importadores, los banqueros y los acreedores. Los mayores inconvenientes provienen de la inestabilidad, que dificulta los negocios con el exterior, que no permite sino los negocios al día y que favorece la especulación.

Los remedios practicados

Cuando la depreciación de una moneda es extrema, como fue el caso del marco alemán, de la corona austríaca o del rublo ruso, el establecimiento de una nueva unidad monetaria es inevitable. El establecimiento de la nueva moneda, para ser eficaz, debe ir acompañado de un empréstito que asegure la confianza y permita proveer a ciertas necesidades urgentes, de la creación de un Banco central independiente, dotado de la estructura que hoy se considera indispensable, del equilibrio del presupuesto y de una política económica favorable a la acumulación del capital y al incremento de la producción.

Cuando se trata de una moneda que ha sufrido una depreciación menos seria, pero, sin embargo, considerable, como fue el caso del franco o de la lira, la práctica consiste en procurarse mediante empréstito o en otra forma los recursos indispensables, equilibrar el presupuesto y tomar las demás medidas que permitan que la moneda alcance un nivel estable. Una vez obtenida la estabilización se establece a dicho nivel la nueva moneda.

Cuando se trata de una depreciación todavía menor, como fue la de la libra esterlina o la del yen japonés, la completa revalorización es posible. En estos casos la paridad puede restablecerse mediante el saneamiento de la situación financiera, y el empleo de la reserva de oro o del empréstito extranjero que se haya obtenido con tal fin. Tanto Inglaterra como el Japón consiguieron empréstitos en los Estados Unidos, que nunca llegaron a usarse.

Estos medios —empleo de la reserva de oro, alza de la tasa de descuento, obtención de créditos extranjeros— habrían podido emplearse con buen éxito para impedir la depreciación de nuestra moneda. En las actuales condiciones, depreciada ya en medida sensible, tal vez no sea aconsejable la revalorización inmediata y total. Lo más conveniente, en nuestra opinión, sería la revalorización gradual, como ocurrió después de la crisis de 1919-1920.[39] El principal inconveniente que puede temerse es la prolongada instabilidad, pero si nuestros institutos bancarios lograran mantener el cambio bajo control —mediante el envío a Nueva York, por ejemplo, para ser colocada en calidad de depósito, de parte de la reserva de oro, como lo han hecho los Bancos centrales de Colombia, Chile, etc.— de manera que la revalorización fuera lenta, casi imperceptible, sus efectos perturbadores podrían reducirse al mínimum.

El balance de los años prósperos

Venezuela, es preciso notarlo, hubo de afrontar esta crisis en condiciones, por muchos respectos, excepcionalmente favorables. Durante varias años el café y otros artículos de exportación disfrutaron de precios altos. El desarrollo de la industria petrolera vino a aumentar nuestra producción y nuestras exportaciones, y trajo al país cuantiosas sumas por concesiones, regalías, impuestos y gastos de explotación. Nuestra balanza comercial alcanzó, durante los últimos diez años, un saldo activo de más de Bs. 1.000.000.000.[40] Las inversiones de

---

39   Sobre todo para los productores de géneros de exportación sería inconveniente la revalorización inmediata. Si nuestra moneda volviera repentinamente a la par, el quintal de café perdería en el mercado interior de Bs. 8,50 a 10,50, según sea trillado o lavado. Igual cosa pasaría con los demás artículos de exportación.
40   Los saldos de nuestra balanza comercial, durante los últimos diez años, fueron como sigue:

1921 Bs. 38.000.000,00 (+)
1926 Bs. 16.978.922,72 (-)
1922 ... 37.000.000,00 (+)
1927 ... 80.525.775,40 (+)
1923 ... 4.000.000,00 (+)
1928 ... 942.449,75 (+)
1924 ... 2.438.223,77 (-)
1929 ... 708.096,45 (+)

capitales extranjeros durante el mismo periodo debieron superar a los Bs. 1.000.000.000.[41] Nuestra balanza internacional de pagos, si aceptamos el indicio que nos da el cambio de esos años, fue activa. Igualmente satisfactoria ha sido nuestra situación financiera. Nuestro presupuesto se ha cerrado regularmente con superávit, y la existencia de un sobrante considerable en las arcas del Tesoro Nacional ha sido la regla. Debido a la sabia política seguida por el régimen acaudillado por el General J. V. Gómez, nuestro país no ha incurrido en nuevas deudas durante los últimos años y ha pagado, por el contrario, la totalidad de su deuda exterior y, en considerable medida la interna. Nuestra situación monetaria se mantuvo sólida.

Nuestra situación económica al presentarse la crisis era, pues, bajo todas las apariencias, sólida. Sin embargo, no podemos saber cuán sólida. Sabemos que nuestra balanza internacional de pagos fue activa durante esos años, pero no podríamos decir a cuánto alcanzan los sobrantes, pues no disponemos de estadísticas relativas al monto de los capitales emigrados al extranjero, ni de las sumas enviadas para satisfacer las rentas de los capitales extranjeros invertidos en Venezuela, ni de los gastos de viajeros, estudiantes y residentes venezolanos

---

1925 ... 26.327.806,10 (+)
1930 ... 944.691,80 (+)
> Para este cuadro se han consultado el *Annuaire Statistique International*, publicado por la Sociedad de las Naciones en los últimos cuatro años para 1921-1923; los dos volúmenes de la Estadística Mercantil y Marítima, correspondientes al año 1929, para los años 1924-1929; y la «Introducción» a la Memoria del Ministro de Hacienda correspondiente al presente año, y reproducida en *Boletín de la Cámara de Comercio de Caracas*, de mayo de 1931, para el año de 1930.
41   De acuerdo con Max Winkler las inversiones de capital americano en Venezuela durante los años 1924-1928 fueron las siguientes:
> 1924 ... $ 11.590.000
> 1925 ... 61.000.000
> 1926 ... 56.800.000
> 1927 ... 2.825.000
> 1928 ... 26.350.000
> Total $ 158.565.000
> No disponemos de datos detallados sobre las inversiones de capital británico, pero según el mismo Max Winkler sumaban en 1913 $ 41.350.000; y en 1929 $ 92.141.000, y es de suponerse que la diferencia entre estas dos cifras debe provenir de inversiones hechas en los últimos diez años.
> Véase: *Investments of United States Capital in Latin America*, por Max Winkler, Boston, 1928, págs. 175-176 y 285.

en el extranjero, ni tampoco de los que Venezuela paga anualmente por fletes, comisiones bancarias, seguros y otros servicios de menos importancia.

Durante los años de prosperidad habríamos podido descubrir en esa situación de apariencias tan favorables ciertos aspectos adversos. Los beneficios de la industria petrolera no podían ser los que esperábamos. Es verdad que esta industria aumentó el volumen de nuestra producción y de nuestra exportación, acreció la productividad del trabajo nacional, y apresuró mejoras en nuestras comunicaciones con el exterior y en nuestras facilidades para el comercio extranjero. Sin embargo, por su índole y por la estructura particular que ofrece en Venezuela, esa industria es, desde el punto de vista económico, una provincia extranjera enclavada en nuestro territorio, y el país no obtiene ventajas con las cuales podamos estar jubilosos, por más que sean, en cierto sentido, satisfactorias. Hay que ver que gran parte de las sumas correspondientes a las exportaciones petroleras se quedan en el extranjero para satisfacer rentas de capitales extranjeros invertidos, maquinaria y aprovisionamientos extranjeros, fletes de navíos extranjeros, altos empleados extranjeros. Repentinamente, sin consideraciones excesivas para nosotros, aun cuando tal vez con causas justificadas, reducen un día sus explotaciones, dejando sin trabajo a millares de venezolanos y sumidas en la crisis ricas regiones venezolanas.

Nos castigan, sin que alcancemos a adivinar el porqué, con vendernos sus productos a precios mayores de los que obtienen en el extranjero. En fin, el desarrollo de la industria petrolera no ha sido sino un bien relativo.

En lo que atañe al superávit de nuestra balanza de pagos, cabe preguntarnos: ¿Se economizó? ¿Se convirtió en reserva del país? ¿Se empleó en inversiones útiles, susceptibles de aumentar la productividad del país? No se puede responder con un sí o un no absolutos a estas preguntas. Pero, en general, puede afirmarse que fue mucho mayor la parte que se empleó en consumo inmediato y en inversiones, más propias para aumentar los gastos futuros que la futura productividad del país. Muchos de los beneficiados por los años de prosperidad y otros por seguir su ejemplo fueron los constructores de lujosas mansiones, los pródigos viajeros de los viajes de placer, los consumidores de automóviles, vitrolas, licores, sedas, prendas, perfumes y otros artículos de lujo.[42] En cambio,

---

42 Durante el año de 1929 las importaciones de artículos que no son de primera necesidad componen una suma de cierta importancia. Las correspondientes a los artículos comprendidos en los siguientes renglones suman más de Bs. 68.000.000: Vehículos

la producción de artículos de exportación vernáculos, los que verdaderamente aumentan la riqueza del país, ha permanecido estacionaria.[43] El *homo economicus* latinoamericano pertenece a una forma económica que podríamos llamar economía de consumo, para adoptar la denominación que Werner Sombart ha dado a la economía del mundo medieval. La vida económica latinoamericana, en

(automóviles, motocicletas, bicicletas y accesorios, llantas de caucho, tripas, gasolina y productos lubricantes) Bs. 36.840.000

Sederías (artículos de seda no especificados, telas de seda animal, artificial y mezclada, ropa de seda, medias de seda, corbatas de seda) 7.920.000

Licores (brandy, whisky, vinos, cidra, cerveza, ginebra, ron, licores dulces) 10.720.000

Artículos de perfumería y tocador (perfumes, lociones y aguas para el tocador, aceites perfumados, jabones perfumados, polvos, motas para polvos, atomiza dores y perfumadores, cosméticos, pomadas y preparaciones para el pelo, y el cutis, adornos para la cabeza) 2.450.000

Fonógrafos (fonógrafos, accesorios y discos) 3.690.000

Artículos de modas (encajes, pasamanería, bolsas de mano, sombreros adornados) 4.690.000

Artículos de joyería (artículos de oro, artículos de metal con baños de oro, prendas finas y falsas, perlas falsas, piedras preciosas, artículos de platino) 2.110.000

Estas cifras tienen valor aproximado y solo se ofrecen a título de ilustración. Los diversos renglones no contienen todas las partidas que en rigor deberían contener, sino solo las que se mencionan en cada caso. Consideramos que estas categorías de mercaderías no son de las llamadas de primera necesidad, pero nos damos cuenta de que las importaciones correspondientes al ramo vehículos, por ejemplo, pueden considerarse en buena parte como económicas, susceptibles de aumentar la productividad del país.

43 Una rápida ojeada a las estadísticas contenidas en el *Annuaire Statistique International*, que publica desde 1927 la Sociedad de las Naciones, en: *Les questions agricoles au point de vue international*, preparado en 1927 por el Instituto Internacional de Agricultura de Roma para la documentación de la Conferencia Económica Internacional y del cuadro sintético denominado «Venezuela-A Tabular Guide to Economic Conditions», aparecido en *Commerce Reports*, órgano del Departamento de Comercio de los Estados Unidos, correspondiente al 23 de abril de 1928, basta para convencernos de que nuestra producción de café y de cacao no ha aumentado sensiblemente, ni en valor ni en cantidad, desde 1913. Si de las cifras absolutas pasamos a las relativas, encontramos que, en lo que respecta a estos dos productos, nuestro país no ha podido mantener su rango entre los productores mundiales. Ya avanzada la preparación de este trabajo nos llega el número de mayo corriente del *Boletín de la Cámara de Comercio de Caracas*, el cual contiene, bajo el título «Situación general», algunas oportunas y documentadas consideraciones sobre la situación económica del país. En vista de los cuadros de nuestras exportaciones desde 1910, el articulista llega a la conclusión de que «la producción ha tenido un aumento escaso en lo que se refiere al café; es estacionaria, con una ligera tendencia al aumento, en la producción de cacao, y para los otros productos es regresiva».

cuanto son latinoamericanos sus protagonistas, no parece estar dominada por el espíritu faustiano del capitalismo —lo cual tal vez constituye una fortuna— que da a los hombres la sed de dinero, la sed de dominio; que les infunde el espíritu de empresa y los aburguesa, es decir, los vuelve metódicos, racionalistas, con su inteligencia y su voluntad tendidas hacia un fin; que les arranca, finalmente, del círculo de una economía estática, dirigida solo al sustento y al goce, y los lanza al tumulto de la economía por la ganancia. En general, el latinoamericano, al adquirir un capital más o menos considerable, se preocupa solo en transformarlo en cosas de uso o de lujo, y en goces y otros empleos extraeconómicos. La persona que ha acumulado el capital o, en todo caso, sus hijos, se retiran a su pueblo, a la capital o a París, a vivir de sus rentas, y desertan la producción.[44]

En previsión de la próxima crisis

Pero, en fin, ¿para qué detenerse a formular un cahier de doleances? Lo que importa más bien es tender nuestro espíritu hacia lo futuro, divisar los caminos más expeditos, y conducirnos de manera de estar preparados para cuando se presente la próxima crisis. Porque no hay esperanza de que nos libremos de estas crisis periódicas, mientras la economía mundial se mantenga desorganizada. Todo periodo de expansión desmedida de la actividad económica se traduce inevitablemente en una crisis, que es a la vez la reacción y el correctivo necesarios.

Todos están unánimes en que la actual crisis pasará, como pasaron las que la precedieron. Es solo cuestión de tiempo. Es seguro que después de la crisis las industrias de todo orden continuarán racionalizándose y mecanizándose, los costos de producción seguirán disminuyendo, y la concurrencia, por lo menos en lo que atañe a los productos que cosecha Venezuela, se hará más certera. Algún día ocurrirá un desequilibrio y se desencadenará otra crisis, y será para los que no se preparen en los días de la prosperidad mucho más ruinosa que la actual.

Todo progreso económico requiere cierta acumulación de capital, resultado que debe provenir, sobre todo, de una mayor productividad del trabajo nacional. La palabra de orden de nuestro mundo económico debe ser: racionalizar

---

44   Este fenómeno no es exclusivamente latinoamericano. Pero en los países latinoamericanos asume mayores proporciones y mayor significación que en otras partes. Es de notar, igualmente, que solo se consideran los fenómenos de masa.

nuestra vida económica. Todos nosotros, cada uno de nosotros, deberíamos tener esa consigna. En cada actividad económica, en cada industria, en cada cultivo, es necesario que nos esforcemos por adoptar la técnica más perfecta. Nuestras industrias fabriles prosperan, menos en virtud de su eficiencia que de un proteccionismo excesivo, que las dispensa de mucho esfuerzo. Algunas de ellas no cuentan con las condiciones que podrían asegurarle una prosperidad permanente, ni tampoco pueden ofrecer oportunidades para el empleo óptimo de nuestras fuerzas de trabajo. Nuestra agricultura es rudimentaria. No hay un solo cultivo en el cual Venezuela pueda servir de ejemplo al mundo. No hay un solo sector de nuestra vida económica en donde no se descubran posibilidades de aumentar la eficiencia, de acrecer la producción económica, de estímulos fecundos.[45] Al meditar un momento en nuestra vida económica, advertimos la necesidad de reformar nuestra educación, para levantar el nivel general de nuestra cultura; adecuar nuestro pueblo a las necesidades de la vida moderna; hacerlo partícipe del inmenso progreso técnico de las últimas décadas que nos viene llegando en forma incompleta y fragmentaria; para conseguir, en fin, nuestra capacidad económica y nuestra afinación espiritual. Y nos damos también cuenta de todos los beneficios que podría traernos una inmigración selecta. Tal inmigración contribuiría a la solución de muchos de nuestros problemas económicos y sociales. Acrecería nuestra riqueza, daría

---

45　Si examinamos los volúmenes correspondientes a 1929 de la Estadística Mercantil y Marítima, no es difícil divisar oportunidades para el establecimiento o expansión de ciertos cultivos e industrias, que parecen contar en nuestro país con condiciones favorables. Durante el año de 1929 Venezuela importó 58 millones de bolívares, por respecto de los siguientes artículos, que no sería imposible producir aquí en su totalidad: Aceite (de almendras, de coco, de linaza, de maíz y de olivas) 2.280.991,05 Bs.
Algodón en rama 1.212.972,25
Arroz (en grano y molido) 5.313.411,95
Cemento romano 6.161.478,20
Despojos animales (preparados y sin preparar) 2.816.529,50
Frutas (frescas, pasadas, secas, en su jugo y conservadas en aguardiente) 2.490.027,85
Harinas (de maíz, papas y trigo) 10.044.565,70
Huevos de aves 275.833,35
Leche conservada 2.096.428,60
Legumbres y hortalizas (preparadas y sin preparar) 727.116,10
Maderas 12.355.109,05
Manteca de cerdo y tocino 7.481.036,30
Mantequilla 3.467.405,70
Papas 1.454.421,55

solidez a nuestra economía y podría hacer mucho para educarnos. Cada familia de inmigrantes selectos podría influir en nuestra transformación tanto como una buena escuela. Por otra parte, si, como es de preverse, después de la crisis actual nuestros países latinoamericanos llegaran a convertirse en el campo de inmensas inversiones de capital extranjero, la inmigración del capital humano —hombres formados, educados y dotados por un país extranjero, capital el más fácilmente nacionalizable en países nuevos— puede ofrecernos la necesaria compensación y ayudarnos a mantener inviolada nuestra autonomía.

Los problemas monetarios y de crédito

Dada la índole de este trabajo, queremos extendernos un poco más extensamente sobre los problemas monetarios y de crédito.

Nuestro patrón oro tiene leves defectos de estructura, y otros vicios que provienen de defectuoso funcionamiento, aun cuando, como hemos dicho, nuestra circulación monetaria puede considerarse sana. Nuestros Bancos de emisión tienen el defecto de ser varios,[46] lo cual dificulta la unidad de control del crédito y del cambio, y de pertenecer a un tipo híbrido de Banco de emisión y de depósito, que ya no se encuentra en ningún país económicamente importante. Todos los Bancos centrales creados en el mundo en los últimos años guardan cierta analogía con el Banco Federal de la Reserva de los Estados Unidos, el cual ha demostrado su eficacia y solidez en las últimas crisis económicas.

Pasaremos en revista la estructura y organización de algunos de dichos Bancos. Tomemos para el caso el de Colombia, uno de los Bancos establecidos por míster Kemmerer en varios países de América y de Europa. Bancos que han dado pruebas de su solidez y excelente organización durante la actual crisis. El Banco de la República, creado por la Ley N.º 25 de 1923, es la piedra angular del sistema bancario de la Nación, y fue instituido principalmente con el objeto de atender a la unificación del sistema monetario y de la estabilización de los

---

46　La práctica general en materia de emisión de moneda, práctica que responde al interés público, es la del monopolio. Italia fue el último país económicamente importante en concentrar la emisión de billetes, que antes estaba en manos de los Bancos de Italia, Nápoles y Sicilia, en el solo Banco de Italia. «La multiplicidad y la diversidad de los billetes —dice Gide— es, por otra parte, tan incómoda, que aun en los países en donde la libre concurrencia está admitida para la emisión de billetes, como en los Estados Unidos, se ha debido imponer a todos los Bancos el mismo billete y aun hacerlo fabricar por el Estado.» Gide, Obra citada, Vol. 1, págs. 569-70.

cambios. El capital del Banco es de 10.000.000 de pesos, dividido en acciones de 100 pesos cada una. La mitad del capital fue suscrito por el Gobierno Nacional, y las acciones corresponden a la Clase A. Las acciones de la Clase B son las suscritas por los Bancos nacionales. Las de la Clase C pueden ser adquiridas por los Bancos extranjeros establecidos en Colombia. Los Bancos nacionales y extranjeros, miembros del Banco, deben suscribir una suma igual al 15 % del monto del capital pagado y de las reservas. Se considera como capital y reserva de un Banco extranjero los empleados efectivamente en el país. Las acciones de la Clase D podrán venderse al público.

La administración del Banco de la República está a cargo de una Junta Directiva compuesta de 10 miembros, de los cuales 3 serán nombrados por el gobierno, 4 elegidos por los tenedores de acciones de la Clase B, 2 por los tenedores de acciones de la Clase C, y uno por los tenedores de la Clase D, siempre que se hubieren emitido acciones de dicha clase por un monto no menor de 500.000 pesos.

Para inducir a los Bancos domésticos y extranjeros a ser accionistas del Banco de la República, la Ley prescribe que todo Banco, exceptuado el Banco de la República, deberá garantizar los depósitos a la vista con una reserva de caja de 50 %, y los depósitos a plazo con un 25 %, excepto en el caso de que se trate de Bancos accionistas del Banco de la República, y en este caso dicha reserva será reducida a la mitad, esto es, 25 y 12 y 2, respectivamente. La Ley de 17 de junio de 1925 redujo todavía dichas reservas al 15 y 5 %, respectiva-mente, para los Bancos que se comprometieran a no cobrar más del 2 %, sobre el tipo de descuento del Banco de la República, sobre efectos comerciales de la clase que éste redes cuenta.

El Banco de la República puede recibir depósitos y practicar operaciones bancarias, pero de las generalmente permitidas a instituciones de su índole, esto es, solo puede negociar letras y papeles comerciales a noventa días vista, excepto en el caso de papeles agrícolas y pecuarios. No puede extender crédito en cuenta corriente a descubierto, ni descontar o redescontar efectos comer-ciales que no posean más de dos nombres de firmas responsables, excepto en el caso de que exista la garantía de un conocimiento de embarque, o documento análogo, que permita la venta de la mercadería. El Banco no puede invertir su capital ni tomar participación en transacciones sobre valores de carácter especulativo, acciones en general e inmuebles. El Banco podrá invertir sus fondos en bonos u obligaciones del Estado, de los Departamentos y de los Municipios, y hacer empréstitos a dichas entidades; pero tales empréstitos no podrán nunca exceder del 30 % del capital y reservas del Banco, y las operaciones respectivas deberán ser aprobadas por siete miembros, por lo menos, de la Junta Directiva.

Aun cuando, según las previsiones, todos los negocios del Banco deberán ser transados con los Bancos accionistas, con el objeto de aumentar su capacidad de rendimiento, y con el fin de hacer efectivo el control de la tasa del interés y de la circulación monetaria, se le permite negociar directamente con el público, con sujeción a las restricciones de esta clase de operaciones. El Banco puede recibir depósitos a la vista, comprar y vender oro y negociar letras de cambio, tanto nacionales como extranjeras, de las elegibles para descuento.

Por fin, el Banco de la República tiene el poder exclusivo de emitir moneda, y el gobierno se obliga a no emitir ni permitir que se emita moneda u otra forma de numerario que pueda circular en tal calidad. El Banco deberá mantener una reserva de oro de 60 % de los billetes en circulación y los depósitos.[47]

El Banco Federal de la Reserva de Australia es obra del gran experto financiero Otto Niemeyer. Según el preámbulo de la Ley que lo establece el Banco «tiene por objeto mantener la estabilidad y seguridad del sistema monetario y de crédito del Commonwealth». Como su mismo nombre lo indica, este Banco sigue el modelo del Banco Federal de la Reserva de los Estados Unidos. Una característica digna de nota, en lo que respecta a este Banco, son las limitaciones de que se rodean sus operaciones. El Banco «no podrá hacer préstamos hipotecarios, ni ejercer el comercio, aceptar depósitos o llevar cuenta corriente con interés, excepto con el Commonwealth y los Estados federados, o hacer préstamos y adelantos sin garantías, excepto al Commonwealth o a los Estados de la Federación».[48]

Un Banco central de emisión, para el cual se aprovechara nuestra propia experiencia y la de otros países, y que siguiera los mejores modelos, podría dar mayor solidez, y al mismo tiempo mayor flexibilidad a nuestro sistema monetario, y permitir la unidad y la efectividad del control sobre la tasa de descuento y sobre nuestro cambio.

---

47   *Colombian Public Finance*, por Charles A. McQueen -U. S. Department of Commerce, Washington, D. C., 1926.
48   *The Banker*, de Londres. Mayo de 1930.

Estrechamente asociado a los problemas monetarios está el sistema de crédito. En países que han alcanzado un alto grado de desarrollo económico, el volumen del crédito bancario es más importante que el de la moneda en circulación, y es aquél el factor que principalmente influye en el nivel general de los precios y en la marcha de los negocios. Por esto, los economistas que hoy estudian los problemas monetarios lo hacen en unión del crédito bancario. La «moneda manipulada» (managed currency) de Keynes y otros expertos en cuestiones monetarias es una moneda híbrida, que resulta de la fusión de la moneda propia mente dicha, con las varias formas de moneda fiduciaria y los depósitos bancarios.

En lo que concierne a nuestros Bancos de comercio, no es de dudarse que, estudiados con el debido detenimiento, podrían sugerirse importantes mejoras. Los Bancos de Depósito desempeñan o pueden desempeñar un importante papel en nuestra vida económica. Mediante la mejor utilización de su propio capital y del que se les confíe; merced a un esfuerzo tenaz para implantar en beneficio de los productores, todas las facilidades y servicios de los más adelantados Bancos modernos, nuestros institutos podrían ejercer una acción fecunda en el desenvolvimiento de nuestra vida económica.[49] Tal vez no es exagerado ni injusto decir que nuestros Bancos no podrían contarse entre los más modernos. Pertenecen, en general, a ese viejo tipo que solo cuenta con su propio capital. Entre sus actividades guarda particular importancia, si se compara a este respecto con los Bancos modernos, el crédito hipotecario, la inversión menos líquida, la menos móvil, la más congelada. El Banco moderno, es sobre todo, un instituto de mediación de crédito. Su negocio consiste en recibir capitales que,

---

49 Tal vez sea oportuno citar aquí un fragmento del discurso pronunciado en la Asamblea General de la Asociación Bancaria Italiana, el 23 de mayo de 1923, por Alberto de Stefani, el gran Ministro de Finanzas del régimen fascista italiano: «Los institutos de crédito —dijo— tienen una misión decisiva en la vida económica de la Nación, porque todo el plan de desenvolvimiento de sus energías productivas está subordinado a sus apreciaciones y por ellas controlado. A vosotros incumbe, señores, la altísima misión de distinguir las buenas de las malas empresas, de regular sus dimensiones en relación con las posibilidades concretas, de contener o promover su desarrollo en vista de su más económica organización. La floridez de vuestros institutos no depende de actos de pura especulación, de infecundos desalojamientos de riqueza, sino del modo como sabréis potenciar, mediante la diaria desmovilización de su poder adquisitivo, los planes y las actividades de los emprendedores». *Discorsi*, por Alberto de Stefani, Milán, 1923, pág. 228.

en manos de sus propietarios, permanecerían inactivos e infecundos, incapaces de grandes cosas, y encontrarle la utilización más completa, y a la vez, la más segura, la más líquida y la más remuneradora. Las operaciones que están en el primer plano de las actividades del Banco moderno son las de financiación de comercio, de colocación de valores industriales o públicos, participación y dirección en las industrias, de gestión de patrimonios, administración de herencias y otras practicadas por los llamados trusts de los ingleses; y, por último, las de los investments trusts, que tanto se han multiplicado en los últimos años en los Estados Unidos e Inglaterra.

Está en el interés de nuestros Bancos nacionales reforzar su estructura y modernizar su organización y sus funciones. No es imaginario el peligro de que, en ciertas circunstancias, puedan ser supeditados por los Bancos extranjeros.[50] Estos son, en general, Bancos de gran magnitud,[51] y que por este hecho están en condiciones de ofrecer facilidades mayores y más económicas que un Banco pequeño o mediano. Los Bancos nacionales, no cabe duda, afrontarán estos problemas con plena conciencia de la misión que desempeñan en la economía del país.

---

50 No disponemos de estadísticas que nos permitan conocer el movimiento total de nuestros Bancos, tanto nacionales como extranjeros, pero las estadísticas de que podemos disponer sí nos dicen que el monto de los depósitos, cuentas acreedoras de corresponsales del exterior, créditos comerciales, cartas de crédito y giros sobre el exterior, en poder de los Bancos nacionales, es de Bs. 47.105.854,33, y los mismos en poder de los Bancos extranjeros alcanzaban a Bs. 119.183.132,58, o sea mucho más del doble. Ni aun en este respecto, las estadísticas que hemos consultado son completas, pues no comprenden las sucursales que los Bancos extranjeros tienen establecidas en el interior del país. Véase: *Boletín de la Cámara de Comercio de Caracas*, de 1.º de diciembre de 1930.

51 En materia de servicios bancarios, como en materia de producción o de transportes, tiende a regir la ley de concentración. Un gran Banco tiene la posibilidad de emplear las mejores capacidades, de dar mejores servicios y darlos más económicamente que uno pequeño o mediano. En los últimos diez años han quebrado en los Estados Unidos cerca de 6.500 Bancos, casi todos pequeños o medianos. Actualmente se estudia allí la forma de remediar esta situación y todas las soluciones consideradas consisten en favorecer, en una u otra forma, al Banco grande. Véase: «What's wrong with the Banks», por J. G. Curtis, en: *The Nation*, del 17 de diciembre de 1930; «Bank Failures»; «The Problem and the Remedy», por J. M. Daiger, en: *Harpers Magazine*, de abril de 1931; «Our Banking System», por Alexander D. Noyes, Editor financiero, en *The New York Times*, del 22 de febrero de 1931; y la exposición presentada por Owen D. Young, el gran experto financiero a la Comisión del Senado de los Estados Unidos encargada de investigar la situación bancaria de ese país, publicada en *The New York Times*, del 5 de febrero de 1931.

La presente crisis pasará, como se cree generalmente, y como tiene que suceder, si no se derrumba el mundo capitalista, hipótesis infinitamente poco probable. Pero no transcurrirán muchos años antes de que vuelva a presentarse otra crisis. Es necesario que nos preparemos en los años prósperos, en los años de las «vacas gordas». Uno de los elementos de esa preparación es el perfeccionamiento de nuestro sistema monetario y de crédito, de manera que sea capaz de afrontar con éxito todas las contingencias.

Zea, mayo de 1931.

La carretera y el ferrocarril en Venezuela. Una equiparación imposible

En un libro reciente,[52] el gran pensador alemán Oswald Spengler, de merecida fama, filosofa sobre la crisis que desde hace dos años está suspendida sobre el mundo, y profetiza, con acento que nos recuerda el de los profetas de Israel, el fin de nuestra civilización faustiana. «Un día –dice– yacerá en fragmentos, olvidada muertos nuestros ferrocarriles y trasatlánticos, tan muertos como las calzadas de Roma o la Gran Muralla china, en ruinas nuestras ciudades gigantescas y nuestros rascacielos, como la vieja Menfis y Babilonia.»

Para Spengler la ruina que amenaza a nuestra civilización occidental se debe al excesivo desarrollo de la técnica del maquinismo, que ya está obrando contra las finalidades que parece perseguir. Spengler afirma que en todos los campos se advierte la tendencia de la grande industria a ser sustituida por la pequeña industria, más ágil y más satisfactoria desde muchos puntos de vista. Con esta tendencia coincide el retorno palpable del mundo a la ruralización.

Y aquí viene lo que interesa a nuestro artículo. La prueba de esta tendencia la ve Spengler en el auge general de la pequeña industria, el transporte por automóvil, a tiempo que la grande industria ferrocarrilera decae bajo el peso de su competencia.

No es el caso de aceptar ni de refutar las aseveraciones de Spengler, pero es evidente que el auge del automóvil y la decadencia del ferrocarril son hechos innegables.

El automóvil contra el ferrocarril

En todas partes la competencia del automóvil está resultando ruinosa para el ferrocarril. Aun en países como Alemania, Inglaterra y Suiza, por ejemplo, se ha hecho sentir esa competencia, a despecho de sus magníficos sistemas ferrocarrileros, completos y eficientes, aptos para satisfacer todas las necesidades del tráfico y del vasto movimiento de carga y pasajeros, que hace posible una gran reducción en el costo unitario del transporte.

Los Estados Unidos de América cuentan con la más vasta industria de transportes ferrocarrileros del mundo. Sus 377 ferrocarriles comprenden

---

52 *Men and Technics: A Contribution to a Philosophy of Life*, Oswald Spengler, Knopt, Nueva York, 1932.

una extensión total de 254.505 millas. En 1930 estos ferrocarriles transportaron 692.082.000 pasajeros, en viajes de un poco menos de 40 millas, y 2.123.811.000 toneladas de carga en una distancia de más de 100 millas. Los capitales invertidos en las empresas ferrocarrileras suman $ 20.168.783.000, en manos de 863.935 accionistas. En 1930 los ferrocarriles pagaron $ 2.614.732.742 en salarios a 1.525.481 empleados. Se trata, pues, de una industria gigantesca, que ocupa el segundo puesto en la vida económica del país, viniendo inmediatamente después de la grande industria agrícola; y que ha sido un factor de excepcional importancia en el desarrollo económico, político y social del país, hasta el punto de que puede afirmarse que los ferrocarriles estructuraron la Nación americana.

Y, sin embargo, con ser la inmensa industria de que hemos dado una idea; con haber sido ese factor decisivo de estructuración de la gran República; a pesar de contar con condiciones tan favorables para su desarrollo y prosperidad, los ferrocarriles han sido impotentes para librarse de la competencia de medios más modernos, más eficientes y más económicos de transporte.[53]

El transporte marítimo por el canal de Panamá; el transporte fluvial en la hoya del Mississippi, que ha tomado un desarrollo considerable en los últimos años; la conducción del petróleo y del gas por tuberías; el transporte de energía hidroeléctrica por líneas de alta tensión; y, *last but not least*, el transporte por automóvil, ha contribuido a restarle tráfico a los ferrocarriles y han sido las causas principales de la crisis que hoy sufren.

No hay duda de que la competencia más temible que tienen que afrontar es la constituida por el automóvil. Debido a su autonomía, rapidez y flexibilidad, a sus bajas tarifas, y sobre todo, a la comodidad y economía de su servicio de domicilio a domicilio (*door to door service*), el automóvil es hoy, en las distancias que pueden recorrerse en un día, es decir, las comprendidas dentro de un radio de 200 a 300 millas, según sea la carretera, sin rival y sin posible competencia. Pero no se crea que la competencia se limita solamente a los tráficos comprendidos dentro de ese radio de 200-300 millas. Los servicios de pasajeros, que antes eran locales, son hoy continentales y funcionan día y noche. Los

---

53   Véase sobre la crisis de los ferrocarriles estadounidenses los siguientes estudios: «The Railroad Crisis: The Causes and the Remedies», por Harvard University, y «*The Nation* Surveys Its Railroad Problem», del 28 de diciembre de 1930 y del 25 de octubre de 1931, respectivamente.

253

transportes por autocamiones se han apoderado de gran parte del tráfico de San Luis a la frontera de México. Aun el transporte de productos perecederos o averiables, como son los de lechería, se hace hoy en autocamiones refrigeradores, desde Wisconsin, en el corazón de la América, a los grandes centros del litoral del Atlántico, en una distancia de millares de millas, a un precio, inferior a un 20 %, al del ferrocarril.

Ante esta competencia desastrosa e insuperable, algunos sectores de la opinión pública solicitan la intervención del gobierno. Los intereses comprometidos en la industria ferrocarrilera son tan ingentes, que tal solicitud es muy natural. Algunos funcionarios de la administración también han intervenido en defensa de los ferrocarriles, y han invocado la ayuda del gobierno, pero es de observar que éste no ha considerado oportuno favorecer a ningún contendor. Es evidente que, en cuestiones como ésta, el gobierno atiende, en primer lugar, a consideraciones de orden político, y, frente a los intereses ferrocarrileros, están la grande industria automovilística y toda la América rural, que favorece la carretera. Pero, ciertamente, no estaría en el interés nacional ninguna tentativa de conservar viejos medios de transporte, cualesquiera que sean los intereses en juego y su interés histórico, cuando, como en el presente caso, van siendo sustituidos con ventaja para la economía pública por otros nuevos, más eficientes y económicos.

En Venezuela, los transportes por automóvil se desarrollaron en circunstancias que no guardan semejanza con las de otros países. No tuvieron que competir con sistemas ferrocarrileros completos, eficientes y prósperos, o se construyeron en zonas servidas por medios de transporte muy rudimentarios.

Las peripecias de nuestros ferrocarriles[54]

Desde la época de Monagas el Ministro Aranda abogó por la construcción de ferrocarriles en Venezuela. Más tarde, bajo la dictadura de Páez, el Ministro Rojas hizo esfuerzos para llevar a cabo el Ferrocarril de Caracas a La Guaira. Fue Guzmán Blanco quien en el periodo del Quinquenio, inició, por cuenta del Estado, varios ferrocarriles, entre los cuales el de Caracas a La Guaira y el de

---

54 Todos los datos de este capítulo han sido tomados del excelente estudio de los doctores Germán Jiménez y Vicente Lecuna, intitulado *Los ferrocarriles en Venezuela. Estudio económico*, Cámara de Comercio de Caracas, 1930.

Valencia a Puerto Cabello, construcción que debió ser abandonada por imposible, dadas las condiciones políticas y el atraso económico del país.

Después de que los hechos hubieron demostrado que el sistema de construcción por el Estado era impracticable en Venezuela, el gobierno del General Guzmán Blanco se decidió por el sistema de concesiones, otorgando su gobierno numerosos contratos.

Entre los principales alicientes puestos por el gobierno de Guzmán Blanco a los capitales que se invirtieran en la construcción de ferrocarriles, debe mencionarse el contenido en el decreto dictado el 1.º de octubre de 1883, que autoriza al Ejecutivo Federal a garantizar el 7 % de interés anual. Se acordaron, además, otros favores y franquicias. En algunos casos (Ferrocarril Central de Venezuela, Ferrocarril de Puerto Cabello a Valencia, Ferrocarril Bolívar, Gran Ferrocarril de Venezuela), el gobierno se obligó, además de garantizar el 7 %, a tomar participación en la suscripción de los capitales necesarios, mediante la entrega de títulos o acciones.

En otro caso (Ferrocarril de Carenero) se la acompañó con una subvención a fondo perdido. En otros (Ferrocarril de Caracas a La Guaira, Ferrocarril de La Ceiba a Sabana de Mendoza), el gobierno contribuyó solamente con la suscripción de capitales. Con la ayuda de estos cebos, el gobierno del General Guzmán Blanco pudo contratar la construcción de más de treinta ferrocarriles, muchos de los cuales no fueron aprobados por el gobierno del doctor Rojas Paúl, justamente alarmado por lo ingente de los compromisos contraídos.

Se puede afirmar que sin los alicientes al capital ofrecido por el General Guzmán Blanco, la construcción de nuestros ferrocarriles habría sido imposible o se habría retardado grandemente. Pero es un hecho que los contratos fueron apenas estudiados. La mayor parte de las líneas fueron tendidas a lo largo de las viejas carreteras, que quedaron inutilizadas, y los ferrocarriles adoptaron tarifas casi tan elevadas como las vigentes en las carreteras. No se formuló ningún plan para integrar esos ferrocarriles en un sistema eficiente y económico de comunicaciones, ni se acompañó su construcción de una política económica susceptible de fomentar la riqueza pública, mediante las garantías al trabajo, la colonización y la explotación racional de nuestros recursos. En fin, las previsiones optimistas del gobierno de Guzmán Blanco no pasaron de ser un sueño.

Durante todo el periodo de su existencia –aun durante los largos años en que monopolizaron los tráficos de las regiones servidas– el ferrocarril se mostró inadecuado para resolver el problema de nuestras comunicaciones de manera satisfactoria. Ya hemos dicho que las tarifas adoptadas por nuestros ferrocarriles difirieron muy poco de las existentes en las carreteras con que contaba Venezuela para la fecha de su construcción y que los ferrocarriles llevaron a la ruina. Debemos agregar que dichas tarifas eran hasta 28 veces más altas que las vigentes en Europa y en los Estados Unidos de América. A pesar del monopolio del tráfico y de sus tarifas elevadísimas, los ferrocarriles no llegaron nunca a gozar de franca prosperidad. Sus rendimientos fueron, en general, miserables, y las ganancias máximas han sido mediocres y enteramente eventuales. Los ferrocarriles no lograron contribuir al desarrollo de las regiones servidas y el tráfico se mantuvo estacionario, como puede verse en los cuadros respectivos. En algún ferrocarril se pudo registrar más bien una disminución.[55] Es evidente que tales ferrocarriles no podían o no supieron contribuir al desarrollo económico, político y social del país. Y, sin embargo, el gobierno de Venezuela ha tenido que pagar a esos ferrocarriles, para satisfacer los compromisos contraídos en los contratos de concesión, la considerable suma de Bs. 65.052.592,73, desembolso que constituye un buen ejemplo de lo que los economistas llaman pérdida seca.

Mediante rescate o por renuncia de las mismas compañías, el Estado se fue libertando de las cargas impuestas por los contratos de concesiones ferrocarrileras. La última obligación en quedar extinguida fue la referente al ferrocarril de Valencia a Puerto Cabello. Mediante el convenio suscrito el 24 de mayo de 1916, el Gobierno Nacional rescató la acreencia pendiente acumulada y el valor actual de la obligación futura, que sumaban un total de Bs. 23.126.250, por la cantidad de Bs. 4.712.000, dejando así liquidada la pesada herencia que le había dejado al país, por este respecto, el gobierno del General Guzmán Blanco.

El desenvolvimiento triunfal de la carretera en Venezuela

Cuando el gobierno actual de Venezuela, en 1910, afrontó el problema de nuestras comunicaciones, eligió, para resolverlo, con certera intuición, la carre-

---

55   En el ferrocarril de Puerto Cabello a Valencia el tráfico, que era de 41.152 toneladas en 1893, descendió a 10.773 en 1902.

tera, que acababa apenas de convertirse en un eficaz medio de comunicación. La primera vía en construirse fue la Carretera Central del Táchira, a la cual siguieron, con admirable continuidad y energía, muchas otras, que hoy están integradas en un sistema de comunicaciones, que medía para abril de 1930 una extensión total de 8.500 kilómetros —obra realizada con capital y trabajo nacionales, bajo la dirección de ingenieros venezolanos, y que constituye uno de los más honrosos títulos del gobierno actual.

La carretera y el vehículo automotor están resolviendo el problema de nuestras comunicaciones con singular acierto. Sus beneficios de orden económico, político y social han sido grandes e innegables. Las carreteras han enlazado y acercado las diversas regiones del país, un tiempo apartadas y hostiles: han contribuido a poblar y a activar las zonas incultas; han impulsado las comunicaciones intelectuales y sociales; han revuelto las gentes; han contribuido a nivelar el progreso de las varias regiones; han desarrollado el comercio interior, en fin, de muchos modos han acelerado el proceso de unificación y cohesión nacional. Las carreteras han sido, para el gobierno, una ayuda para el mantenimiento del orden y la paz y un factor poderoso de estabilidad política.

Se deben poner de relieve los beneficios que la carretera ha procurado en el campo económico. Queremos, en particular, insistir en el abaratamiento de los fletes traído por la carretera. Es inútil hacer la confrontación en lo concerniente al tráfico de recuas. Pero sí puede ser de alguna utilidad la comparación entre la carretera y el ferrocarril. Aun hoy, después de que las empresas ferrocarrileras, debido a la competencia del automóvil, se han visto obligadas a bajar sus tarifas, el transporte por carretera resulta, en general, más barato que el transporte por ferrocarril. Así, para limitarnos a aquellos ferrocarriles y carreteras cuyos fletes conocemos, el Ferrocarril de la Estación Táchira a Encontrados cobra Bs. 0,605, aproximadamente, por tonelada-kilómetro; el de La Ceiba a Motatán, Bs. 0,675, aproximadamente, y el de Santa Bárbara a El Vigía, Bs. 1. Los fletes de nuestras carreteras son considerablemente más bajos. En el trayecto Tovar-San Cristóbal es de Bs. 0,19 a Bs. 0,30 por tonelada-kilómetro; en el de Tovar a El Vigía, de Bs. 0,30, y en el de Tovar-Puerto Cabello, de Bs. 0,29. Es decir, al flete ferro-carrilero, que va de Bs. 0,605 a Bs. 1 la tonelada-kilómetro, se contrapone el flete de carretera, que se mueve entre Bs. 0,20 y Bs. 0,30 la tonelada-kilómetro.

Es muy posible que en las actuales circunstancias los fletes por carretera ya no puedan descender sensiblemente. Pero no hay duda de que descenderán en lo futuro, con la ampliación y mejora de la calzada, que permita el tránsito de vehículos de mayor capacidad; con el aumento del volumen del tráfico y con el establecimiento de empresas más poderosas y mejor organizadas. En los Estados Unidos de América las tarifas de los autocamiones descienden hasta menos de Bs. 0,04 la tonelada-kilómetro. Es razonable pensar que pueda llegarse en nuestras tarifas a un nivel que sea equivalente del estadounidense, teniendo naturalmente en cuenta el mayor costo de los vehículos, de la gasolina y de otros gastos.

Para resumir, la carretera le ha permitido al país establecer una red de comunicaciones de una longitud de 10.000 kilómetros, más o menos, que ya ha rendido cuantiosos beneficios de orden económico, político y social. Nadie podría afirmar que con sus propios medios el país habría podido construir un sistema ferrocarrilero de igual extensión y capaz de rendir iguales beneficios.

Estas consideraciones justifican el favor unánime, o casi unánime, de que hoy goza la carretera en la opinión pública. Hubo algunas protestas de las compañías ferrocarrileras, lo cual era natural, de su parte. Sobre estas protestas dispuso ya una vez, al parecer definitivamente, el gobierno, por conducto del Ministerio de Obras Públicas.

En la Memoria presentada al Congreso Nacional en 1929, el señor Ministro de Obras Públicas, después de exponer cómo la carretera ha venido a satisfacer la necesidad que tenía el país de transportes rápidos y económicos, se refiere a algunas quejas de las compañías ferrocarrileras. Al respecto dice el señor Ministro:

Deploran las compañías ferrocarrileras en general que el mejoramiento y extensión de las carreteras realizadas por el Gobierno en los últimos años han traído una competencia con el automovilismo que aquéllas no pueden sostener, diciendo que la lucha es desigual por cuanto los ferrocarriles tienen que hacer grandes gastos para la conservación de sus caminos, mientras que los camiones no contribuyen a la conservación de los suyos, sino que se los conserva el Gobierno, que estos vehículos establecen libremente sus tarifas, mientras que las de los ferrocarriles están sometidas a control, y, por último, que el Gobierno está llamado a salvar a los ferrocarriles de la ruina ejerciendo alguna presión sobre el automovilismo para igualar sus fuerzas con las del contendor, y piensan que un impuesto, por ejemplo, sobre el camionaje sería una medida de equidad.

El gobierno, consciente de sus deberes, no ha dejado de pensar en la importancia que tiene para el país la subsistencia de los ferrocarriles, pero orientado siempre por su criterio por el bien público, está cierto de seguir el camino de la razón y de la justicia, exento de las perturbaciones que engendran los intereses particulares.

El primero de sus deberes es conservar y extender carreteras, lo que en otro tiempo era motivo de clamorosas demandas del país; desde 1910 el Gobierno ha hecho de eso una causa, a la que ha consagrado sus mayores desvelos. El segundo de esos deberes es el respeto de la libertad de la industria de transporte, en virtud del cual puede el Gobierno conceder franquicias a un sistema de locomoción por causa de conveniencia pública, como cuando se hablaba de aclimatar los ferrocarriles en Venezuela; pero nunca intervenir en la competencia, gravando o ejerciendo presión sobre uno de los contendores para favorecer al otro.

Una equiparación imposible

En el artículo publicado en el número de mayo de 1932 del *Boletín de la Cámara de Comercio de Caracas*, intitulado «Servicio Público de Transporte Terrestre», el doctor Miguel Parra-León se refiere a la competencia que le está haciendo la carretera al ferrocarril; afirma que «entre nosotros, como en muchos otros países, la explotación del tráfico por carreteras no ha estado de acuerdo con los principios fundamentales de la economía»,[56] y concluye proponiendo la reglamentación del tráfico con el objeto de «imponer normas racionales a la compe-

---

56 Las deficiencias que el doctor Parra-León encuentra en el negocio de transporte por autocamiones pueden ser objeto de buenos consejos de su parte, pero no de acción coactiva por parte del Estado. Se comprende que el Estado intervenga cuando rijan para ciertos bienes o servicios precios demasiado altos y por ende perjudiciales al interés público, pero nunca para hacer subir los precios, ni para proteger a los grandes contra los pequeños, como parece quererlo el doctor Parra-León. En cuanto a los «principios fundamentales de la economía», debemos suponer que el doctor Parra-León se refiere en este caso a los de la economía privada. Es de recordar, asimismo, que la libre concurrencia es uno de los fundamentales principios de la economía liberal.

tencia, permitiendo la reorganización de los ferrocarriles y la consolidación del tráfico por automotores». Como era natural el doctor Parra-León encuentra para ello necesario «equiparar los servicios de transporte en cuanto a la desventajosa situación en que hoy se encuentran los ferrocarriles para tener ellos mismos que conservar sus líneas».

La equiparación del ferrocarril y la carretera en Venezuela nos parece tan inoportuna e inconveniente que nos cuesta esfuerzo plantearla con serenidad.

Venezuela tiene 1.070,16 kilómetros de ferrocarriles. Estos ferrocarriles constituyen monopolios, que fueron financiados por capital extranjero, atraído por onerosos privilegios y franquicias. Desde el día mismo en que fueron puestos en actividad cesaron de desarrollarse, se anquilosaron irremediable-mente. En la mayor parte de las líneas se sustituyeron a las viejas carreteras, que quedaron arruinadas, para cobrar fletes casi iguales a los que regían en ellas, fletes 20 y más veces superiores a los vigentes en los ferrocarriles de Europa y de los Estados Unidos. Nunca gozaron sino de prosperidad mediocre y even-tual. Los tráficos apenas crecieron. Solo aumentaron escasamente la riqueza del país, sin fomentar el desarrollo de nuestros recursos naturales, ni impulsar nuestras comunicaciones intelectuales y sociales, ni contribuir eficazmente al mantenimiento del orden y la estabilidad política. El Estado venezolano tuvo que desembolsar una cantidad de más de Bs. 65.000.000. En fin, el ferrocarril se mostró inapto para resolver el problema de nuestras comunicaciones y no rindió los beneficios de orden económico, político y social, que hay derecho a esperar de un sistema eficiente de comunicaciones, aun cuando se debe admitir que a ello contribuyeron otras causas de orden económico y político.

En Venezuela, las carreteras componen una red que, para abril de 1930, tenía una extensión total de 8.500 kilómetros. Desde entonces la red ha seguido extendiéndose incesantemente, y no se divisa todavía ningún otro medio de comunicación que pueda rivalizar con la carretera para seguir resolviendo el problema de nuestras comunicaciones. La carretera es la vía flexible por exce-lencia: desde la calzada de piso de tierra, suficiente para los tráficos mínimos, hasta la calzada de concreto y de asfalto, que atiende a los mayores tráficos. El automóvil es el «vehículo ligero, independiente, democrático, para todos y al alcance de todos». En las distancias que pueden recorrerse en un día —distan-cias que en Venezuela van de un mínimum de 100 a un máximum de 200 y más kilómetros—[57] el automóvil es más eficiente, más rápido y más económico que el ferrocarril, de manera que puede decirse que no hay en Venezuela ningún ferrocarril —decimos ninguno— que no pueda sustituirse con ventaja para el interés público por una carretera. En cuanto a los servicios públicos de orden económico, político y social que ha rendido la carretera, no creemos necesario referirnos nuevamente.

No, la carretera y el ferrocarril no pueden equipararse en Venezuela. El ferrocarril ha sido entre nosotros solamente un medio de transporte, que no ha dejado de ser un fracaso, cuales quiera que sean las causas que lo justifiquen. La carretera ha probado ser un medio de transporte más elástico, más barato, más rápido, más eficiente, más adaptado a las condiciones y a las posibilidades del país que el ferrocarril, pero es mucho más que eso: es un factor de progreso económico, político y social del país. Es un instrumento indispensable de nuestras comunicaciones intelectuales y sociales, y de la administración civil y militar.

En Venezuela los ferrocarriles existentes no deben y no pueden prevalecer sobre la carretera.

Los medios de la equiparación

El doctor Parra-León sugiere en su artículo los medios de la equiparación. Propone algunos principios para la reglamentación, que en algo influirían en tal sentido, pues estorbarían el tráfico e impedirían su desarrollo. Pero al parecer, se fía, sobre todo, para la equiparación en una «contribución directa» (sic), cuya naturaleza no se cuida de precisar. Esperamos que en su mente no haya estado el peaje, impuesto universalmente condenado, por lo vejatorio, su difícil fiscalización y el costo enorme de su colección.

Independientemente de la forma en que pueda hacerse la equiparación, no estamos, de ninguna manera, de acuerdo con el doctor Parra-León, en su propósito. Es posible que la imposición de tales contribuciones sea justa y conveniente en países como Inglaterra, Italia, etc., que contaban y cuentan

---

57   El doctor Parra-León limita la distancia en que el transporte por automóvil es más económico que el transporte por ferrocarril a 60 kilómetros. Tal límite nos parece completamente arbitrario. No vemos ninguna razón porque no se pueda extender ese límite a la distancia que puede recorrerse en un día.
      Tal es el límite que se considera como económico para el automóvil en los Estados Unidos y en otros países.

con sistemas ferrocarrileros completos y eficientes, aptos para conseguir ciertas finalidades públicas de orden económico, político y social, pero no en Venezuela, en donde la carretera es el único medio de comunicación que está consiguiendo y es apto para conseguir tales finalidades. Por otra parte, nuestro sistema de carreteras está en pleno desarrollo, y nadie podría afirmar que muy pronto supera remos su periodo extensivo, es decir, que hayamos construido todas las carreteras que el país necesita con urgencia. Nosotros creemos que el gobierno, después de estudiar detenidamente esta cuestión, llegará a la conclusión de que ni ahora, ni en el porvenir inmediato, es conveniente gravar las carreteras con impuestos, y, mucho menos, para equiparadas con los ferrocarriles. Es claro que tales impuestos aumentarían el costo de los transportes y retrasarían nuestro desarrollo. Venezuela es un país despoblado y escasamente explotado, que necesita, para poblarse y para aumentar su producción, de transportes baratos, que solo la carretera ha podido y ha sabido dar.

Las carreteras, en Venezuela, deben construirse y sostenerse con el rendimiento de los impuestos que ya existen, o de otros generales que se creen. Puesto que rinden servicios públicos de orden económico, político y social, y son un bien complementario de la administración civil y militar, no deben considerarse como fuentes de entradas sino como un servicio público. Benefician a todos, aun a aquéllos que no las usan, y es justo que cada uno contribuya a su construcción y sostenimiento, de acuerdo con su capacidad contributiva.

No se crea, sin embargo, que las carreteras constituyen solo una fuente de egresos. Los automóviles, los repuestos y la gasolina pagan impuestos de cierta entidad. Pero es aún más importan te la contribución que rinden de manera indirecta y colateral. Las carreteras impulsan el desarrollo de la riqueza nacional y, por con siguiente, aumentan el rendimiento de los impuestos existentes.

La oportunidad de la reglamentación

Ya hemos manifestado nuestra opinión de que no hemos superado el periodo extensivo de la carretera. Mientras dure ese periodo, creemos que sean suficientes las leyes de tráfico y los Códigos Civil y Comercial vigentes.

El doctor Parra-León dice en su estudio «que el actual momento no puede ser más oportuno para la reglamentación, puesto que por una parte los ferrocarriles han agotado casi todos los recursos y, por otra parte, el tren de vehículos automotores usado en servicios colectivos se encuentra bastante deteriorado», y sería, además, conveniente impedir la «fuerte exportación de capital», a que daría lugar su reposición.

Personalmente hemos podido observar que buena parte de los autocamiones que transitan por nuestras carreteras están nuevos o en buenas condiciones de servicio. Lo que no quiere decir que en otras regiones del país no suceda lo contrario.

En lo que respecta a la conveniencia de impedir la fuerte exportación de capital que implicaría la reposición del tren de vehículos automotores usado en servicios colectivos, nos limitaremos a observar que los camiones de carga y pasajeros forman parte del instrumental económico del país, cuyo desarrollo y conservación solo puede y debe obstaculizarse en raros casos de emergencia. Antes de pasar a la restricción de importaciones económicas, hay que agotar todos los medios disponibles para restringir la importación de aquellas mercaderías que no lo sean. Así, por ejemplo, antes de restringir la importación de camiones de carga y pasajeros, sería el caso de restringir la de automóviles de lujo, que representa para el país un desembolso tal vez más considerable, sin ser económica, ni productiva, ni responder al interés público.

Lo que importa actualmente no es extender ni complicar la reglamentación del tráfico por carreteras. Más bien urge el detenido estudio de nuestra geografía humana, con el fin de formular un plan nacional de comunicaciones y de coordinar todos nuestros transportes —marítimos, fluviales, ferrocarrileros, viales y aéreos— con el propósito de impulsar y racionalizar nuestro desarrollo económico, político y social. Sobre todo, necesita el país extender y mejorar su red de carreteras, que hoy es su único sistema eficiente y moderno de comunicaciones. Es el caso de satisfacer esa necesidad y no de ponernos a trabajar en una legislación carretericida.

Junio de 1932.

La organización de la industria cafetera colombiana

El café le ha dado a Colombia un puesto de importancia en la economía mundial, y esa importancia ha crecido incesantemente con los últimos años. Colombia es el segundo productor de café del mundo —el primero de cafés suaves— y en 1932-33 sus exportaciones compusieron el 11,7 % del comercio cafetero mundial. Si se exceptúan algunos tipos de otros continentes, como el Sumatra o el Java, por ejemplo, los colombianos y, en particular, el Medellín excelso, se cotizan más alto que cualesquiera otros en los mercados del mundo. El esfuerzo prolongado y eficaz para la creación de esta industria es uno de los indicios de su capacidad para la civilización —una de las hazañas que honran al pueblo colombiano.

El avance de una industria

El café, según las pesquisas más recientes, fue introducido de Venezuela a la región de Santander hacia el año de 1808. De Santander el cultivo se propagó a Antioquia, Cundinamarca, el Cauca y otras regiones del país. En las primeras décadas que siguen a su introducción, el cultivo no alcanza sino proporciones modestísimas, y la producción se mantiene relativamente escasa a lo largo de todo el siglo XIX. Es en el siglo XX cuando su desarrollo adquiere proporciones considerables, y especialmente en la década 1918-1928, periodo que según Luis López de Mesa representa en la vida de Colombia más que los cuatro siglos anteriores, durante el cual la economía colombiana «Se articuló, se vertebró por decirlo así». Las siguientes cifras que indican el monto de las exportaciones en los varios años, permiten darse una idea del ritmo de desarrollo de la industria cafetera colombiana:

1835 ... 2.592 sacos
1855 ... 34.393
1875 ... 76.011
1895 ... 358.341
1905 ... 500.811
1915 ... 1.129.849
1928 ... 2.659.578
1933 ... 3.280.936

El porcentaje del café colombiano en el consumo mundial ha crecido con el mismo ritmo, o con un ritmo mayor, que la producción, y este hecho nos permite apreciar, mejor que ningún otro, el desarrollo de la industria. En 1905 el consumo de café colombiano era apenas del 2,99 %. En 1915 se eleva ya el 5,19 %, y en 1925 a 18,99 %. En 1932 asciende al 14,57 %. Es decir, en menos de treinta años el consumo de café colombiano en el mundo ha crecido en un 500 %, aproximadamente.

De conformidad con el censo cafetero practicado en 1932, hay en Colombia 149.348 fincas cafeteras, que ocupan una extensión de 556.633 fanegas y comprenden un total de 531.018.214 cafetos cultivados. En la zona comprendida entre los 900 y los 1.700 metros de altura, en la cual el café es el cultivo fundamental, vive el 60 % —seis millones aproximadamente— de los habitantes de Colombia.

Los factores que explican este desarrollo tan satisfactorio de la industria colombiana del café son de vario orden. Colombia tiene extensas zonas de terreno que, por sus condiciones de suelo y de clima, son favorables para el cultivo del café. En otros países, sin embargo, existen condiciones naturales igualmente favorables, sin que se registre idéntico desarrollo.

Son los factores humanos los que en realidad importan. En Colombia la población ha crecido más bien rápidamente, hasta alcanzar, en algunas zonas, aquella densidad que hace posible una organización satisfactoria de la vida económica, a la vez que permite un alto nivel de vida social y de vida política. La técnica avanzada y el esfuerzo metódico solo son indispensables y, por consiguiente, posibles, en zonas de población densa, debiendo apreciarse esta densidad en relación con la riqueza actual y la estructura económica del país. El ritmo demográfico, o sea el coeficiente de acrecimiento de la población, no es solo un fenómeno cuantitativo, sino también cualitativo. Según el sociólogo italiano F. Carli, un intenso ritmo demográfico constituye la mejor prueba de la vitalidad de un pueblo.

No son solamente la economía y la técnica las que requieren para alcanzar cierto grado de evolución una población relativamente densa. La civilización y la cultura mismas no parecen posibles sino en zonas densamente pobladas. En su *Filosofía de la historia* nos dice Hegel que estas tierras de América no ostentarán una civilización semejante a la de Europa sino «cuando el espacio inmenso que ofrecen esté lleno y la sociedad se haya concentrado en sí misma». Es decir, la civilización de América no surgirá sino el día en que el hombre americano haya dominado, humanizado, el desierto que lo rodea y que lo acecha, cuando haya vencido las resistencias de la naturaleza rebelde y haya a su vez creado sus propias resistencias.

El rápido desarrollo y el alto nivel alcanzado por la industria cafetera colombiana, como otros fenómenos de la vida del país, son manifestaciones de esa vitalidad que se refleja sobre todo en el intenso ritmo demográfico de su población antioqueña, que ocupa la zona cafetera más importante, en donde esta industria ha alcanzado su mayor perfección. Al hablar de Antioquia, me refiero al viejo departamento, hoy fraccionado. La población antioqueña, dice el conocido geógrafo francés Pierre Denis, constituye uno de los elementos más originales y más enérgicos de la América española. Su coeficiente vegetativo y su potencia de expansión, agrega, nos llenan de asombro. López de Mesa, basándose en las estadísticas del Departamento de Antioquia, nos dice que el coeficiente vegetativo del grupo antioqueño se eleva al 27 por mil. De ser real, dicho coeficiente se compara favorablemente con el de Palestina, por ejemplo, y puede considerarse como uno de los mayores, si no el mayor del mundo. No hay duda de que en Colombia misma el coeficiente vegetativo de Antioquia es excepcional, pues la gente antioqueña era en el siglo XVIII apenas el 6 % de la población colombiana, mientras que hoy forma más del 20 %.

Como otras gentes prolíficas, la antioqueña es activa, tenaz, emprendedora, por ello y porque es migradora y comerciante, se le ha considerado de raza judía, sin razón, según parece. A los extranjeros que lo visitan, el antioqueño les recuerda el yanqui de la América sajona, poseído de su misma vocación para la integración o estructuración social. Puede decirse que Antioquia y el café se han influido mutuamente. El grupo antioqueño, más que ningún otro en Colombia, le ha dado impulso y su elevado nivel a la industria cafetera. El café, a su vez, le ha dado al pueblo antioqueño su privilegiada posición en la vida económica de Colombia.

La industria cafetera colombiana ha marchado, pues, paralela mente al desarrollo de la población aun cuando se debe agregar que, desde sus comienzos, el principal impulso le ha venido de los elementos más selectos, los más cultos y los más refinados de la sociedad. La industria le debe mucho a los consejos y al ejemplo de hombres como José Manuel Restrepo, el prócer de la Independencia, Evaristo Delgado, Francisco Ospina Alvarez, Mariano Ospina Rodríguez, Nicolás Sáenz y Rafael Uribe Uribe. Todavía hoy la Colombia rural atrae a hombres de selección, y las plebes rurales, sobre todo en ciertas zonas, tienen un nivel relativamente alto de alfabetismo. Tal es el caso de Antioquia, en donde el analfabetismo solo se extiende al 30 % de la población mayor de diez años. Es evidente que solo poblaciones alfabetas pueden crear industrias adelantadas y eficientes.

Durante la prolongada y grave crisis económica que aún perdura, la industria cafetera colombiana, con medidas protectoras y defensivas, ha mantenido su vitalidad, ha continuado mejorando sus métodos de cultivo y beneficio, ha visto perfeccionar su crédito y los métodos y condiciones de financiación, ha logrado, en fin, conseguir una demanda comercial eficiente y en condiciones relativamente favorables, que ha permitido el mercadeo de toda su producción, a tiempo que otros países han logrado escasa mente mantener sus posiciones. La Federación Nacional de Cafeteros ha sido la admirable organización que más ha contribuido a esta satisfactoria situación que hoy atraviesa la industria, coronando así la obra de más de un siglo de esfuerzo laborioso, inteligente y tenaz, abriendo para el porvenir amplias perspectivas.

La federación nacional de cafeteros
La Federación Nacional de Cafeteros, en la forma que hoy tiene, fue establecida por el Cuarto Congreso Nacional de Cafeteros, celebrado en Bogotá en diciembre de 1930. Los Congresos Cafeteros celebrados en Cúcuta en 1932, y en Pasto, en el corriente año, introdujeron algunas modificaciones en sus Estatutos.

La dirección de las labores de la Federación se ejerce por intermedio de las siguientes entidades:

a) El Congreso Nacional de Cafeteros. El Congreso se reúne ordinariamente cada dos años, y está integrado por el Ministro de Agricultura y Comercio y por delegados de los Departamentos cafeteros, en proporción que corresponda a su última cosecha. Entre las funciones del Congreso se cuentan la elección de los miembros del Comité Nacional, el nombramiento del Gerente de la

Federación, el establecimiento del presupuesto y el examen de las cuentas, y en general el examen y resolución sobre todas las cuestiones de importancia para la industria. Estos Congresos se reúnen en las distintas ciudades de los departamentos cafeteros, celebrándose al mismo tiempo exposiciones y concursos, con la mira de poner de relieve los progresos conseguidos y de estimular el mejoramiento de los métodos de cultivo y beneficio.

b) El Comité Nacional de Cafeteros. Este Comité funciona en la ciudad de Bogotá, y está integrado por el Ministro de Agricultura y Comercio y por siete miembros elegidos por el Congreso Nacional de Cafeteros. Las funciones del Comité son todas las relacionadas con la protección, defensa y prosperidad de la industria cafetera.

c) Los Comités Departamentales de Cafeteros. Estos Comités funcionan en las capitales de los departamentos cafeteros, y están integrados por cuatro o seis miembros, según el volumen de la producción, nombrados por mitad por los Comités Municipales y por el Comité Nacional. Sus funciones corresponden en los departamentos a las del Comité Nacional en el país.

d) Los Comités Municipales. Estos Comités funcionan en los municipios cafeteros y están integrados por cuatro o seis miembros, según sea el volumen de la producción, que designan por mitad el Comité Departamental y los cafeteros del municipio. Sus funciones son complementarias de las del Comité Nacional y los Comités Departamentales.

e) Las Conferencias Cafeteras. Estas Conferencias están integradas por un delegado de cada Comité Departamental, y se reúnen ocasionalmente, cuando haya asuntos urgentes y de suma importancia, o para adelantar gestiones ante los poderes públicos.

La administración de la Federación está a cargo de un Gerente, que será designado por el Congreso Nacional de Cafeteros, en sus sesiones ordinarias, por un periodo de dos años. Desde 1930 hasta el Congreso de Pasto, en el corriente año, desempeñó este cargo Mariano Ospina Pérez, a quien se debe en buena parte el creciente desarrollo y el buen éxito alcanzado.

Las actividades de la federación

Las actividades de la Federación tienen lugar en tres campos distintos: el técnico, el financiero y el comercial.

En el campo técnico, la Federación atiende a la protección y al mejoramiento del cultivo del café, para lo cual cuenta con las organizaciones siguientes:

a) La Estación Central de Investigación de La Esperanza. Las funciones principales de la Estación son el estudio de los problemas de botánica, entomología, fitopatología, etc., relacionados con la industria cafetera y la formación de los técnicos cafeteros. Según lo dice Mariano Ospina Pérez en el Informe presentado al Congreso Cafetero de Pasto, esta Estación «debe llegar en un futuro no muy lejano a ser el instituto de mayor prestigio mundial en materias de investigaciones cafeteras de todo orden».

b) Granjas-Escuelas, en número de siete, situadas en los principales departamentos cafeteros, cuya principal misión es la de aplicar y difundir las investigaciones realizadas en la Estación de La Esperanza y atender a la enseñanza técnica.

c) Granjas de Demostración, en número de cuatro, en donde se hace en forma modesta la labor de demostración y de enseñanza que realizan las Granjas-Escuelas.

d) Expertos cafeteros ambulantes, cuyo actual número es de sesenta, cuya misión es la de recorrer continuamente, las plantaciones del país, enseñando gratuitamente a los cafeteros a obtener mejores resultados en sus plantaciones, mediante los más adecuados métodos de cultivo y beneficio del grano.

e) Publicaciones periódicas, como la *Revista Cafetera* y el *Almanaque Cafetero*, y ocasionales como el excelente *Manual del Cafetero Colombiano*, la *Cartilla*

Cafetera, la *Cartilla Higiénica*, etc. Durante los últimos dos años la Federación ha distribuido un total de 758.000 ejemplares de estas publicaciones.

f) Películas cinematográficas sobre el cultivo y beneficio del café, exposiciones, concursos, celebración del día del café, venta al costo de máquinas e instrumentos para el cultivo y beneficio del café, distribución gratuita de los mismos a los agricultores pobres, etc.

En este campo, los resultados conseguidos, como tuve ocasión de oírlo en Bogotá a uno de los hombres que mayor parte han tomado en las actividades técnicas de la Federación, son sumamente halagadores, y los beneficios han sido no solo para el café sino para toda la agricultura colombiana, como era el propósito de quienes idearon esta labor.

En el campo financiero, la obra de la Federación, ha sido verdaderamente múltiple y de importancia excepcional. Gracias principalmente a sus esfuerzos se llegó al acuerdo bancario suscrito en Bogotá el 17 de julio de 1933, por el Ministerio de Hacienda y los gerentes de los Bancos establecidos en el país, mediante el cual se acordaron facilidades a ciertos deudores, se rebajó el tipo de descuento y de interés, y los bancos hipotecarios redujeron las deudas en un 40 %, es decir, en un monto aproximado de veinte millones de pesos.

Otra de las instituciones que se deben a los esfuerzos de la Federación, es la Caja de Crédito Agrario, establecida por la Ley 57 de 1931, con un capital de diez millones de pesos, que elevó a catorce el decreto 33 de 1933. La Caja puede conceder préstamos sobre prenda agraria a agricultores y ganaderos del país, con plazo hasta de dos años; hacer préstamos sobre los papeles de los almacenes generales de depósito; y practicar muchas otras operaciones que especifica la Ley, y otras que sean compatibles con la índole de la institución y que tengan por objeto fomentar el desarrollo agrícola o pecuario del país. La Caja puede constituir sociedades seccionales de crédito, encargadas de facilitar su acción en todo el territorio del país. El valor total de los préstamos hechos por la Caja desde su fundación, en 1932, hasta marzo de 1934, se eleva a 7.447.262,68 pesos.

Pero la más importante tal vez de las iniciativas de la Federación en este campo, es el establecimiento de los Almacenes Generales de Depósito, en beneficio de la entera industria agrícola. Estos almacenes tienen por objeto la regulación de los mercados, contrarrestar los movimientos de especulación, poner a salvo los intereses de los productores y normalizar las salidas de las cose chas, proporcionalmente a la demanda de los mercados consumidores. Actualmente funcionan en el país trece almacenes genera les de depósito con diecinueve agencias y ocho oficinas.

Durante el periodo de su actividad, los Almacenes Generales de Depósito han rendido servicios de la mayor importancia. Los Almacenes reciben los productos y los guardan convenientemente separados y clasificados; pagan los fletes desde la finca del agricultor hasta las bodegas; prestan y venden empaques para movilizar los cargamentos; mantienen al agricultor informado acerca de las fluctuaciones del mercado y para facilitar los negocios con determinados países de Europa y de otros continentes, habituados a ciertas modalidades de pago, los almacenes finan cian al cafetero hasta el momento en que reciba el pago. Desde julio de 1932 hasta el 31 de marzo de 1934, el movimiento de los Almacenes ha sido de 1.509.098 unidades, con un monto total de financiaciones de 4.977.349,78 pesos.

La Federación trabaja actualmente por el establecimiento de sociedades seccionales de la Caja Agraria, y por la formación de sociedades cooperativas, con la mira de resolver el problema de la financiación del pequeño productor.

En el campo comercial, las actividades e intervenciones de la Federación han sido múltiples, pero me limitaré a mencionar los servicios de información y de propaganda en el exterior.

Para atender al servicio de información, la Federación tiene representantes propios en las plazas de Nueva York, San Francisco y San Pablo, e informadores en los principales mercados del exterior, y las difunde en el país, por medio de los Comités departamentales y municipales, los Almacenes Generales y sus agencias y oficinas, bandos públicos de los respectivos alcaldes, tableros fijados en las plazas de las poblaciones, estaciones de radio, etc. Dicha información comprende los precios internos y externos del café y las perspectivas del mercado. El valor inestimable de este servicio pudo apreciarse en 1932, cuando la resolución ocurrida en el Brasil provocó un alza transitoria de los precios. Gracias a las informaciones y a la orientación dadas por la Federación, para octubre de 1932 no quedaron en los Almacenes Generales sino 6.000 sacos, parte de los cuales propiedad de exportadores.

Para la propaganda del café colombiano en el exterior, la Federación ha enviado misiones de estudio y propaganda; ha concluido contratos de publicidad con firmas de varios países; ha hecho filmar y representar en el exterior películas cafeteras de propaganda; ha celebrado arreglos para la venta a consignación con grandes casas importadoras europeas. La propaganda ha sido especialmente activa en Francia, Bélgica, países escandinavos y Japón. No hay duda de que tal propaganda ha sido eficaz, pues las exportaciones del café colombiano a Europa, que fueron en 1930 de 221.976 sacos, se elevaron en el año de 1933 a 4.675.602 sacos. Además de esta labor directa de propaganda la Federación se ocupa en establecer conexiones entre exportadores colombianos e importadores del exterior.

En el campo comercial debe también mencionarse la labor realizada por la Federación para el establecimiento y control de tipos y marcas de café. Según opinión de expertos el Decreto N.º 1461 de 1932, sobre esta materia, es tan importante para el porvenir de la industria cafetera colombiana, como la introducción de la primera semilla de café al país. Lo que ya se ha hecho para llevar a efecto este Decreto ha contribuido a mejorar el buen nombre del café colombiano y abre amplias perspectivas para el porvenir.

La Federación interviene en el mercado cafetero interno haciendo compras para fines de propaganda, o para defender, en un momento dado, un mercado interno en donde los precios estén injusta y excesivamente deprimidos.

Con la mira de averiguar los fundamentos científicos de las diversas propiedades de los cafés colombianos y, en general, para el estudio de los problemas industriales y comerciales del café en los Estados Unidos, la Federación celebró un acuerdo con The Miner Laboratories. Entre los estudios que se realizan actualmente, se cuentan los relacionados con la acidez, el aroma, el poder de retención, etc. La Federación también colabora con la Associated Coffee Industries of America Inc. en las investigaciones que ésta adelanta actualmente.

De inmensa importancia para los varios aspectos de la industria cafetera ha sido el establecimiento de un servicio estadístico. «La estadística —dice Mariano Ospina Pérez— es la base de toda actividad consciente y bien organizada.» Y agrega: «La conjetura, el tanteo, el ensayo, que han sido origen de tantas equivocaciones entre nosotros, y que tanto dinero han costado en los distintos ramos de actividades de nuestro país, solo pueden eliminarse por medio de un buen servicio estadístico». La Federación publica desde hace algún tiempo el Boletín de Estadística, con la información más amplia y completa sobre la industria cafetera colombiana y sobre la producción y comercio mundiales. Según opiniones autorizadas, el Boletín de Estadística es la mejor publicación en su género que hoy existe en el mundo. La Federación llevó recientemente a cabo un censo cafetero, que aun cuando pueda parecer imperfecto, es lo único que se ha hecho en Colombia en tal sentido, y puede muy bien servir de base a una política cafetera racional.

La Federación se interesa muy particularmente, como es natural, en la salud de los agricultores. El problema sanitario, según Mariano Ospina Pérez, está por encima del magno problema de la educación, siendo imposible llevar a cabo labor cultural alguna, de orden intelectual, de orden político, de orden económico, de orden moral, en un pueblo tarado por el alcoholismo, por la malaria o por la unicinariasis. En el discurso que sobre este tema pronunció hace algún tiempo en Bogotá, con motivo de la inauguración de un busto a Rockefeller, dijo el mismo Ospina Pérez:

Es preciso decir al país en todos los tonos y en todos los momentos, que por encima del problema del café, y del petróleo, y del oro, y del comercio, y de las industrias y de los ferrocarriles, y de los Bancos, y del sistema monetario, y de todos los demás problemas económicos, está la defensa del hombre, de la mujer y del niño colombianos.

La Federación, mediante sus publicaciones, la enseñanza de sus expertos, la ayuda a establecimientos que tienen a su cargo la hospitalización y curación de enfermos en las zonas cafeteras, tiene empeñada una lucha tenaz contra el alcoholismo, la malaria, la unicinariasis y otras enfermedades que minan la salud de la población en las zonas cafeteras. El reciente Congreso de Pasto acordó solicitar del gobierno el aumento del impuesto de exportación del café, entre otras causas, con el objeto de destinar no menos de cinco centavos por saco al incremento de la sanidad rural de la zona cafetera; y autorizó al Gerente de la Federación para contratar con los departamentos y municipios la campaña sanitaria en dicha zona.

Por otra parte, se ha resuelto que las Granjas-Escuelas y los Campos de Demostración establezcan cursos sanitarios para atender a la lucha contra las enfermedades tropicales.

Estas actividades que he descrito no son sino las principales a que ordinariamente se dedica la Federación. La institución ha intervenido, oportunamente en todas aquellas cuestiones que de alguna manera envuelvan los intereses de la industria cafetera, desde las comunicaciones terrestres, marítimas y fluviales hasta la política monetaria y aduanera, los tratados de comercio, etc., haciendo conocer los puntos de vista del gremio cafetero, que es la mayoría de la población, y el nervio de la vida económica colombiana.

Hacia la integración de la economía colombiana

La Federación Nacional de Cafeteros ha sido una experiencia eficaz y afortunada, destinada a dejar huellas en la vida institucional y en la psicología del pueblo colombiano. Como toda institución que tiene fortuna será imitada hasta trasladarse a los otros sectores del organismo nacional. Los hombres que han vivido esa experiencia serán el núcleo de un vasto proceso de integración nacional, sobre todo en el dominio económico. Ya el Congreso Minero celebrado en Quibdó en noviembre pasado planteó la organización de la industria minera en forma análoga a la del café. El proceso puede ser lento, pero puede considerarse como inevitable, dado el impulso que la Federación ha dado en Colombia al espíritu de asociación y a la organización cooperativa.

Por otra parte, este proceso de integración estaría de acuerdo con ciertas tendencias que hoy dominan en el mundo, y que miran a la substitución del *laissez-faire*, de la economía liberal y anárquica, cuyo resorte y cuyo móvil es la conveniencia individual, por la economía planificada e intervenida, que se inspira en el interés colectivo, y que tiene hoy su más clara realización en el Estado corporativo italiano.

Pero sin ir hasta allá, sin divagar sobre las consecuencias lejanas que puede tener para Colombia la creación y el suceso afortunado y creciente de la Federación de Cafeteros, es evidente que ésta ha contribuido a hacer del colombiano un temido competidor en los mercados mundiales del café. Los otros países productores habrán de convencerse de que para ellos también es indispensable ocuparse seriamente del estudio y adecuada solución de los problemas de la industria cafetera. Para ello tendrán que armarse de iniciativa y hacer surgir el espíritu de asociación, que aúne voluntades y esfuerzos. Hasta el Brasil, que es un coloso y que cuenta con el Instituto Cafetero de San Pablo y con excelentes organizaciones científicas en beneficio de sus industrias agrícolas, parece inclinado a valerse de la experiencia colombiana.

Zea, diciembre de 1934.

Venezuela y su industria cafetera

Todos los países cafeteros pasan hoy por una crisis de excepcional gravedad. Quizá por primera vez el consumo mundial ha dejado de coincidir, durante un largo periodo, con la producción, desde el día del siglo XIV, en que de Abisinia pasó al Yemen, y del Yemen, por Egipto, Siria y Constantinopla, al mundo occidental. Durante los últimos años se han acumulado stocks enormes, que ascendían en noviembre de 1934 a 19.050.000 sacos,[58] a pesar de que el Brasil ha incinerado, durante los últimos cuatro años, 34.899.000 sacos. En opinión de F. Eugene Nortz, reconocida autoridad en estas cuestiones, para el 1.º de julio del corriente año habrá un total de existencias visibles de 23.000.000 de sacos, o sea, exactamente, el consumo de un año. En el próximo año estima Nortz que la producción se elevará a 29 o 30.000.000, de la cual quedaba un sobrante de 6 a 7.000.000, y elevará el total de existencias visibles acumuladas a 30.000.000 para el 1.º de julio de 1936.[59] La tendencia es a la disminución del consumo. De 1931 a 1934 declinó en un 12 %, como resultado de la crisis económica y de la consiguiente disminución del poder adquisitivo de los consumidores, de las restricciones impuestas a su comercio y de los pesados impuestos en muchos países consumidores.[60] Los precios, como resultado de todo esto, son los más bajos de su historia.

En espera de los años de las «vacas gordas» —que habrán de volver un día, aun cuando no es posible adivinar su llegada— la mayor parte de los países se han puesto en condiciones de res guardar su industria, de mantenerla en vida, mediante la desvalorización monetaria, que reduce los gastos, alivia el peso de las deudas y equilibra, en general la vida económica; el perfecciona miento de la técnica, con la mira de reducir el costo de producción y mejorar el producto; y las organizaciones cooperativas, que multiplican las posibilidades del productor individual, y facilitan de muchas maneras la solución de sus problemas.

Nuestra industria cafetera y nuestros cafeteros esperan mucho, para poder sobrevivir, de la intervención providente del Gobierno Nacional, presidido por el General J. V. Gómez, que ya le prestó su ayuda, el año pasado, con el subsidio, y muy particularmente, con el alza del cambio, y de la labor de la Asociación de

---

58 *Bulletin Mensuel de Statistique*, Sociedad de las Naciones, febrero de 1935.
59 *The New York Journal of Commerce*, abril de 1935.
60 *La production mondiale et les prix 1925*, 1933, Sociedad de las Naciones, 1934.

Cafeteros, que acaba de establecerse bajo el alto patronato del mismo General J. V. Gómez, que ha suscitado en el país grandes esperanzas.

Para la justa perspectiva y para la debida apreciación de las condiciones actuales de la industria cafetera, tal vez no sea en vano recordar algo de su historia.

Algunos datos estadísticos

El café, según todas las indicaciones, es originario de Abisinia, de donde fue introducido al Yemen, frente a la costa etiópica, en el siglo XIV. Los primeros cafés se abrieron en Egipto en 1592. Del Egipto su uso pasó a Siria, y fueron dos sirios quienes establecieron el primer café en Constantinopla, en 1554 [sic]. En la Europa occidental los primeros cafés se establecieron en Venecia, en 1640, en Marsella en 1654, en París en 1680, en Londres en 1692, en Fráncfort en 1689, en Viena, con la invasión turca, en 1683. Durante los siglos XVIII y XIX su uso se hizo general en todo el Occidente, hasta convertirse en uno de los productos más importantes del comercio internacional. Todo el mundo es hoy consumidor de café, con excepción de los pueblos del lejano Oriente, en particular chinos y japoneses.

En América, el café fue introducido por los franceses, en 1715, a Martinica, Guadalupe y otras posesiones insulares. Hacia 1723 fue llevado al Brasil. De las Antillas francesas fue traído a Venezuela en 1748. La primera plantación fue establecida en el Valle de Caracas por el Pbro. José Antonio Mohedano, cura de Chacao. Como colaboradores y continuadores de sus ensayos tuvo al Pbro. Pedro Sojo y Bartolomé Blandín.

En Trujillo fue introducido por Francisco Labastida quien trajo, en 1801 algunos árboles de Chacao y los plantó en su huerta de Mendoza.[61]

En Mérida parece haber sido introducido antes de 1777, fecha de su incorporación a la Capitanía General de Venezuela. De Mérida fueron enviadas semillas en 1794, a don Gervasio Rubio, quien hizo la primera plantación en la Hacienda La Yerbera, en el sitio donde hoy se levanta la ciudad de Rubio.

Durante muchos años, después de su introducción a Venezuela, el árbol del café es apenas una curiosidad, pero se ensaya y queda demostrada la practi-

---

61   Estos datos sobre la introducción del cafeto a Los Andes han sido tomados de don Tulio Febres Cordero, quien los trae en su *Archivo de Historia y Variedades*, tomo I, págs. 166 y sigs.

cabilidad de su cultivo. Las guerras combatidas en Europa hacia fines del siglo XVIII, por los obstáculos puestos al tráfico marítimo y al comercio con América, hicieron evidente la necesidad de un producto que pudiera almacenarse y conservarse en perfecto buen estado, lo cual no era posible con el cacao, y fueron la causa inmediata del desarrollo de las plantaciones de café que se inicia en 1796.

Durante los primeros años de nuestra existencia colonial las perlas fueron el principal artículo de nuestro comercio. A poco comienza la verdadera colonización del país y se desarrolla la agricultura y la cría, y van tomando importancia las exportaciones de cacao, añil, tabaco, ganados y productos de la ganadería. Durante todo el siglo XVIII el cacao tiene la preponderancia entre las exportaciones venezolanas. Su cultivo recibe un gran impulso con el establecimiento de la Compañía Guipuzcoana en 1728. Las exportaciones aumentan considerablemente y los precios que se obtienen son remuneradores. Estas condiciones satisfactorias de la industria cacaotera son una de las causas de la prosperidad relativamente alta de que goza la Capitanía en los últimos días de la Colonia.

Hacia fines del siglo XVIII el café comienza a ser un importan te renglón del comercio de exportación. Durante el cuadrienio 1786-1790 las exportaciones de Venezuela suman un total de 708 sacos de 132 libras cada uno. En los años que van de 1793 a 1796 las exportaciones son de 10.042 sacos, con un valor de 159.070 pesos fuertes. Para esta fecha el café ocupa ya el cuarto lugar entre nuestros productos de exportación, después del cacao, el añil y el algodón. Durante el cuadrienio siguiente las exportaciones se elevan a 11.681 sacos, con un valor de 184.681 pesos fuertes.

Según C. Parra Pérez,[62] quien toma estos datos de Francisco Javier Yanes y Ramón Díaz, la exportación media de café durante los últimos diez años de la Colonia fue de 12.048 sacos. En 1808, fue 45.019 sacos; en 1809, 32.575; en 1810, 60.606 sacos. Para esta fecha ya el café ocupa el tercer puesto entre nuestras exportaciones, después del cacao y del añil.

Sigue el periodo de las guerras de Independencia, que termina ya bien avanzada la tercera década del siglo XIX, y que debieron paralizar nuestra vida económica. Sin embargo, cuando Venezuela hace definitiva, en 1830, su separación de la Gran Colombia, sus exportaciones cafeteras, en relación con las

---

62   El régimen español en Venezuela, por C. Parra Pérez, Madrid, 1932, págs. 196 y sigs.

de 1810, han aumentado en una mitad, alcanzando un total de 87.454 sacos. Para esta fecha el café ha conquistado el primer puesto en nuestro comercio de exportación.

El café conserva su importancia preponderante en nuestra economía durante casi un siglo. Con las necesarias fluctuaciones causadas por condiciones naturales más o menos favorables y por las guerras civiles, que fueron tan frecuentes durante todo el siglo XIX, la producción cafetera continuó su marcha ascendente a todo lo largo de dicho siglo. Durante lo que va del siglo XX la producción continuó en aumento durante las dos primeras décadas, aun cuando fuera con débil ritmo. Durante el cuadrienio 1913-1917 nuestras exportaciones alcanzan sus cifras más altas. Hacia 1925 el café pierde el puesto preponderante que había tenido en nuestra economía desde 1830, a favor del petróleo, y hacia la misma época comienza a manifestarse una tendencia al descenso de la producción.[63]

---

63 He aquí un cuadro de las exportaciones de Venezuela desde 1786 hasta 1935: Sacos de 132 libras o de 60 Kls.
1786-1790 ... 708 sacos
1791-1795 ... 8.261
1795 3.673
1810 ... 60.606
1831 ... 87.454
1835 ... 45.096
1840 ... 143.379
1845 ... 219.968
1850 ... 234.678
1855 ... 285.949
1860 ... 287.756
1865 ... 213.277
1873 ... 571.222
1876 ... 547.446
1881-82 - 1884-85 (promedio anual producción) ... 607.750
1885-86 - 1888-89 ... 585.750
1889-90 - 1892-93 ... 677.500
1893-94 - 1896-97 ... 742.500
1897-98 - 1900-01 ... 872.500
1901-02 - 1904-05 ... 715.000
1905-06 - 1908-09 ... 741.500
1908-11 (promedio anual de exportación) 690.610
1912-15 ... 979.803
1916-19 ... 901.406
1920-23 ... 738.690

Desarrollo y estancamiento de la industria

Cuando se establecieron en Venezuela las primeras plantaciones, los productos venezolanos de exportación, tales como el cacao, el añil y el tabaco, tenían fama de ser mejores o por lo menos, iguales, a los de sus competidores. Para el nuevo cultivo Venezuela contaba con condiciones de clima y de suelo muy favorables. Pero, según el testimonio de F. Dépons,[64] el cultivo nació descuidado. La limpia de las plantaciones no se hacía bien. La recolección no era cuidadosa, cogiéndose al mismo tiempo el verde y el maduro. Sin embargo, en otros países las condiciones no debían ser mejores, y el café venezolano conservó durante largo tiempo uno de los primeros puestos.

La producción se desarrolla incesantemente. Las exportaciones del cuadrienio 1786-1790 fueron, como ya se dijo, de 708 sacos. En el cuadrienio 1791-1795 suben a 8.261, y en 1810 se elevan a 60.606 sacos.

En 1831, ya definitiva nuestra separación de la Gran Colombia, las exportaciones son de 87.454 sacos. El periodo que se prolonga hasta 1845 es de progreso económico, durante el cual nuestras fuerzas económicas casi se triplican. En dicho año de 1845 las exportaciones cafeteras se elevan a 212.968 sacos.

Después, se suceden casi sin interrupción los disturbios políticos que terminan con el triunfo de la Federación y acaban con la oligarquía que, desde los remotos días de la Colonia, había sido la clase dirigente o la elite social. A pesar de estos disturbios la producción cafetera aumenta. En 1873, plenamente asegurado el triunfo de la Federación, nuestras exportaciones se elevan a 571.222

1924-27 ... 916.737
1928-31 ... 857.551
1929-30 - 1932-33 (promedio anual de producción) ... 939.000
1933-34 (producción de la cosecha) ... 569.000
1934-35 ... 800.000
1914-1923 (promedio anual de exportación) ... 868.906
1924-1933 ... 848.673

Para este cuadro estadístico hemos consultado, hasta el año 1876, *Venezuela*, por N. Veloz Goiticoa, Caracas, 1905; para los años 1881-1909 y 1933-35, *World Coffee Production Years 1881-1934*, compilada por Sprague & Rhodes, y para los años restantes las estadísticas de exportación del Ministerio de Hacienda, compiladas por el señor Humberto Copello.

64 Viaje a la parte oriental de Tierra Firme, por Francisco Dépons, Caracas.

280

sacos, cifra que compone el 7,4 % del promedio de la producción mundial de esa época.

Hasta mediados de la década 1890-1900, Venezuela conserva el tercer puesto entre los productores de café, después del Brasil y las Indias holandesas. Su producción oscila entre 6,5 y 6,7 % del total de la producción del mundo, y entre el 15 y 16 % del total de los suaves.

En los últimos años del siglo XIX disminuye considerablemente la producción de las Indias holandesas, como consecuencia de pestes que asuelan sus plantaciones, y Venezuela conquista el 2.º puesto entre los productores mundiales, con el 5,1 % del total, y el primer puesto entre los productores de suaves, con el 19 % del total.

La producción se mantiene en aumento, aun cuando ese aumento es muy débil, hasta el cuadrienio 1913-1914 a 1916-1917, cuando nuestra producción alcanza su mayor volumen hasta hoy. Pero si de las cifras absolutas se pasa a las relativas, se ve que el porcentaje de nuestra producción en relación con el de los demás competidores, se reduce sin cesar. Durante el periodo comprendido entre 1895 y 1916, Venezuela conserva el segundo puesto entre los productores mundiales y es el primer productor de suaves. En el año 1918-1919 Colombia viene a ocupar el puesto de Venezuela. Hacia 1925 viene a sentirse el impulso dado por los altos precios del periodo de la postguerra, y la producción toma un gran incremento en otros países, a tiempo que aquí permanece estacionaria y más bien muestra la resuelta tendencia a declinar. En 1925, las Indias holandesas le quitan el tercer puesto a Venezuela, que pasa a ocupar el cuarto. En 1931 el África Oriental inglesa pasa al cuarto y Venezuela va al quinto. En 1932 El Salvador ocupa el quinto puesto, y nuestro país recula hasta el sexto, seguido muy de cerca por México, Guatemala y Haití.[65] No solo nuestros

---

65 El siguiente cuadro indica la importancia relativa de nuestra producción cafetera desde el año 1860:

Años	Por ciento de la producción mundial de suaves	Por ciento de la producción total del mundo	Su puesto entre los productores del mundo
1860		5.8	
1873		7.4	
1881-82	15	6.5	3.º
1885-86	16	6.7	3.º

competidores nos superan en el volumen de la producción sino también en la calidad. Así, en los mercados mundiales son mejor reputados y alcanzan precios más remunera dores los cafés de las Indias holandesas, Colombia, Costa Rica, y hasta los de México y El Salvador.

Tanto en lo que respecta al volumen como a la calidad, la culpa no es ciertamente de la tierra venezolana sino del hombre venezolano. Según H. Pittier, quien es autoridad en esta materia, aquí «la agricultura propiamente dicha del café ha permanecido rutinaria en extremo. No debe uno extrañar que mientras la producción mínima anual por cada árbol, en las plantaciones de Centro América, es de 500 gramos, no alcanza a más de 230 gramos en Venezuela, en donde todas las condiciones naturales son iguales, si no superiores».[66]

Debemos, a este respecto, agregar que en el Brasilia producción por árbol llega hasta 1.725 gramos.[67]

La verdad es que en materia de agricultura nos habíamos quedado en lo que sabían nuestros antepasados de la Colonia. En el dominio de la agricultura tropical, por obra de holandeses, ingleses y yanquis, principalmente se han llevado a cabo considerables progresos, que han revolucionado la técnica de los

1890-91	16	6.5	3.°
1895-96	15	6.7	3.°
1900-01	19	5.1	2.°
1905-06	17	4.9	2.°
1910-11	15	4.3	2.°
1915-16	18	4.6	2.°
1920-21	16	4.9	3.°
1925-26	10	3.7	4.°
1930-31	9.7	3.8	4.°
1933-34	5.4	1.4	8.°
1934-35	7.5	3.2	6.°
1930-35	7.8	2.5	6.°

Para la proporción de los años 1860 y 1875 [sic] he tenido a la vista las estadísticas contenidas en la *Enciclopedia Italiana*, tomo VIII, págs. 257 y sigs.
La producción mundial que se ha tomado como base es la del promedio de la década. Para los demás años he consultado *World Coffee Production. Years 1881-1934*, compilada por Sprague & Rhodes, de Nueva York.
66   *Manual de las plantas usuales de Venezuela*, por H. Pittier, Caracas, 1926, págs. 152-53.
67   *O Brasil Actual*, Ministerio de Agricultura, Industria y Comercio, pág. 35.

grandes cultivos. A esta revolución habíamos permanecido extraños, hasta que el gobierno del General J. V. Gómez, muy oportunamente, creó el Ministerio de Salubridad, Agricultura y Cría.

En la encrucijada

Desde hace algunos años nuestra industria cafetera muestra una tendencia visible hacia la declinación. La baja catastrófica de los precios que no parece haber terminado todavía, ha llevado esa crisis hasta el extremo de convertirla en la más grave que haya sufrido nunca. Había sido desde 1830, es decir, desde el alba de nuestra nacionalidad, el nervio de nuestra vida económica y el principal regulador de nuestro sistema de precios y de nuestra riqueza. El desarrollo del país había marchado a la par con su desarrollo. Hasta el día del año de 1925 en que, al vigoroso empuje de los taikunes de la compañía angloholandesa Royal Dutch y de las americanas Standard y Gulf, el petróleo le arrebató su preponderancia.

Hoy somos al mismo tiempo espectadores y víctimas de su decadencia. Su adversa suerte acarreará la de toda la zona cafetera de Venezuela. Cada descenso de los precios, cada nuevo paso en la carrera hacia el abismo, aumentará el número de cafeteros desnutridos, malvestidos, macilentos, cabizbajos, pasto de las enfermedades, sin asidero para ninguna esperanza. Habrá en nuestros campos más y más casas derruidas, desmanteladas, solitarias. Se irán haciendo más y más escasas las comodidades, el instrumental y, sobre todo, la cultura, que el café nos había permitido adquirir. Nos irá invadiendo el desierto y su cortejo de miserias y de males.

Hay que observar que la zona de las vertientes, comprendida entre los 800 y los 2.300 metros, que es la zona del cafeto, es el hogar del 50 %, más o menos, de la población de Venezuela. Por su clima saludable y vigorizador, por la potencialidad de su agricultura, que abarca casi todos los cultivos de las dos zonas que la limitan y es susceptible del máximo de diferenciación y de complementación, es hoy el sitio ideal para la creación de focos de civilización moderna. Las observaciones científicas y las experiencias realizadas en los trópicos americanos y de otros continentes, nos dejan el convencimiento de que, mientras no se hayan realizado mayores progresos en el dominio de las ciencias sanitarias tropicales, las mesetas y valles situados en la zona de las vertientes serán los más favorables para la salud y para la civilización. Esta es la conclusión, en lo que a Colombia respecta, del sociólogo Luis López de Mesa. Parece evidente que en Venezuela la zona de mayor vitalidad es la de vertientes, es decir, la cafetera. Desde el punto de vista demográfico, que es capital, la zona cafetera es un verdadero reservorio. No dispongo de estadísticas completas que me permitan llegar a conclusiones seguras. Pero tomemos el año de 1931, por ejemplo, que es el único sobre el cual dispongo de estadísticas oficiales casi completas. Al paso que Venezuela en ese año, muestra una natalidad de 27 por mil, nupcialidad de 27 por mil, mortalidad de 18 por mil y un acrecimiento de la población 9,4 por mil, los estados Trujillo, Táchira y Mérida, típicos de la zona cafetera o de las vertientes, ofrecen en el mismo año la natalidad de 36,5 por mil, nupcialidad de 30 por mil, mortalidad de 17 por mil y coeficiente vegetativo o rata de acrecentamiento de la población del 19 por mil.[68] Es decir, el coeficiente vegetativo de los estados andinos es más de dos veces mayor, en dicho año, que el del país entero. Si el año de 1931 no es excepcional, podemos concluir que es en la zona cafetera en donde Venezuela crece y se hace su potencia.

El colapso de la industria cafetera, que es el eje de su economía, se haría sentir en todos los aspectos de su vida y Venezuela entera padecería con su adversa suerte. Y por el momento no se ve ningún otro cultivo, ni ninguna otra actividad, capaz de tomar el puesto de la industria cafetera. Es claro que el desiderátum de la zona cafetera es la diversificación de su agricultura, para disminuir su dependencia del café. Pero la tarea no es fácil, sino que requiere años, experimentación y considerables medios financieros y técnicos. Es posible que los mejores cultivos, en vista de tal diversificación, sean los de consumo interno, pero la población del país, es escasa y dispersa en una vasta zona, y no puede industrializarse sino en medida muy modesta mientras no crezca lo bastante. El Brasil, y la misma Colombia, pueden hacerlo y lo están haciendo en medida mucho mayor, porque su población numerosa —más de 45 millones el Brasil y cerca de diez Colombia— permite ya el establecimiento y la segura prosperidad de ciertas industrias y hace posible una relativa autonomía económica. El desarrollo industrial de un país reposa sobre ciertos factores fundamentales, que no es el caso enumerar aquí, entre los cuales, un mercado suficiente es principa-

---

68   Boletín del Ministerio de Fomento, abril de 1932.

lísimo. Sin un número adecuado de consumidores, las tarifas astronómicas por sí solas no permitirán el desarrollo de la industria, aun cuando sí encarecen la vida y provocan el despilfarro de capitales.

El Gobierno Nacional, con loable oportunidad y patriotismo, ha tomado una serie de medidas encaminadas al mejoramiento de nuestra entera industria agrícola, entre las cuales el establecimiento de institutos de experimentación y de educación agrícola. En lo que respecta al café, decretó recientemente el establecimiento de dos estaciones experimentales, que podrían un día obrar la transformación de esta industria. Por otra parte, la Asociación de Cafeteros acaba de fundarse, y no hay duda de que en diversos campos tomará medidas oportunas y eficaces.

Sin embargo, la crítica situación actual no permite esperar los resultados de estas medidas a plazo más o menos largo y pide medidas de emergencia. Otros países se han decidido por la desvalorización monetaria. En Venezuela, según opiniones autorizadas, la desvalorización no es factible. Entre las formas de ayuda directa al productor que han sido propuestas, la que parece de más fácil aplicación y la más equitativa, es la prima a la exportación, excluyendo, naturalmente, las existencias que están en manos de los traficantes cafeteros.

Por fortuna para la zona cafetera y para el país, hay fundadas esperanzas de que el gobierno que preside el General J. V. Gómez tomará medidas adecuadas en favor de nuestra primera industria agrícola. Al responder a las Comisiones de las Cámaras encargadas de participar al General J. V. Gómez su instalación, dijo el doctor Pedro R. Tinoco, Ministro de Relaciones Interiores:

Los problemas que incidentalmente confronta Venezuela, reflejos de la crisis mundial, son estudiados y se están resolviendo bajo la dirección personal del ilustre ciudadano que preside sus destinos, Benemérito General Juan Vicente Gómez, cuyas dotes de estadista, reconocidas por propios y extraños, acabáis de elogiar con vibrantes frases de justicia y reconocimiento.

Zea, mayo de 1935.

El dilema de nuestra moneda y la situación económica venezolana

El progreso humano no es continuo, unilineal. «En todo tiempo —dice V. Pareto— los hombres han tenido la idea más o menos precisa de la forma rítmica, periódica, Oscilatoria, de los fenómenos naturales, comprendidos los fenómenos sociales.»[69]

Como ha creído probarlo el mismo Pareto, la causa, está en que sobre la sociedad actúa un conjunto de causas, en relaciones de interdependencia, que da origen a acciones y reacciones, que periódicamente modifican el instable equilibrio social. Las ondulaciones económicas no son, pues, sino el reflejo de las ondulaciones periódicas que tienen lugar en el entero organismo social.

Los factores que obran en el dominio económico son tan complejos como la sociedad misma. Pero, sin embargo, en ese campo es mucho más fácil discernir la presencia y medir la amplitud de las oscilaciones. En todos los periodos de prosperidad los precios están en alza. En todos los periodos de crisis los precios descienden. El nivel de precios es, a la vez, el indicador y el barómetro de las ondulaciones económicas.

Desde los remotos comienzos de la economía capitalista hasta nuestros días, como lo ha demostrado el eminente economista W. Sombart, el nivel de precios ha guardado estrecha relación con el ritmo de producción de los metales preciosos, de los cuales, la plata fue el más importante hasta mediados del siglo XIX, y desde entonces el oro. Cada vez que en la historia se descubren nuevas fuentes de metales preciosos, aparece la prosperidad y la vida económica entra en un periodo de florecimiento. Cuando la corriente de metales preciosos se debilita, sobrevienen las crisis, el capitalismo entra en un periodo de cansancio, su crecimiento se detiene, sus fuerzas disminuyen. Sin embargo ¿jugará siempre el oro el mismo papel? Desde hace mucho tiempo vienen ganando importancia las formas no metálicas de la moneda y aun las formas no materiales del poder adquisitivo, y es muy posible que los metales preciosos estén para perder su preeminencia como factor de los cambios del nivel de precios y, en consecuencia, de las fluctuaciones económicas.

Los periodos de alza de precios, que han sido también de abundancia de metales preciosos, son, como ya se dijo, de prosperidad. El alza de precios trae

---

69 Vilfredo Pareto, *Trattato di Sociologia Generale*, Florencia, 1923, tomo 1, pág. CVIII.

consigo la posibilidad de la ganancia, y el estímulo de la ganancia alienta el espíritu de empresa, que es el que ha edificado y el que mantiene los progresos materiales del mundo. Es claro que entonces aumenta el empleo, aumenta la producción y aumentan los salarios. Aumenta la circulación de las elites sociales. En esta atmósfera de abundancia y de contento, las sociedades adquieren el vigor y el optimismo de la juventud. Son las edades de oro de la historia. Los más claros ejemplos son la Atenas de Pericles, la Roma de Augusto, la Florencia medicea, la España de Felipe II, la Inglaterra de Isabel, la Europa del periodo que va de 1898 al 1914, que disfrutaron de abundancias de metales preciosos y de precios en alza.

Los periodos de baja de precios, que han coincidido con la escasez de metales preciosos son de crisis. La baja de precios obra en el organismo económico como un depresor. Acaba con el estímulo de la ganancia, y sin este estímulo, muere el espíritu de empresa y desaparecen los hombres que la personifican. Disminuye el empleo, disminuye la producción, bajan los salarios, se hace más lenta la circulación de las riquezas y la circulación de las elites sociales. La sociedad padece del decaimiento de fuerzas y del pesimismo de la senilidad. La decadencia del Imperio Romano; el largo periodo de estancamiento de la Edad Media; la decadencia española, que comienza hacia 1600; el periodo de crisis económicas y de estancamiento en Europa, que va del 1889 al 1898, coinciden con la escasez de metales y con la baja de precios.[70]

Los efectos de la actual crisis en el mundo[71]

Desde el fatídico día de octubre de 1929, que vio iniciarse el derrumbe de los valores de la Bolsa de Nueva York, la baja de los precios ha sido incesante y progresiva. Para marzo de 1933 el índice de los precios al por mayor había bajado 34,4 % en el Canadá, 37,6 % en los Estados Unidos, 40,9 % en Francia,

---

70 Véase: W. Sombart, *Il capitalismo moderno*, Florencia, 1926, págs. 156 y sigs.; Vilfredo Pareto, Obra citada, tomo III, págs. 436 y sigs.; Charles Gide, *Cours d'economie politique*, París, 1921, tomo I, págs. 436 y sigs.; John Maynard Keynes, *A Treatise on Money*, Cambridge, 1930, tomo II, págs. 149 y sigs.

71 Todos los datos relativos a la situación económica mundial han sido tomados de la publicación editada por la Sociedad de las Naciones e intitulada *Situation Economique Mondiale 1932-33*, Ginebra, 1933, y del Informe presentado a la XVII Conferencia Internacional del Trabajo, que se reunió en Ginebra en 1933, por el Director de la Oficina Internacional del Trabajo.

48,7 % en las Indias holandesas, 51 % en los Países Bajos. En muchos países la baja había sido contrarrestada con la manipulación de la moneda. Si se combina el índice de precios al por mayor con otros índices, se obtiene que la baja del nivel medio de precios no había sido, para esa fecha, inferior al 50 %.

El índice de precios ha llegado a un nivel más bajo que el que existía para 1913. Al comienzo de 1933 el nivel de precios había bajado, en relación con el que existía en 1913, 43 % en los Estados Unidos y de 18 a 19 % en Francia, Italia y otros países. Sobre todo para los productos agrícolas y materias primas la baja ha sido verdaderamente calamitosa. Así, por ejemplo, el trigo alcanzó en 1932 el precio más bajo que se haya registrado desde el siglo XVI.

La disminución de la producción ha sido continua. El índice de la producción industrial del mundo, en relación con el del promedio del lapso 1925-1929, es 30 % más bajo. El índice del consumo se ha mantenido, sin embargo, por debajo de aquél, de tal modo que a fines de 1932 los stocks de materias primas eran 190 % mayores que en 1927.

Los efectos de esta baja de precios y de este descenso de la producción han traído el más vasto y generalizado desempleo. A comienzos de 1932 el Director de la Oficina Internacional del Trabajo pudo calcular en treinta millones el número de obreros desocupados, con todo su cortejo de miserias ignoradas, de talento y energía malgastadas, de esperanzas burladas. A este desempleo, como si no fuera bastante, hay que agregar la disminución de los salarios de los que quedan empleados, que en ciertos casos ha sido considerable.

El comercio mundial se ha contraído en forma impresionante. En relación con el valor total en 1929 la reducción había sido, a comienzos de 1933, de 65 %. Durante el mismo periodo la reducción en el quántum de dicho comercio había sido de 26 a 27 %. Esa reducción no ha cesado. De las estadísticas de comercio exterior de veinte países, se desprende que de enero de 1931 a enero de 1934 el valor de las importaciones ha disminuido en cada uno de ellos del 21 al 79 %, y que el valor de las exportaciones ha sufrido una reducción que va del 24 al 80 %.[72]

El comercio internacional de capitales ha cesado casi por completo. El mercado de cambios está completamente desorganizado. Para junio de 1933, cuarenta y un países habían abandonado el patrón de oro, y casi todos los

---

72 Véase: *Corriere d'America* del 10 de abril de 1934.

que todavía lo conservaban nominalmente, habían establecido la fiscalización oficial de los cambios, o su fiscalización indirecta, mediante las prohibiciones de importación, las cuotas, los acuerdos de compensación, la moratoria de las deudas extranjeras, públicas y privadas, y otras medidas restrictivas del comercio.

Debido al desequilibrio creciente entre los precios del costo y los precios de venta, que es una de las peores consecuencias de una baja progresiva del nivel de precios, las empresas industriales y agrícolas se han ido haciendo deficitarias. Así, por ejemplo, al paso que en Alemania las empresas industriales obtuvieron en 1929 un beneficio neto de 7,2 %, liquidaron, en 1931, pérdidas de 4,8 %. En los Estados Unidos las sociedades industriales y comerciales, que en 1929 habían obtenido beneficios de 7.551 millones, sufrieron en 1931 pérdidas valuadas en 1.524 millones. En la agricultura la baja de precios ha sido aun más pronunciada que en la industria, contándose algunos productos que han perdido hasta el 75 % del precio que tenían en 1929.

Esta reducción considerable de precios, la disminución de la producción y el paro habían reducido la renta nacional, es decir, el producto global de la actividad de la nación, en la generalidad de los países, a menos del 60 % del nivel alcanzado en 1929. En estas condiciones es claro que sufren los económicamente activos, y se establece una situación particularmente trágica para los deudores, cuyas deudas aumentan en la misma proporción en que bajan los precios. La deflación de las deudas es la principal causa de las crisis, en la teoría del economista americano Irving Fisher, lo cual implicaría que es precisamente en ese sector en donde hay que obrar para conjurarlas.

Las finanzas públicas no pueden y no deben aislarse de la economía nacional. Su prosperidad está estrechamente ligada a la prosperidad de la economía privada, y, a la larga, no puede sino seguir su suerte. En esta prolongada depresión económica, es razonable suponer que las condiciones de las finanzas tienen que ser difíciles, y lo son, en realidad. Al tiempo que disminuyen las fuentes de ingresos han ido creciendo las erogaciones para aliviar el desempleo y para otros fines sociales.

Los efectos particularmente severos de esta crisis; su extraordinaria duración, y el hecho de que, como ha pretendido demostrarlo el economista alemán F. Fried y lo han observado muchos otros economistas, no han obrado en ella, con el mismo automatismo que en las anteriores, los factores que antes trajeron y podrían traer ahora la vuelta a la prosperidad, hace pensar que se trata no de un mero ciclo económico, como los muchos observa dos desde la Revolución Industrial del siglo XVIII, sino de una crisis de la estructura misma de la organización económica actual.[73]

Los efectos de la crisis en Venezuela

En Venezuela no disponemos de todas las estadísticas que nos permitirían medir con alguna precisión las consecuencias de la crisis. Sin embargo, las pocas de que disponemos sí demuestran claramente que no hemos sido inmunes.

Aquí la baja de precios ha sido ruinosa. Desde 1927, el año de más elevados precios para el café y el cacao durante la última década, la baja ha sido continua. En 1927 el precio medio del quintal métrico de café, del tipo Santos 4, en la plaza de Nueva York, fue de 265 francos suizos. El 7 de abril de este año, el café de la misma calidad se cotizó, en el mismo mercado, a 78 francos suizos el quintal métrico, precio que apenas representa el 29 % del de 1927.[74] Desde esa fecha han ocurrido nuevas bajas. Es necesario recordar aquí que en el año de 1932, a causa del movimiento revolucionario ocurrido en el Brasil, en los meses de julio a octubre, hubo un alza de precios del café que, combinado con el alto valor del dólar, que llegó a cotizarse hasta Bs. 7.50, permitió a nuestro comercio deshacerse de gran parte de sus existencias a precios satisfactorios y liquidando utilidades que retardaron los peores efectos de la crisis.

El descenso de precios del cacao ha sido mayor todavía que en el caso del café. El cacao del tipo Acera, obtuvo, durante el año de 1927, en el mercado de Londres, el precio de 181 francos suizos por quintal métrico. Desde entonces la tendencia ha sido a la baja, hasta el extremo de que el Bahía superior se cotizó el 7 de abril de este año a 36 francos suizos el quintal métrico, precio que es tan solo el 19 % del alcanzado en 1927.[75]

---

73 Véase: F. Fried, *La fine del capitalismo*, traducción italiana, Milán, 1932; y *La crisi del capitalismo*, Pisa, 1933. Este último volumen es un simposium de economistas europeos y americanos que estudian las transformaciones que actualmente se realizan en la organización económica. Este volumen tiene un largo apéndice del profesor G. Brugier, en el cual está catalogada y analizada la inmensa bibliografía que ya existe al respecto.
74 Annuaire Statistique de la Société des Nations 1931-32, Ginebra, 1933. *The New York Times* del 18 de abril de 1934.
75 Véase: Annuaire citado, pág. 107, y *The New York Times* de la fecha citada.

El azúcar, los cueros, el ganado y otros artículos de exportación han alcanzado en los mercados del exterior precios tan bajos, que harían reír si no fueran trágicos. Los precios de los productos agrícolas que solo entran en el comercio interior han bajado en simpatía con los del café –y hasta cierto punto con los del cacao– que es el gran regulador de nuestra vida económica.[76]

La reducción de nuestro comercio no ha cesado de acentuarse desde 1929. En ese año el monto de nuestras exportaciones fue, excluido el petróleo, de cerca de 186 millones de bolívares, y nuestras importaciones fueron de cerca de 430 millones. En el año que va de julio de 1932 a junio de 1933, las exportaciones solo llegaron a un poco más de 80 millones, excluido el importe del petróleo, y nuestras importaciones a cerca de 150 y medio millones.[77] De modo, pues, que durante el lapso 1929-junio 1933, las exportaciones disminuyeron en 43 % y las importaciones en 35 %. Es de observar que el monto de nuestras exportaciones en el año que va de julio 1932 a junio 1933, si se excluye el petróleo, es inferior al promedio de dichas exportaciones durante el periodo de 1906-1910, que fue de 82.997.000 bolívares.[78]

---

76 El café compuso en 1929 el 72 %, aproximadamente, y el cacao el 13 % del valor de las exportaciones venezolanas, excluido el petróleo –comprendiendo bajo esta denominación el gasoil, la gasolina, el kerosene, el petróleo combustible y el petróleo crudo. En el año comprendido entre julio de 1932 y junio de 1933, el café compuso el 56 % y el cacao el 12,5 %, del valor de nuestras exportaciones, excluido el petróleo. El petróleo es un producto de primera importancia en nuestra economía nacional, como elemento de la balanza de comercio y de la balanza de pagos; como fuente de ingresos fiscales; y como elemento de vida de algunas regiones venezolanas, de extensión más bien limitada, sobre todo después de que ha sido mecanizada, electrificada y racionalizada en alto grado. En 1929 el petróleo compuso el 75 % del valor y el 99,2 % del quántum de nuestras exportaciones. En el año que va de julio 1932 a junio 1933, el mismo producto compuso el 86 % del valor y el 99,43 % del quántum de nuestras exportaciones. En el tráfico de cabotaje, el mismo producto compuso en 1929 el 28 % del valor y el 92 % del quántum. En el año julio 1932-junio 1933, fueron 33,5 y 90 %, respectivamente. La producción se ha mantenido constante, con tendencia más bien al aumento, pero ello no ha impedido que la situación económica del país haya seguido empeorando.
77 Los datos sobre el comercio exterior y el tráfico de cabotaje venezolanos, cuando no se indique otra fuente, han sido tomados de la Estadística Mercantil y Marítima, que edita el Ministerio de Hacienda. Las cifras aquí contenidas y que tienen como base esas estadísticas, son meras aproximaciones, a las cuales, sin embargo, he procurado dar la mayor exactitud posible.
78 Véase: Commerce Yearbook 1928, editado por el Departamento de Comercio de los Estados Unidos, tomo II, pág. 659.

En el tráfico de cabotaje, hubo, entre 1929 y el año que termina en junio de 1933, una disminución de 38 % en el valor y de 8,5 % en su quántum, excluido, naturalmente, el petróleo.

De acuerdo con los datos que aparecen en los cuadros de los balances de los bancos nacionales y extranjeros para el 30 de junio de 1930 y 31 de diciembre de 1933 solo había habido una disminución de cerca de 4.000.000 de bolívares en el medio circulante —oro, plata, níquel y billetes de Banco— que se suponía en poder del público, en el lapso comprendido entre las dos fechas.[79] Sin embargo, por lo menos en esta sección de la República, se siente una escasez de medio circulante, que no tiene precedente en las últimas generaciones, según el testimonio de ancianos. Tal escasez debe explicarse, de seguro, por los muchos millones de oro que emigraron al exterior, durante los años en que el dólar se mantuvo a un alto valor; por las grandes cantidades de numerario atesoradas o, en todo caso, apartadas de la circulación, y, sobre todo, por la muy escasa velocidad de circulación del dinero que efectivamente está en manos del público.

El estado de nuestra hacienda pública es, sin duda, el aspecto más favorable de la actual situación del país. El país se encuentra sin deuda pública exterior; con una deuda interna, que es cantidad despreciable; y con una reserva de Tesorería, que era el 15 de abril pasado de Bs. 83.619.100,29. Esta situación de nuestra hacienda pública es un privilegio de la nación, y es tal vez única en el mundo. Sin embargo, el año fiscal 1929-1930 fue el más próspero que haya tenido el país, habiendo alcanzado los ingresos a la suma de Bs. 255.444.823,52. Desde entonces los ingresos no han cesado de disminuir. Si se toma como punto de comparación el total de ingresos del año 1929-1930, la disminución fue de 17,5 % en 1930-31, de 27,5 % en 1931-32 y de 32,5 % en 1932-33, en cuyo año el total de ingresos solo se elevó a la suma de Bs. 889.094,39.[80]

El mercado de valores que, en otros países, suministra el índice más sensible a los cambios económicos, está en Venezuela poco desarrollado. Con todo, no se debe despreciar la indicación que nos ofrece. Los valores de algunas

---

79   Véase: *Boletín de la Cámara de Comercio de Caracas*, de diciembre de 1930 y febrero de 1934.
80   Véase: *Resumen de la Estadística Fiscal en el lapso económico de 1908-1933*, Ministerio de Hacienda, Caracas, 1933.

empresas ferrocarrileras, de centrales azucareros, de seguros, de hilanderías, de cervecería y bancarias han sufrido una baja ruinosa.[81]

Otros valores no han bajado sensiblemente, pero no nos es dado saber si tal firmeza se debe a que las empresas a que corresponden gozan de relativa prosperidad, o que están distribuidas en pocas manos y no puede obrar el regulador de la oferta y la demanda.

Es de presumir que en el año que no cubren las estadísticas de que dispongo, ha disminuido nuestro comercio exterior,[82] ha disminuido nuestro tráfico de cabotaje y han disminuido los ingresos fiscales. Pero no solo es de presumir, sino de afirmarlo con certeza, con una certeza que no deje lugar a dudas, que durante el último año nuestra situación económica ha empeorado en gran medida. El factor principal de esta agravación de nuestra crisis es la desvalorización del dólar americano. Hasta el año pasado el dólar conservó en Venezuela un valor, que hacía todavía mediocremente remunerador el cultivo del café y del cacao, los dos productos que están en el centro de nuestra vida económica. Con el nuevo dólar desvalorizado, o lo que es lo mismo, con el bolívar caro, los precios de nuestros productos de exportación se han hecho irrisorios, no cubren ni siquiera los gastos de beneficio y están arruinando a todos los interesados. Aun cuando es bastante serio, no es todo. Como nuestros principales competidores en los mercados del mundo han desvalorizado su moneda en medida todavía mayor que el mismo dólar, y en consecuencia sus exportadores pueden ser menos exigentes que los nuestros, la demanda del exterior por nuestros productos ha venido disminuyendo en una forma que amenaza sernos fatal para el porvenir. Así, por ejemplo, en lo que respecta al café, hemos leído informes de algunas firmas cafeteras de Nueva York que avisan que algunos tostadores americanos están sustituyendo en sus mezclas el café venezolano por el de otras procedencias, que pueden comprar en mejores condiciones. Estas firmas prevén que algunos de estos tostadores, como es natural pensarlo, no volverán a emplear los cafés venezolanos, aun cuando se restablezcan las

---

81 Véase: *Boletín de la Cámara de Comercio de Caracas* de marzo de 1930 y marzo de 1934.
82 De conformidad con la Estadística Mercantil y Marítima del semestre julio-diciembre de 1933, que recibo después de escrito este artículo, las exportaciones durante dicho semestre solo se elevaron a Bs. 25.064.778,43 excluido el petróleo.

condiciones antes existentes. De manera que amén de que nuestro café no vale nada para nosotros, cuesta y seguirá costando venderlo.

Esta nueva baja de nuestros principales productos de exportación, causada por la desvalorización del dólar americano y de las monedas de los países que son competidores del nuestro en los mercados del exterior, ha traído una situación que, sin ambages, puede calificarse de ruinosa. Las transacciones comerciales se han reducido al mínimum. Todas las empresas industriales, comerciales y agrícolas, salvo raras excepciones, son deficitarias. Todo el mundo está sumamente adeudado, y la mayoría de los deudores no pagan, no pueden pagar, y no es justo pretender que lo hagan. Nuestros campesinos y nuestros peones —sin que de ello se pueda culpar a nadie, en particular— no ganan sino para vivir una vida, dentro de la cual no son posibles ni la salud ni la decencia. En fin, puede resumirse la situación diciendo que todos los que desempeñan un papel activo en nuestra vida económica se están empobreciendo de hora en hora. Los menos probados por la depresión, los que gozan de mayor tranquilidad, son los avaros que tienen sus capitales enterrados, y otros capitalistas y capitales desocupados e improductivos. Es decir, la crisis ha herido con mano ruda a todos los que combaten en las primeras líneas la batalla de nuestra economía, y ha ahorrado, en cambio, todo sacrificio y toda pena, a los emboscados y a los desertores de la producción.

En el país, merece mención especial el Táchira, uno de los emporios de la riqueza y uno de los centros de la energía venezolana. De su situación habla así la *Revista Mercantil*, de abril pasado: «Quizás desde aquellos últimos periodos convulsivos de nuestra historia, que se prolongan hasta los primeros años del siglo actual, el Táchira no había sufrido una crisis tan acentuada y de proporciones tan extensas como la que soporta actualmente». Debido a los precios ruinosos del café y a la baja de la moneda colombiana, que ha anulado todos los posibles beneficios del reciente arreglo comercial con la vecina República, el comercio y la agricultura de esta rica región están decayendo y van camino hacia la ruina. El intercambio comercial con Colombia ha cesado.

Solo subsiste de ese intercambio el lado pasivo, que contribuye a hacer extrema la escasez de numerario. Un articulista de *El Tiempo de Bogotá* calcula las exportaciones de Colombia a Venezuela, durante el último semestre, en más de un millón de pesos.

El mundo frente a la crisis

En todos los países que reconocen en los intereses de la mayoría los intereses de la nación, es claro que los gobiernos no podían limitarse a la resistencia pasiva, sino que han tenido que intervenir.

Como era natural, todos los países, dada la diversidad de circunstancias, no han estado acordes en la elección de los medios. Se han establecido dos doctrinas frente a la crisis:

la una insiste en que la actividad económica debe ser estimulada principalmente por una acción monetaria que procure el alza de precios y haga más tolerable el fardo de las deudas; la otra sostiene que ningún restablecimiento económico es posible mientras que las deudas no hayan sido reducidas, no ya al nivel demasiado bajo de la capacidad de pago, comprobada en el punto más bajo de la crisis, sino, en todo caso, a niveles inferiores de los que existían cuando las deudas fueron contraídas.[83]

Algunos países, como Francia, Alemania e Italia, han adoptado una política de deflación, que se ha caracterizado, por una parte, por la reducción de los salarios y de los sueldos; la conversión de la deuda pública; la reducción de las deudas privadas, sobre todo de ciertas categorías; la reducción del tipo de interés; la fiscalización de la producción y del intercambio, y otras providencias que pueden englobarse bajo la designación de economía maniobrada o dirigida»; y, por la otra, por vastos planes de obras públicas, encaminados a aliviar el desempleo y aumentar de muchas maneras la actividad económica. Hay que notar que, de estos países, Francia es una nación excepcionalmente rica, y Alemania e Italia dan pruebas de una admirable disciplina colectiva. Por otra parte, estos tres países estabilizaron su moneda hace muchos años, a niveles muy bajos, que permitieron restablecer el equilibrio en sus relaciones económicas.[84] A pesar de circunstancias tan favorables, muchos dudan de que

---

83 *Situation Economique Mondiale 1932-33*, pág. 273.
84 Alemania estabilizó su moneda en 1923, sobre la paridad de un billón de marcos papel por un rentenmark; Italia la estabilizó en 1927, al 27 % de la vieja paridad; y Francia en 1928 al 20 % de la paridad anterior 17. XVII Conference Internationale du Travail, Rapport du Directeur, Ginebra, 1933, pág. 68. Véase sobre las razones que explican las dificulta-

la deflación sea tan cabal como sería necesario para que pudiera conseguirse un equilibrio satisfactorio.

Un número más considerable de economistas no ponen ninguna esperanza en la deflación progresiva. Observan que la desocupación, lejos de disminuir con la reducción de los salarios, ha continuado aumentando. Afirman que la deflación de los salarios y de los precios, habrá de conducir, en definitiva a una inflación de todas las deudas —comprendidos todos los capitales fijos y los hipotecarios hasta el punto en que será imposible soportarlas y deberán ser en gran parte amortizadas.

En general, el método que ha probado ser el más satisfactorio, y el único que en todo caso podía ser empleado por la mayoría de los países, ha sido el de inflación o desvalorización de la moneda, encaminada a elevar los precios y restablecer el equilibrio de sus relaciones económicas. Ha sido el sistema adoptado por las dos mayores naciones industriales y comerciales del mundo, Gran Bretaña y Estados Unidos, y por todos los países ligados estrechamente a la economía británica y a la economía estadounidense, a quienes una política monetaria independiente habría expuesto a una grave dislocación de su comercio, que habría intensificado sus desequilibrios económicos. Es indudable que tal política monetaria ha permitido conseguir, entre los países pertenecientes a los dos grupos, una relativa estabilidad de sus relaciones comerciales. Los países están alertas a todo cambio monetario, porque saben hasta qué punto el nivel de la moneda influye en el intercambio comercial. Así, cuando en 1931, los dominios británicos y los países escandinavos siguieron a Inglaterra en el abandono del patrón oro, Nueva Zelanda, con la mira de asegurarse ciertas ventajas en el mercado inglés puso una prima de 25 % a la esterlina. Como quiera que los productos neozelandeses de lechería compiten en el mercado inglés con los productos daneses, Dinamarca hizo descender su corona en la misma proporción.

Es de suponer que los males de la inflación controlada o de la desvalorización de la moneda son, en todo caso, menos graves que los de la deflación

---

des de la deflación, y sobre las ventajas y mayor practicabilidad de la inflación: Keynes, Obra citada, tomo 1, págs. 276 y sigs., y Giovanni Demaria, *Le teorie monetarie e il ritorno all'oro*, 1928, págs. 103 y sigs.

desordenada e intermitente que causa la crisis, y aun de la deflación dirigida que están practicando ciertos países, pues cada día se agrega un nuevo país al grupo de los inflacionistas, y ninguno de los convertidos piensa en volver atrás. Hace pocos meses, Reginald McKenna, el gran financista y banquero inglés, hizo un elogio público y franco de la nueva moneda dirigida inglesa. La situación en los Estados Unidos, si no ha mejorado de modo espectacular, por lo menos no ha empeorado, y ciertos sectores del país se han beneficiado sensiblemente. El Japón ha recibido con la inflación tal impulso industrial y comercial, que amenaza desalojar de algunos mercados a las mayores naciones industriales, y adquirir un puesto definitivo más alto en el escalafón económico del mundo. Checoslovaquia es la última convertida a la desvalorización, habiendo recientemente disminuido en una sexta parte el contenido de oro de su corona.

Todas estas naciones no se han decidido por la inflación a la loca, o por puro gusto. Saben bien que la inflación y la desvalorización tienen sus inconvenientes, pero, evidentemente, han encontrado mucho peores los males de la deflación desordenada que provoca la crisis.[85]

---

85 A muchas personas la inflación inspira un terror pánico, porque la consideran algo así como el infierno de los teólogos: conjunto de males sin mezcla de bien alguno. Es probable que solo recuerden las inflaciones de tipo extremo, monstruoso: la emisión de John Law, los asignados de la Revolución Francesa, los greenbacks de la Guerra de Secesión americana, las inflaciones alemana, austríaca, húngara, polaca y rusa posteriores a la Guerra Mundial. No recuerdan o no quieren recordar, las muchas inflaciones controladas que tenemos ante nuestros ojos, ni saben que ha habido grandes variaciones de valor en las mismas monedas metálicas, causadas por la apreciación o depresión de los metales preciosos, o por la inflación o deflación del crédito. Hay un ejemplo de que la inflación es cosa humana, en que el bien y el mal están más o menos bien dosificados, que vale la pena citar porque es americano y tropical: el del Brasil. La moneda brasileña ha tenido una tendencia casi continua hacia la baja, y ha estado sometida a una inflación intermitente, desde el advenimiento de la República, en 1889. Para esta fecha el milreis valía 27 3/16 peniques, o sea 54 céntimos del viejo dólar, aproximadamente. En 1898 ya no vale sino 12 a 14 céntimos; en 1900, 19; en 1905, 32; en 1910, 32; en 1915, 24; en 1920, 32; en 1925, 12; en 1930, 11; y el 7 de abril pasado apenas alcanza a valer 8,75 céntimos del nuevo dólar. A pesar de esta baja casi continua del valor de la moneda, o gracias a ella, su población se ha triplicado entre 1890 (14.333.915) y 1930 (41.000.000), y los índices de su vida económica indican un desarrollo más que proporcional de su producción, de su comercio exterior y de su riqueza. Véase: Brasil en: la Enciclopedia Italiana, el Commerce Yearbook 1928, citado, el Annuaire, también citado.

El dilema de nuestra moneda: tónico o depresor

El tiempo ha corrido mientras nosotros hemos estado esperando la vuelta de la prosperidad. Pero la crisis ha desafiado las 286 profecías de los optimistas y las esperanzas de los ingenuos. Aun cuando la prosperidad estuviera a la vuelta de la esquina, no sería justo que siguiéramos confiando nuestro destino a esperanzas que han quedado burladas con cada nuevo amanecer, que nos deja ver, por el contrario, una situación peor que el día anterior; y, que, implacable, nos sigue acosando.

En esta situación, es necesario repetirlo, se están empobreciendo todos los que tienen un puesto activo en la vida económica. Pero la crisis adquiere el significado de una tragedia cuando se advierte la situación de los deudores, cuyas deudas fueron en gran parte contraídas cuando nuestro nivel de precios era tres veces más alto que el actual, y que tienen que atender a ellas cuando su trabajo y sus bienes apenas les producen escasamente para vivir; y los frutos de exportación solo valen la tercera parte de lo que antes valían; y los intereses se siguen acumulando; y va acercándose, ineludible, el espectro de la ruina.

Como es natural, los acreedores no tienen la culpa, y la ley les da el justo derecho a ser pagados. Pero mientras la situación se mantenga inalterada ¿es conveniente que ejerzan ese derecho? Supongamos, por mera hipótesis, que los Bancos, que son los principales acreedores, se resuelvan a ejecutar a sus deudores. Se iniciaría entonces un proceso de liquidación, que se difundiría por el país entero, y convertiría nuestros gremios agrícola y comercial en un vasto cementerio del cual saldría proletarizada buena parte de nuestra clase media, con consecuencias sociales incalculables.

Para aliviar esta situación no se adivina ninguna solución agradable, que sea, como el cielo de los teólogos, conjunto de bienes sin mezcla de mal alguno. Tales soluciones no son de este mundo. Nuestra elección no puede hacerse sino entre soluciones desagradables, entre las cuales es una y ciertamente la peor, la de dejar las cosas como están. La mejor será siempre la menos mala, la menos desagradable.

Entre las que hasta ahora se han propuesto, se encuentran las inflaciones con curso forzoso, la acuñación de moneda de plata, los subsidios a los principales productores de exportación y la fiscalización de los cambios. Estas soluciones tienen el grave defecto de ser de aplicación difícil, unas, y otras de no curar los peores males que nos aquejan. En todo caso, debe preferirse cualquiera otra, si la hay, que dé esperanzas de mayores ventajas. Yo propongo un plan sencillo; de fácil aplicación; que evita la inestabilidad que acarrearía una inflación de curso forzoso o una abundante acuñación de plata; que obraría como un tónico en nuestro entero organismo económico; que daría inmediato alivio a los dos sectores más probados por la crisis: los deudores y los productores y exportadores de café, cacao y otros artículos de exportación; que traería, en fin, una situación más equilibrada, y por consiguiente, más sólida que la actual: la desvalorización violenta de nuestro bolívar, mediante la reducción, de un solo golpe, de su contenido de oro fino de doscientos noventa mil trescientos veintitrés millonésimos de gramo, establecido por la ley de 15 de junio de 1918, a la mitad. Este fue el tipo de desvalorización propuesto para los Estados Unidos por el distinguido economista Henry Hazlitt. Es la solución que acaba de adoptar Checoslovaquia, y que mereció un coro de elogios por parte de los banqueros reunidos recientemente en el Banco de Arreglos Internacionales, de Basilea.

Es claro que el nuevo bolívar tendría el mismo poder liberatorio que el antiguo, sin lo cual no habría razón para el cambio; y que las ganancias que provengan de la nueva valuación del oro, siguiendo los precedentes establecidos, tocarían al fisco nacional, pudiendo dedicarse dicha ganancia a financiar un plan de obras públicas adecuado, con el fin de aumentar la circulación monetaria y activar, de muchas maneras, la economía del país.

En busca de opositores

En una situación normal no me habría atrevido a proponer la desvalorización, es decir, la mutilación del bolívar. Habría sido un acto inmoral, patológico. Pero hoy, después de que los Estados Unidos de América, Inglaterra y más de cuarenta países han desvalorizado su moneda; cuando la han desvalorizado los países que compiten con nosotros en los mercados del mundo; cuando la crisis está acosándonos y ya nos tiene al borde de la ruina, lo anormal, lo patológico, es que en esta situación solo la moneda sea intangible. Establecido el contraste entre nosotros y la moneda, no hay duda sobre quién debe ser el vencido.

Sin embargo, presiento que hay opositores. Salgamos en su busca.

En primer lugar, los que por cinismo, por indiferencia o por pereza están por no hacer nada, por dejar las cosas como están, aun cuando se estén poniendo insoportables. Son las «tristes almas» que Dante encontró al entrar al infierno, «que vivieron sin merecer alabanza ni vituperio, que no fueron ni rebeldes ni fieles a Dios, sino que solo vivieron para sí». Son el peso muerto de la raza de Prometeo. Sigamos el consejo de Virgilio a Dante: mirémoslos y pasemos adelante.

También están en el deber de oponerse los que adquirieron sus convicciones económicas en la lectura de los economistas del siglo pasado, y que a la sombra de su fe liberal se han habituado a admirar en todo la obra armoniosa de la naturaleza, y sostienen que lo mejor es dejar hacer sin intervenir. Las crisis son, según ellos, inevitables, y aun providenciales, porque eliminan los organismos económicos más débiles y no dejan subsistir en el porvenir sino los más fuertes y mejor adaptados. Por supuesto, esta doctrina ya ha perdido sus adeptos en las nuevas generaciones.

Por una evolución tácita, pero franca —dice el Director de la Oficina en el informe presentado a la XVII Conferencia Internacional del Trabajo— se ha ido desvaneciendo la creencia en que la acción automática o semiautomática de las leyes económicas temperada por bruscas, intermitentes intervenciones del Estado, es el medio de conseguir la prosperidad. La crisis ha tenido como principal efecto el de dar un golpe mortal a la doctrina del puro *laissez-faire*, y de afirmar, por el contrario, la tesis de la economía dirigida.

La solución tampoco debe ser del agrado de los puritanos o ascetas de la economía, que creen que los pueblos se forman en las dificultades, como los hombres se educan en el dolor. Detestan la especulación, que consideran un pecado digno de castigo. Con tal fin, no encuentran que sea el caso de oponerse a la restricción del crédito y a la baja de precios. Todo lo que sabe a inflación es para ellos anatema. Tal punto de vista tendría visos de razonable si los especuladores fueran los únicos castigados. Pero todos trabajamos para el porvenir y somos especuladores por ese solo hecho. Lo único que habría podido salvarnos de las garras de la crisis era una presciencia imposible y, en su defecto, la inacción, un lujo que todos no podemos darnos. En verdad no merecían castigo los que la crisis ha castigado tan duramente.

Por razones de interés, este plan puede parecer ingrato a todos aquellos que en nuestra organización económica tienen la fortuna de ser acreedores. Sin embargo, está en su interés bien entendido prestar su apoyo a cualquier iniciativa que detenga la marcha hacia la ruina; que restablezca la actividad económica; que premie con la ganancia el espíritu de empresa; que permita a los deudores, quienes nunca podrán pagar sus deudas si persistiera esta situación, pagarlas, aun cuando sea en una moneda, aparentemente desvalorizada pero de igual poder adquisitivo a la antigua. Uno de los defectos más graves de la organización económica actual consiste en que, como lo dice Henry Hazlitt, la moneda es de caucho y las deudas son de acero. Cualquiera desvalorización de la moneda que la ponga en armonía con el nivel de precios existentes, no va, evidentemente, contra la equidad. Si el acreedor va a ser pagado con una suma que compra la misma cantidad de bienes y servicios que compraba la que se le adeuda, no tiene derecho a hacerse pasar por una víctima.

En el plan de desvalorización del bolívar, que propongo, he tratado de armonizar su poder adquisitivo, en cuanto ello es posible, con el nuevo dólar americano, la moneda de nuestro principal mercado exterior, y con nuestro nivel interno de precios.

Para aprovechar la oportunidad

Aun cuando nuestro plan no requiere necesariamente la reforma de nuestro sistema bancario, creo que debería aprovecharse esta coyuntura para transformarlo, creando un Banco central, y reglamentando los Bancos de comercio de acuerdo con ciertas normas que la experiencia ha consagrado.

El Banco central es hoy considerado como elemento indispensable, digo indispensable, de una sana y eficaz circulación monetaria y de un buen sistema de crédito. La Conferencia de Bruselas de 1920 aprobó una resolución incitando a los países que no lo tuvieron a establecerlo. Desde entonces se organizaron en Euro pa y en América un gran número de dichos Bancos, hasta el punto de que son muy raros los países que todavía están desprovistos. La Conferencia económica que se reunió en Londres el año pasado, también adoptó resoluciones preconizando la creación de Bancos centrales en los países que todavía no los hubieran creado.

El Canadá es uno de los países que cuenta con uno de los sistemas bancarios más sólidos. Sin embargo la Comisión presidida por Lord MacMillan y encargada del estudio del sistema bancario del país, acaba de presentar recientemente su informe al gobierno, en el cual dictamina que:

para darle al patrón oro internacional los mecanismos necesarios para su satisfactorio funcionamiento, es necesario que se establezcan Bancos centrales en los países que aún carezcan de ellos, y que se les confieran los poderes y la libertad necesarios para poder llevar a efecto una política monetaria y de crédito apropiada.[86]

Es claro que nuestro régimen monetario es rudimentario, para decir lo menos. Sin fijar la atención en otros principios que han recibido general aplicación en los Bancos centrales organizados bajo los auspicios de la Sociedad de las Naciones, se impone recordar el muy importante de que el activo del Banco de emisión debe componerse de efectos comerciales y otros haberes inmediatamente liquidables. Ahora bien, entre los negocios de nuestros Bancos de emisión tienen mucha importancia el crédito en cuenta corriente pasiva y el crédito hipotecario, que están entre los menos líquidos que se pueda dar.

Hemos visto que el Canadá, a pesar de tener un sistema bancario solidísimo, va a establecer un Banco central de emisión. Es que, tanto desde el punto de vista teórico como desde el punto de vista práctico, solo un Banco central puede ser, con serias posibilidades de éxito, un eficaz regulador de la circulación monetaria y del crédito, de manera que sirvan efectivamente los intereses de la economía nacional.

Se acepta generalmente que la mayoría de los principios concernientes a la organización de los Bancos centrales han sido fijados; en cuanto a nosotros, creo que —sin dejar de estudiar los estatutos de los Bancos creados bajo los auspicios de la Sociedad de las Naciones, así como también las recomendaciones contenidas en el Informe del Comité del Oro— podrían seguirse en sus grandes líneas los Bancos centrales creados en Colombia y otros países de América y Europa por el economista E. W. Kemmerer, y que no han dado malas pruebas de sí.

---

86   Véase: *The New York Times* del 25 de febrero de 1934.

Pereunt et Imputatur

Mientras las dificultades se agravan el tiempo huye, implacable como el destino. Las horas se deslizan furtivamente, llevándose nuestras esperanzas y nuestras oportunidades, que son fragmentos de nuestra vida. Recordemos las elocuentes palabras grabadas bajo el reloj de Sol del Colegio de Todas las Ánimas, en Oxford: *pereunt et imputantur*: las horas pasan y se nos cargan en cuenta.

Julio, 1935.

Las limitaciones del nacionalismo económico

I. El nacionalismo de moda

Señores:

El presidente de esta institución civilizadora, el eminente ciudadano que por su vasta cultura, su vida ejemplar y su tenaz devoción al bien público, es honra del Táchira y del país, me ha hecho la distinción alta e inmerecida, que sé agradecer, de designarme para iniciar el ciclo de conferencias que, como parte de un pro grama cultural, el Salón de Lectura se propone llevar a cabo. Es de suponer que tal distinción se deba a la primera letra del alfabeto con que comienzan mi nombre y mi apellido.

La verdad es que me honra y me causa íntima satisfacción venir a hablar sobre ciertos problemas, que estoy seguro os interesan, en esta ciudad que siempre me cautivó, aun antes de que tuviera la suerte de conocerla. Circundada de tierras ubérrimas y sanas, propicias al esfuerzo; en un punto de convergencia o de cruce de vías de comunicación de importancia nacional e internacional; exponente de una raza laboriosa, emprendedora, prolífica, migra- toria y colonizadora; principal población en la zona de contacto con la vecina República de Colombia, San Cristóbal está llamada a grandes destinos. Será siempre, para bien de la Patria, una de las obreras de su historia, uno de los puntos de concentración de las energías venezolanas.

La Sociedad Salón de Lectura ha querido que esta parte de su programa cultural se inicie hoy, cuando la Patria conmemora su día más trascendental y más glorioso, porque decidió nuestra in corporación al número de los pueblos libres e independientes. La lucha más sangrienta y más destructora que haya visto la América habrá de prolongarse durante muchos años para consolidar la obra iniciada en ese día, pero en la Declaración del 5 de julio, en la elocuencia de sus razones, en la altivez de sus sentimientos, en 294 la firmeza del propó- sito, por el cual, dicen los declarantes, «damos y empeñamos, unas Provincias a otras, nuestras vidas, nuestras fortunas y el Sagrado de nuestro honor nacional», la Independencia es ya un hecho irrevocable. Cada pueblo, y dentro de cada pueblo cada época, tiene su peculiar estilo para celebrar sus grandes días, y este estilo revela su íntima naturaleza, su fuerza o debilidad. A un pueblo fuerte no le bastan las palabras que se lleva el viento, ni los fuegos de artificio.

La exaltación de las glorias pasadas, a base de estos ingredientes, constituye lo que Eloy González llamó una vez patriotismo paleontológico. La única celebración digna y eficaz de días como éste, en que la Patria vivió una de sus horas de león, es la de comenzar, y todavía mejor concluir, empresas que consoliden esa hora, que la enaltezcan, que den prueba irrecusable de que la virtualidad que la llevó a ser aún está intacta. Este pensamiento, creo yo, ha animado al Salón de Lectura, al iniciar en esta fecha su ciclo de conferencias. Y no podría perder mucho de su significación, aun cuando el que ha sido llamado a cooperar en la tarea no estuviere a la altura del propósito.

Lo que voy a decir tiene que hacer con el nacionalismo. Durante las dos últimas décadas ha habido una verdadera erupción de nacionalismo. Es uno de los temas de moda y una de las ideas-fuerzas de la época. Se trata de un movimiento que abarca toda la vida social, que tiene amplias resonancias aun en los más apartados rincones de la existencia colectiva, y cuyas repercusiones influyen poderosamente, para bien o para mal, en el dominio económico, por ejemplo. Es un movimiento que hay que analizar y darle confines precisos, si se quiere evitar que circule bajo la forma espuria, extrema y a veces grotesca, que le dan las mentes sencillas e incultas, que apenas saben ver lo blanco y lo negro, como si su existencia transcurriera de noche e ignoraran la rica gama del iris. Pues bien, para esas mentes sencillas e incultas el nacionalismo implica, cuando no está viciado de hostilidad, el más absoluto aislamiento. *La Nación* debe ser como la mónada sin ventanas del Leibnitz. Ha de vivir ensimismada, admirándose, como el Narciso mitológico.

En algunos teorizantes cultos, y aun cultísimos, la ideología nacionalista puede haber llegado a estos excesos, muchas veces conscientemente. Es cuestión de estrategia ideológica. Se piensa que hay que hacer las verdades escandalosas, desafiantes, para hacerlas activas. Después la vida las sorteará, y cuando la tempestad cese y la marea baje, quedarán reducidas a sus justas proporciones. Ni el nacionalismo actual ni el que rigió en el siglo pasado, podrían dividir el mundo en compartimientos estancos. Lo único que pueden hacer, aun cuando se propongan otra cosa, es llevar ciertos principios y ciertas fuerzas al centro de su vida colectiva. A este respecto, tal vez sea de alguna utilidad recordar algo de la historia del nacionalismo.

Antes de que existiera la doctrina del nacionalismo, existieron las naciones. En el principio era la acción, dice la famosa frase de Goethe. Sobre la multitud de provincias y de estados ciudades del periodo feudal se constituyeron España, Francia, Inglaterra. Como consecuencia de las Cruzadas y del Renacimiento, la vida europea se había transformado, y estos grandes Estados vinieron a representar un progreso económico y social considerable. Solo los grandes Estados podían ofrecer un campo suficientemente amplio a la vida económica, y a los ideales, ambiciones y voluntad del nuevo europeo. Es decir, el nuevo Estado era la única comunidad humana que estaba a la «altura de los tiempos». La prueba la tenemos en que fueron estos Estados los obreros de los grandes hechos, los principales actores del drama de la historia, los que tejieron los grandes progresos de la época. Italia, Alemania y el resto de Europa, que siguieron fragmentados en provincias y estados-ciudades, que no supieron concebir otro patriotismo que el estrecho, menguado, asfixiante patriotismo local, hubieron de convertirse, cuando no en campo de batalla o en colonia de explotación, en actores de segundo orden, como anónimos o meros espectadores.

La Revolución Francesa y las guerras napoleónicas hicieron del nacionalismo un movimiento caudal. Por sus teorías y por la forma como operó la subversión del orden europeo, la Revolución Francesa dio un impulso decisivo a la organización nacional. En la forma que adoptó durante esta época, el nacionalismo fue principalmente el resultado de la reacción contra el mapa político trazado a su antojo por el Congreso de Viena. Ciertos gobiernos que dominaron en Europa después de este Congreso no eran de ninguna manera representativos de los pueblos, y se mostraron grandes embarazadores de la producción y disipadores de las energías humanas. En ciertos Estados, gobernantes y gobernados eran diversos por las razas, por la religión, por las tradiciones históricas y por la cultura. Surgió intensa en los pueblos la aspiración a gobernarse por sí mismos y a retener la lengua, las instituciones y la civilización de su agrado. De ese movimiento, cuyas ideas, y las pasiones que estas ideas supieron engendrar, fueron aventadas a todos los confines del mundo, viene nuestra Declaración de Independencia, vienen las naciones americanas, la Italia y la Alemania unificadas, y, finalmente, los cambios de estructura de los grandes imperios modernos.

La afirmación fundamental de este nacionalismo era que cada nación tenía el derecho de vivir su propia vida, de gobernarse por sí misma y de organizar su propio Estado. Pero ¿cuál era la razón de ser de la nación? Se ha tratado de explicar la nación por la comunidad de raza, de idioma, de religión, de tradiciones históricas. Ninguna de estas causas por sí sola, ni todas juntas, son razón suficiente para que una comunidad sea una nación y la nación organice su Estado. No hay duda que la raza, la religión, el idioma, la historia comunes son vínculos poderosos de unión, y hasta cierto punto imponen la convivencia dentro de un grupo dado, pero el impulso decisivo lo dan siempre las esperanzas de un mayor bienestar, un proyecto de vida más próspera, más noble y más rica. *Ubi bene, ibi patria*: donde se está bien allí está la patria, dice la conocida expresión latina. Ernesto Renán resume así su idea de la nación: es un plebiscito cotidiano. Ortega y Gasset nos dice lo mismo con otras palabras: es un programa sugestivo de vida en común. Lo que interesa subrayar es que la nación es mucho más, infinitamente más porvenir que pasado, y por esto es por lo que es necesario rehacerla cada día.

Después de las Cruzadas, del Renacimiento y las grandes exploraciones y descubrimientos geográficos, la nación, en cuanto implicaba la formación de un gran Estado, estaba a la «altura de los tiempos», era la forma más apta para sustentar los ideales, abrigar las ambiciones y satisfacer las necesidades del hombre europeo y americano. Pues bien, cuando el nacionalismo aún no había alcanzado todos sus objetivos, al impulso del capitalismo, de la ciencia y de la técnica, tres manifestaciones de un mismo espíritu, el mundo se pone a crecer en tal forma que las aspiraciones y las necesidades colectivas acabarán por rebasar esas fronteras nacionales recién trazadas.

El progreso material del mundo, cuando todavía estaba en vigor el primer movimiento nacionalista, fue impresionante. Así en Europa, la población creció, de 1800 a 1930, de 180 a 500 millones aproximadamente. Más todavía. Durante un periodo casi idéntico, es decir, de 1820 a 1924, se ha calculado que Europa envió al resto del mundo 55 y medio millones de inmigrantes. El comercio mundial, que era en 1800 de 7.600 millones de bolívares oro, se elevó en 1929, año en que culminó la prosperidad de la última década a 346.000 millones, aproximadamente. Este comercio creciente fue el resultado combinado de un utilaje industrial que necesitaba, para alcanzar su mayor rendimiento, mercados que no era posible encontrar dentro de los límites de cada país y que los reclamaba siempre mayores; de una acumulación de capital líquido, muy superior, en los países industriales, a las necesidades normales, y que, en todo caso, resultaba provechoso exportar; de obra de mano que no era posible emplear en su patria en ocupaciones remuneradas, y prefería emigrar; y de medios de comunicación, siempre más variados, más abundantes, más rápidos y más cómodos, que acortaban las distancias, acercaban cada día más los pueblos, y hacían el mundo a la vez más grande y más pequeño. El inmenso desarrollo del comercio internacional llevó al establecimiento de grandes mercados internacionales, como Londres, Nueva York, Liverpool y Hamburgo, en los cuales toda fluctuación de los precios, por leve que sea, provoca cambios correspondientes en todos los mercados del planeta. Había tomado lugar una estructura financiera, más que internacional, cosmopolita, cuyos centros eran Londres, Nueva York, París, Ámsterdam, tan perfecta, que en ella todos veían la anticipación de lo que podían y debían ser las organizaciones internacionales del porvenir. Poco a poco se iba llegando a una división del trabajo entre las naciones, llamada a multiplicar en ese plano el fruto de la actividad humana, como ya lo había hecho en el plano nacional. La obra de mano, el capital y la técnica se desplazaban dondequiera que pudieran encontrar un mayor rendimiento. Gracias a este proceso se creyó que era posible nivelar el tren de vida de todas las poblaciones del mundo, y el capitalismo probó que era en verdad un gran agente de nivelación.

¿Cuáles fueron las consecuencias de estos sucesos en el sistema del nacionalismo y en la estructura del Estado que había contribuido a forjar? Los hombres europeos, con sus ambiciones faustianas, su capitalismo expansivo y sus necesidades en continuo aumento, terminaron por encontrar estrecho el escenario que les ofrecían territorios que la técnica iba empequeñeciendo. Necesitaban el mundo, o por lo menos, inmensas áreas del mundo. Las fronteras económicas seguían los intereses, estaban donde obraban estos intereses. Se llegó a una situación en que todo Estado no pudo menos de contar con los demás, y se comenzó a buscarles soluciones internacionales a problemas de interés común, y con cada solución se establecía un organismo internacional. En 1868 se estableció la Unión Telegráfica; en 1874, la Unión Postal Universal; en 1875, la Unión Internacional de Pesas y Medidas; en 1890, la Oficina Comercial para la protección de la propiedad industrial; en 1890, la Oficina Comercial Panamericana; en 1899, la Corte Permanente de Arbitraje; en 1905, el Instituto Internacional de Agricultura de Roma; en 1907, la Oficina Internacional de Higiene, y en distintas épocas centenares y centenares de organizaciones y sociedades internacionales. El socialismo, el movimiento social más significativo de esta época, asumió desde temprano carácter internacional, y fue uno de los grandes agentes de internacionalización. Su primera reunión internacional se efectuó en 1864. Más tarde, sin embargo, debía convertirse en uno de los mayores responsables del clamoroso retroceso del internacionalismo y del resurgimiento del nacionalismo, debido a sus excesos, a sus concepciones fantásticas y a su incomprensión de lo que hay de incoercible y de justo en la organización nacional.

La vida internacional iba creciendo, pero no funcionaba satisfactoriamente. Había pueblos económicamente poderosos y pueblos pobres, de economía rudimentaria, naciones capitalistas y naciones proletarias, naciones fuertes y naciones débiles. Estas desigualdades eran inevitables, pero daban lugar a explotaciones inicuas, y a prepotencias e injusticias. Algo todavía más grave eran los conflictos entre las grandes potencias para apoderarse de los recursos de los débiles y para saciar su sed de poderío. La Guerra Mundial demostró la necesidad de darle remate al edificio internacional, es decir, darle contenido y órganos políticos. Este desarrollo culminó en la creación de la Sociedad de las Naciones, establecida, según dice el Pacto que la estableció, «para desarrollar la cooperación entre las naciones y garantizarles la paz y la seguridad». Con esta organización, por imperfecta que fuera, parecía cerrada la era de expansión de los nacionalismos e iniciada la de la sociedad mundial.

II. El carácter del nuevo nacionalismo

Pero no fue así. Desde el primer momento, la Sociedad de las Naciones no supo o no pudo atender al logro de su extraordinaria empresa. Vuelta al pasado, como la mujer de Lot, pronto vio que se le escapaba el porvenir, que era su vida, y se convirtió en prisionera de los llamados tratados de paz, que no supieron fundarla ni en la fuerza ni en la justicia. Un publicista inglés, R. F. McWilliams, ha escrito un libro para mostrar las muchas analogías que existen entre el periodo actual y el que siguió a las guerras napoleónicas. Su exposición logra convencernos. En todo caso, debemos convenir en que los tratados de Viena encendieron los nacionalismos del siglo pasado, y los tratados de paz que siguieron a la Guerra Mundial han suscitado estos nacionalismos dramáticos, exasperados, frenéticos, agresivos, de ahora.

Para la debida apreciación del nuevo nacionalismo, para darle lo que le corresponde, nunca se insistirá lo bastante en notar que es hijo de la Gran Guerra, y de la paz que ha sido la continuación de esa guerra. Las pasiones que han empujado al nuevo nacionalismo son hijas de los dolores, de las miserias, de los inmensos sacrificios de vidas y de bienes causados por la guerra, y las injusticias y las desilusiones traídas por la paz. Esto no es todo. Tales nacionalismos no habrían podido surgir sino en el ambiente europeo, con sus diversidades y sus confusiones de razas, de idiomas, de religiones, de tradiciones históricas, sus largas y frecuentes guerras, sus ajenas y opresoras dominaciones, y lo que más importa, una tierra superpoblada y estrecha, que ya no puede ser generosa con el esfuerzo humano. Han nacido en una tierra cargada de historia y de recuerdos dolorosos, muy distinta, por ejemplo, de esta tierra de América.

Este nacionalismo es muy diverso del que rigió en el siglo pasado, como es diverso el mundo dentro del cual ha nacido. El viejo nacionalismo, que nació a la vida en sociedades feudales o semifeudales, vino asociado al individualismo, al liberalismo y a la democracia, en sus varias formas de origen francés y anglosajón. Este contenido del nacionalismo era conforme con las necesidades y aspiraciones sociales de entonces. Y resultó beneficioso al acelerar la eliminación de castas y de clases inactuales, al libertar la producción de todas las trabas que la paralizaban y al traer las masas a la dirección del Estado, aumentando de muchas maneras la cohesión social. Pero, como en la dialéctica hegeliana, de la tesis salió la antítesis. El capital sin trabas se concentró en gran des organizaciones, a veces colosales. Las masas emancipadas se asociaron en poderosos sindicatos. Estas organizaciones capitalistas y obreras se hicieron tan poderosas que acabaron por constituir Estados dentro del Estado y convirtieron la política en una actividad marginal. El Estado liberal, agnóstico en economía, indiferente en política y en moral, cuya norma era gobernar lo menos posible, que no concebía sino al individuo aislado, no sabía defenderse de esos grupos que lo atacaban.

Los conflictos sociales vinieron a demostrar que *el individuo aislado no existe, es una abstracción.* Sus intereses serán siempre los del grupo o grupos de los cuales forma parte. En consecuencia de esta verificación, y respondiendo a necesidades y aspiraciones de ciertas sociedades actuales, el nuevo Estado es anti-individualista, anti-parlamentario, anti-liberal, intervencionista y autoritario. En la Carta del Trabajo, documento fundamental del régimen fascista italiano, se define la nación: «Un organismo que tiene fines, vida y medios de acción, superiores, por su potencia y duración, a los de los individuos, divididos o agrupados, que lo componen». El Estado realiza integralmente su unidad y dirige o fiscaliza todos los aspectos de su vida. Elimina los partidos, las luchas de clases, los regionalismos, que disgregan, amenguan, paralizan la sociedad nacional. Interviene para estructurar la Nación, reforzar su organismo, vigorizar su disciplina. Respeta la iniciativa privada, pero la encuadra en la vida colectiva, y se sustituye a ella cuando no funciona. En compensación, asume la responsabilidad de realizar la justicia social y de asegurar a las grandes masas una vida más próspera, más rica y más noble. Es decir, el nuevo Estado es integral en una sociedad que no concibe sino como un todo.

III. En la brecha abierta al internacionalismo

Durante los últimos quince años el mundo ha presenciado el retroceso del internacionalismo, tanto del que tiene su capital en Ginebra, como del que actúa desde Moscú, y la subida de la marea nacionalista. El ensueño de un organismo político mundial quedó frustrado el día en que los Estados Unidos se negaron a formar parte de la Sociedad de las Naciones, después de que le habían dado en el presidente Wilson su profeta y su artífice. Las perspectivas se volvieron desesperadas cuando el Japón a su vez la abandonó. El internacionalismo que subsiste en Ginebra, fundamentalmente de marca europea no da margen a muchas esperanzas. La expansión europea parece que va perdiendo sus resortes de acción. Más que nada lo presagia la estabilidad y madurez a que ha llegado la población de la Europa occidental y septentrional. Ya no nacen suficientes niños para que pueda mantenerse la población de Europa durante la próxima generación, y comenzará pronto a declinar si la vieja fecundidad no se restablece. El comercio internacional se ha contraído en los últimos seis años en forma preocupante. Durante el último año su valor alcanzó solo el 33 %, aproximadamente, de lo que era en 1929. El movimiento de capitales ha cesado casi por completo. La emigración europea es ya insignificante. Con la economía también se repliegan hacia el interior los otros sectores de la vida de estas naciones. La crisis mundial, que dura desde hace seis años, ha sido a la vez causa y efecto de esta evolución. Como no ha sido posible encontrar remedios internacionales para los males económicos, cada país ha tratado de defender su economía mediante las desvalorizaciones monetarias, las altas tarifas aduaneras, las prohibiciones de importación y exportación, los monopolios de exportación, los acuerdos de compensación, los contingentamientos y otras providencias de vario orden, que han contraído aun más el comercio internacional y han arrastrado las naciones hacia la *economía cerrada o autarquía económica*.

En su forma absoluta, la autarquía económica, que los nacionalistas actuales se han dado como ideal en este campo, significa que *la nación debe producir cuanto consume y consumir cuanto produce*.

Ante todo, hay que ver si tal sistema es posible. ¿Puede un país producir todo lo que consume? Los Estados que hoy proclaman la autarquía esperan mucho de la ciencia y de la técnica para sustituir los productos importados con sucedáneos. Es verdad que la ciencia y la técnica han creado el nitrato artificial, la seda artificial, el petróleo artificial, el caucho sintético y muchos otros productos de menor importancia, pero sus posibilidades no pueden ser infinitas. Aun descontado lo mucho que la ciencia y la técnica puedan hacer, se debe declarar enfáticamente que, por ahora, la autarquía económica absoluta es imposible. A pesar de que se extienden sobre un área continental y es grande la variedad y abundancia de sus recursos, los Estados Unidos de América necesitan importar casi dos docenas de productos agrícolas y minerales, sin los cuales su vida industrial quedaría paralizada y verían reducirse considerablemente el nivel de vida de sus masas. Si los Estados Unidos, que con justicia son considerados como el país mejor provisto de materias primas y como el más rico del universo, no pueden practicar integralmente tal política económica, menos lo pueden otros países, y es absurdo e imperdonable intentarlo, cuando se trata de países como los nuestros, cuya gama de recursos puede o no ser extensa, pero que en todo caso poseen apenas escasísimas industrias. Si se quisiera la vuelta a la barbarie o el suicidio, la autarquía podría ser una fórmula eficaz.

Si no existen industrias, es el caso de crearlas, se dirá. Veamos hasta qué punto es posible hacerlo. El desarrollo industrial de un país descansa sobre ciertos factores fundamentales: disponibilidad de recursos naturales, formas de energía extrahumana, como hulla, petróleo y energía hidráulica, disponibilidades de capital líquido, obra de mano calificada y no calificada, personal técnico, pericia tradicional en las artes mecánicas, y finalmente, mercados asequibles adecuados. Es claro que nuestros países de América, escasamente poblados, sin obra de mano calificada, sin personal técnico, sin disponibilidades de capital líquido y, sobre todo, sin grandes mercados asequibles, no están en capacidad sino para un desarrollo industrial muy relativo.

Intencionalmente he dejado de mencionar entre los factores del desarrollo industrial la protección aduanera, porque solo puede ser un factor de desarrollo en determinadas condiciones. Cuando se trata de industrias adecuadas a la estructura económica del país, pero que en un primer momento no podrían competir con las industrias extranjeras, la protección aduanera, el llamado *arancel educativo*, puede estimular su desarrollo y hasta ponerlas más tarde en capacidad de competir, aun en su ausencia, con las industrias mundiales. Esta protección puede presentar sus inconvenientes, porque tiene siempre por efecto desplazar riqueza de uno a otro sector de la sociedad. Pero el arancel cumple, en este caso, una función productiva, que compensa con exceso sus males transitorios. Por el contrario, cuando las industrias que se trata de proteger no cuentan en el país con las necesarias condiciones para su establecimiento y prosperidad, la sola protección, por subidas que sean las tarifas, no logra estimularlas, ni darles, por supuesto, prosperidad. En este caso *la protección es una pérdida seca*, como dicen los economistas. Sus esperados beneficios son ilusorios. Solo sus males son reales.

En estos países americanos, cuya economía es fundamental mente agrícola y minera, es decir, descansa sobre la producción de materias primas, la protección aduanera atrae a industrias artificiales, condenadas, en la mejor hipótesis, a la estancación, capitales que podrían y deberían ir a las industrias agrícolas y extractivas, y los despilfarra o los esteriliza. Encarece el costo de producción de artículos agrícolas o mineros, que sí son funda mentales para la economía nacional. Hace más difícil la colonización. En una palabra, agrava indebidamente la situación de las clases rurales, fuente de orden y de estabilidad, preciosa reserva de energías, nervio de su vida social.

En casi todos los países proteccionistas se desarrollan campañas patrióticas tendientes a aumentar el consumo de los productos nacionales. En Checoslovaquia, por ejemplo, se dice: consuma usted productos checoslovacos. En México, consuma usted pro ductos mexicanos. Y así de todos los demás. Nada habría que objetar a estas campañas, si las industrias que se trata de favorecer fueran susceptibles de vida y de prosperidad, es decir, fueran adecuadas a la estructura económica del país en un momento dado. Pero el patriotismo estaría mal traído y resultaría perjudicial a los verdaderos intereses de la comunidad, cuando las industrias no fueran las adecuadas a esa estructura económica y no tuvieran, en consecuencia, posibilidades de vida y de desarrollo. En cuyo caso, se vendría a impedir que el capital y el trabajo nacionales se utilizaran en la forma más remuneradora, retardando así el desarrollo económico. En todo caso, es el patriotismo de los industriales el que debe manifestarse en primer lugar, fabricando artículos que honren al país, que sean, en lo posible, de igual precio y de igual calidad a los extranjeros. No sería equitativo que el patriotismo se exigiera tan solo a los consumidores, quienes, por otra parte, componen la mayoría abrumadora en todos los países cuya actividad económica fundamental es la producción de materias primas. Importa repetir que la protección encarece el costo de la vida y hace más difícil la situación de los consumidores de productos industriales, en cuanto son, a su vez, productores de géneros agrícolas y materias primas de importancia fundamental para la economía nacional de dichos países.

Cuando el sistema de la autarquía económica nos dicta producir todo lo que el país consume, cuenta con la simpatía de todos, independientemente de su calidad de practicable o impracticable. Cuando nos manda consumir todo lo que producimos se torna odioso. ¿Cómo podríamos bebemos nosotros, por ejemplo, el millón de sacos de café que producimos? La razón y la experiencia nos dicen que *el comercio no puede ser normalmente sino recíproco*. Los numerosos acuerdos de compensación que imponen el equilibrio de las partidas del comercio entre dos países, hacen de esa reciprocidad una norma fundamental. Si observamos la vida económica de los países americanos, encontramos que el eje de su economía está constituido por uno, dos o tres productos agrícolas o mineros destinados casi en su totalidad a la exportación. Así, por ejemplo, la economía argentina descansa en el trigo, el maíz y los productos de la ganadería; la boliviana, en el estaño; la brasileña, en el café y el cacao; la chilena, en el cobre y los nitratos; la colombiana, en el café, el petróleo, el oro y el platino; la venezolana, en el café, el cacao y el petróleo, y lo mismo puede decirse de los demás países latinoamericanos. Pensar que alguno de estos países pueda consumir toda su producción es locura. Creer que pueda prescindir de esos productos no es serio. No, no es posible que alguno de estos países esté dispuesto a cambiar su industria o industrias-bases por el plato de lentejas de industrias fabriles, artificiales y enclenques.

IV. La razones de los dos sistemas

La autarquía económica, como posibilidad inmediata, sería una política ruinosa, que iría contra los intereses nacionales. Veamos las razones que aducen los partidarios de la economía cerrada y los del comercio libre, para poder decir hasta qué punto podemos orientar hacia uno u otro sistema nuestro desarrollo económico.

Los partidarios de la autarquía sostienen que una nación no es militarmente fuerte si no posee una economía autónoma. En caso de guerra, el Estado debe estar en capacidad de atender, con sus propios medios, al aprovisionamiento de los productos agrícolas e industriales indispensables a las necesidades bélicas. Siendo la guerra el hecho excepcional y la paz lo corriente, tal motivación es discutible. La vida de un país no puede transcurrir siempre en el templo de Jano. *Lo realmente importante es una política que aumente la vitalidad nacional.* Un estudio recientísimo del Comité Económico de la Sociedad de las Naciones suscita dudas sobre la posibilidad de que alguno de los más fervientes partidarios de la autarquía pueda, en caso de guerra, mantener su producción de cereales, carnes, azúcar, etc., al nivel de sus necesidades. Esta idea de la autonomía económica, concluye el Informe, corre el riesgo de revelarse en tiempo de guerra como una peligrosa quimera.

Las consecuencias de la crisis internacional en las economías nacionales y la dificultad de controlar las fuerzas internacionales, son otra de las razones que aducen los partidarios de la economía cerrada. En Alemania, por ejemplo, el sistema autárquico recibió un gran impulso con los efectos de la crisis bancaria internacional que se inició en Viena con el cierre de los grandes Bancos austríacos. Puesto que no es posible llegar a ponerse de acuerdo sobre los remedios internacionales, y algo hay que hacer, elimínese del organismo económico lo que tiene de internacional. Cabe aquí una respuesta parecida a la que se hizo al argumento anterior: las crisis no son toda la economía mundial y, en todo caso, no se evitan con el aislamiento. Son inherentes a toda sociedad humana.

Hay, finalmente, otra razón, y es de naturaleza social y económica. La economía de un país, se afirma, es más sólida, más equilibrada, menos vulnerable en las crisis, mientras más diferenciada sea su estructura, que debe comprender cierto mínimum de desarrollo industrial. Entre dos naciones, la una agrícola-industrial y la otra puramente agrícola, la primera será siempre la más fuerte y la más progresista. La actual crisis, en efecto, ha sido más brutal, más desvastadora, en los países que producen tan solo materias primas. Por otra parte, un núcleo de población industrial le da a la sociedad cierto dinamismo, espíritu de innovación, genio organizador. Una población comerciante e industrial atrae y fomenta ese tipo de hombre en quien dominan precisamente esas características, que Pareto llama instintos de las combinaciones. Por el contrario, en los grupos rurales dominan la rutina y los hábitos conservadores, es decir, lo que Pareto llama persistencia de los agregados. Esta razón parece la más poderosa entre las que aducen los partidarios de la economía cerrada. Sin embargo, es evidente que tales ventajas pueden conseguirse dentro de una economía internacional, pues no se trata sino del limitado desarrollo industrial, que permita, en un momento dado, la estructura y la evolución económica del país, y las industrias que se establezcan deben ser susceptibles de prosperidad. De otra manera, la colectividad industrial será flaca, un elemento de depresión y de estancamiento, en vez de dinamismo y de progreso.

Los partidarios del libre cambio afirman, sin que nadie lo niegue, que desde el punto de vista del *homo economicus*, sus ventajas son claras e indiscutibles. Hace ya más de siglo y medio que Adan Smith, en su famosa obra La riqueza de las naciones, expuso, en forma magistral, las ventajas del comercio internacional. Sus argumentos no han envejecido.

En todo pueblo —dice— es y será siempre el interés de la mayoría comprar todo aquello que necesite a quienes vendan más barato. Ningún jefe de familia prudente —agrega— se empeñará en fabricar por sí mismo ningún producto, cuando puede adquirirlo a un precio mejor del que le cueste producirlo. Así el sastre no se hará sus zapatos sino que los mandará a hacer al zapatero. El zapatero no se hará sus vestidos sino que los mandará a hacer al sastre. El agricultor preferirá ordenar sus zapatos al zapatero y sus vestidos al sastre. Y así sucesivamente. Todos encuentran que está en su propio interés emplear su trabajo y sus medios en algún oficio e industria para la cual disponga de alguna ventaja sobre sus vecinos, y comprar con una parte de su rédito, o lo que es lo mismo, con una parte del valor de su producción, todo cuanto necesite. Lo que constituye prudencia en la conducta de toda familia, no podrá ser locura en el caso de un gran país. Si un país extranjero puede suministrarnos un producto a un precio inferior al que nos cuesta producirlo, es mejor comprarlo con una parte de nuestro trabajo, empleado en alguna actividad para el ejercicio de la cual estamos en mejores condiciones que nuestros competidores.

En cuanto el comercio nos permite procurarnos productos cuya producción o fabricación es imposible, juega un papel aun más precioso.

En la Conferencia Económica Internacional celebrada en Ginebra en 1927, su presidente, señor Theunis, expuso ideas sustancialmente idénticas a las de Smith para concluir que el comercio internacional es «normalmente y a justo título, no una victoria de los unos a costa de los otros, sino beneficio seguro y recíproco de todos los interesados».

Algunas mentes europeas, entre las más penetrantes, reclaman más internacionalismo para curar esta crisis internacional. Así, William Martin, el reputado publicista suizo, afirma que si se pudiera conseguir en el mundo la libre circulación de mercaderías, capitales y obra de mano; y se llegara al mismo tiempo a una razonable organización internacional de la vida económica, de manera que cada país pudiera especializarse en aquellas industrias para las cuales es más apto y parece haber sido consagrado por la naturaleza; y los consumidores del mundo obtuvieran los varios productos en los centros más cercanos de producción, sin inútiles rodeos, que no tienen ninguna explicación económica, el mundo haría economías enormes, y podría con los mismos esfuerzos y los mismos gastos, al mismo tiempo producir y consumir mucho más.

Las ventajas del comercio internacional, o simplemente del comercio dentro de una vasta área, que puede muy bien ser nacional, son evidentes. Nadie puede tacharlo de pernicioso para la civilización y la cultura. La historia nos ofrece pruebas de lo contrario. Las grandes civilizaciones surgieron siempre en los puntos de cruce de las grandes vías de comunicación, que eran y son las vías del comercio. «Observad el mapa del mundo civilizado —dice Lucien Romier en *Explicación de nuestro tiempo*— y os convenceréis de que cada pueblo ilustre debió el suceso de su destino a corrientes de intercambio que desbordaron inmensamente sus fronteras.» No es de suponer que haya quien se atreva a desmentirlo. En realidad, las razones poderosas que hoy se invocan en favor de la autarquía son de carácter político, y más exactamente, de carácter militar.

Todavía no hay tiempo para llegar a conclusiones definitivas en cuanto al mérito de los dos sistemas. Ninguna de las proyecta das economías autárquicas ha logrado aislarse herméticamente, y no ha podido, por supuesto, demostrar la superioridad del sistema. Es del caso tomar nota de las declaraciones oficiales de algunos de estos países, según las cuales las barreras interpuestas al comercio internacional, fueron dictadas por una política de emergencia, con el fin de evitar males peores de los que ellas mismas representan, y están dispuestos a abandonarlas tan pronto como la situación internacional lo permita.

Los tratados de comercio concluidos por los Estados Unidos con varios países americanos, los acuerdos de la Conferencia Interamericana de Montevideo y los de la reciente Conferencia Comercial Panamericana de Buenos Aires, nos dicen que la América se atiene, como ideal, al sistema del comercio libre.

Mientras las vías se aclaran y cualquiera que sea el sistema que finalmente predomine, los países americanos deben prepararse para dirigir conscientemente su desarrollo económico, en conformidad con un plan, adecuado a su estructura, cuidadosamente estudiado, que permita a su economía desenvolverse con método y continuidad.

El proceso de la evolución económica de un país no es caprichoso. Por lo menos, no lo es en sus grandes líneas. Cada economía nacional tiene su constitución específica, su carácter peculiar, su íntimo sistema. El sistema, o lo que es lo mismo, la estructura, la integran los datos naturales, geográficos, etnográficos, psicológicos, políticos, jurídicos y técnicos, variables según las comarcas y los periodos de evolución.

Pues bien, hay que conocer la estructura económica de un país —lo cual requiere, entre otras cosas, la exploración e inventario tan completos como sea posible de todas las riquezas del país— para saber cuáles pueden ser sus actividades económicas más remuneradoras, para racionalizar su desarrollo, para estimular solo aquellas industrias que representen, en un momento dado, la mejor utilización del capital y del trabajo, únicas susceptibles de aumentar la riqueza y de empujar la sociedad hacia formas más perfectas, hacia etapas más avanzadas de desarrollo económico. Crear industrias antes de que existan los factores que puedan hacerlas posibles y asegurarles la prosperidad es poner el carro delante de los caballos, como usan decir los yanquis.

Un plan económico permitiría coordinar todas las actividades económicas del país, tanto las públicas como las privadas, y darles la dirección que más se acuerde con los intereses permanentes de la nación. A ese plan se adecuarían la política de tierras baldías, la de inmigración y colonización, la sanitaria, la agrícola, la minera, la industrial, la comercial, la fiscal, la bancaria, la de comunicaciones, la hidráulica. La iniciativa privada seguiría libre, pero es claro que no podría ni le convendría apartarse de las líneas maestras del plan.

Me atrevo a anticipar algunas de las recomendaciones de los planes que lleguen a formularse en América. En primer lugar la referente a la población. Ningún impulso más poderoso de progreso podrían recibir nuestros países, ningún estímulo más eficaz para el desarrollo de su vida económica, que el que podría venirles de un aumento de su población. En la América actual, como en los días de Alberdi, poblar es civilizar. A este aumento podría contribuir la inmigración selecta, dirigida, no tanto a aumentar su volumen, como a mejorarla cualitativamente. El acrecimiento debe y puede obtenerse, sobre todo, con el aumento del coeficiente vegetativo de la población nativa, mediante la acción intensa, de todos los momentos y en todas partes, de la sanidad pública, que no debe quedarse en los grandes centros, donde, en todo caso, hay clínicas y médicos particulares, sino que debe llegar hasta los centros rurales, donde es insustituible. Es de recordar y de meditar lo que al hablar, para su país, de estos problemas, dijo el eminente colombiano Mariano Ospina Pérez:

Es preciso decir al país en todos los tonos y en todos los momentos, que por encima del problema del café, y del petróleo, y del oro, y del comercio, y de las industrias, y de los ferrocarriles, y de los Bancos, y del sistema monetario, y de todos los problemas económicos, está la defensa del hombre, de la mujer y del niño colombianos.

Otra de las recomendaciones que saldrán de esos planes se referirá al aumento de las facilidades para la educación en general, y la técnica, en particular. A este respecto, es interesante saber que Nueva Zelanda, país eminentemente agrícola y ganadero, que apenas contaba en 1926 con 1.344.584 habitantes, tenía en ese año en sus escuelas técnicas 12.681 estudiantes, fuera de 285.060 más, que asistían a sus escuelas primarias, colegios y universidades, población escolar que comprendía más del 22 % de la población total. Este dato nos dice por qué ese pueblo austral marcha a la vanguardia de la civilización y del progreso en el mundo.

Otra finalmente, que será parte esencialísima del plan, se dirigirá a la diversificación de las actividades económicas, tarea urgente en países cuya economía descansa en uno, dos o tres productos agrícolas y mineros. El reconocimiento de los suelos, la exploración de los recursos minerales y el inventario de las demás riquezas, que son una condición previa para la formulación de esos planes, y el estudio de los mercados nacionales y mundiales, permitirán determinar, con alguna certeza, los productos que puedan integrar la producción actual, sin exponerse a improvisaciones y tanteos ruinosos.

Cualquiera que sea el sistema económico que estos países se den como ideal y cualesquiera que sean las contingencias, estos planes que se sugieren podrán ser un factor decisivo de progreso.

V. ¿Hacia la economía mundial o hacia las economías imperiales?

Mientras obstáculos de orden político se oponen al restablecimiento de las relaciones económicas internacionales, presenciamos ciertos hechos significativos. El proceso de integración de las industrias en grandes unidades continúa sin detenerse. Este proceso se caracteriza particularmente por la producción en masa, la cual, como es bien sabido, es menos costosa mientras mayor es la masa fabricada —consecuencia casi mecánica de vastos mercados. Los medios de comunicación no cesan de extenderse y de perfeccionarse. Por otra parte, el nuevo Estado, cuyo principal atributo es el intervencionismo económico y social está organizando sólidamente las economías nacionales, de manera de disciplinar en el interior los intereses particulares y poder obrar como unidades distintas en el terreno internacional. Todos estos hechos, si bien se piensa, presagian un nuevo desarrollo de las relaciones internacionales.

Esta es la opinión del economista Ernest Wagemann, Director del Instituto Alemán de la Coyuntura. Durante la crisis que siguió a las guerras napoleónicas y la que se desarrolló en la década 1870-1880, apunta Wagemann, también la economía mundial se contrajo violentamente. Pero dentro de esa contracción se fragua ron las reacciones que llevaron a una nueva expansión. Los obstáculos puestos a la intercomunicación mundial de las economías nacionales acentúan las antítesis que hay en su estructura, y los desniveles de la economía mundial aumentan de tal modo que las tendencias a la compensación irrumpen con la máxima violencia, y la economía mundial es de nuevo conducida hacia lo alto, en una gran oleada de resurgimiento.

En ésta, como en las demás esferas, la vida se desarrolla en medio de contradicciones. Es precisamente la institución, el sistema caduco, el que se pretende salvar por su intensificación extremada y artificial. «Siempre pasa así —dice Ortega y Gasset—. La última llama la más larga. El postrer suspiro el más profundo. La víspera de desaparecer las fronteras se hiperestesian las fronteras militares y las económicas.»

Todos no están, sin embargo, de acuerdo sobre la dirección que van a tomar los intercambios. Se puede estar seguro de que la economía cerrada es imposible en los pueblos pequeños y en los que ahora recorren las primeras etapas de su evolución económica. La opinión muy generalizada es que durante un periodo, que puede ser largo, se desarrollará el comercio imperial y transcontinental. Se redondearán grandes áreas capaces de controlar la más completa variedad de recursos, dentro de las cuales la vida económica puede alcanzar la mayor diversificación posible, don de puedan trabajar con el máximo rendimiento las grandes industrias de producción en masa. La mayor parte de estas áreas imperiales las tenemos ya a la vista: el Imperio Americano, el Imperio Ruso, con su nueva etiqueta de Unión de las Repúblicas Soviéticas, el Imperio Británico, el Imperio Nipo-Chino, en formación avanzada. Son éstas las agrupaciones humanas que van a ser los grandes actores de la historia por venir. En ellas se vivirá la vida más intensa y se emprenderán los proyectos más incitantes. Allí nacerán los grandes hombres que podrán realizar las grandes tareas. Es decir, el Imperio, el Estado de proporciones continentales, parece ser la agrupación que verdaderamente está hoy a la «altura de los tiempos».

Habrá un patriotismo imperial, un patriotismo americano, tal vez un patriotismo europeo. Aquí debo hacer una aclaración. Nada se puede ni se debe objetar al nacionalismo, cuando afirma el derecho de cada pueblo a vivir su propia vida, a conservar y exaltar su patrimonio moral e intelectual, en cuanto es santa emulación que nos lleva a hacer más y mejor que los demás, a trabajar por la mayor grandeza y gloria de la patria. Este nacionalismo se confunde con el patriotismo y debemos atesorarlo. Podría perfectamente coexistir en una sociedad mucho más vasta, de la cual formáramos parte, como coexisten en nuestra patria el patriotismo venezolano, el regional y el local. Nuestra nación gana con que el andino ame sus montañas, el llanero sus sabanas, el zuliano sus palmeras y su lago, si ese amor no es celoso y no implica la exclusión y el odio para los demás. Es decir, no podemos aprobar el nacionalismo en cuanto nos lleve a aislarnos, a odiar a los otros pueblos o simplemente a no contar con ellos, a ponernos frente a ellos y contra ellos, y menos cuando esos pueblos tienen nuestra misma raza, nuestro mismo idioma, nuestra misma religión, tradiciones históricas comunes y seguramente un común destino. Si ese patriotismo logra dividir en vez de unir a la América, si llegare a impedir una colaboración que podría multiplicar las fuerzas de cada país, iría contra los intereses permanentes de estas colectividades americanas. Un ejemplo puede quizás sugerir lo que no alcanzo a expresar con precisión. En los estados-ciudades italianos, desde el siglo XV, hasta 1870, no dejó de existir un patriotismo activo, pero estrecho, miope, pervertido. No supo abarcar la nación, ni darse las grandes tareas, que son, en el fondo, las que hacen a los grandes pueblos, y su vida se tornó mezquina, pobre, insignificante. Hubo grandes italianos, pero no encontraron sino Italias minúsculas. Así, fueron otros pueblos, muchas veces con la ayuda de italianos, los que recorrieron las rutas del mundo e hicieron la grande historia. Entretanto la nación italiana perdía, tal vez para siempre, sus oportunidades de expansión. Cuando el patriotismo, por estrecho y miope, se convierte, como en este caso, en un obstáculo para las grandes tareas, para el enriquecimiento y el enaltecimiento de la vida, es una rémora, no puede ser genuino. La vida estará siempre por encima de todas sus creaciones, que son tan solo sus instrumentos.

No hay duda de que nuestros países de América, encontrarán en los nacionalismos actuales objeto de estudio y muchas instituciones adaptables a nuestros medios. Sin embargo, basta comparar a América con Europa para ser extremadamente prudentes en esta labor de adaptación. Nosotros estamos mucho más prepara dos para emprender la integración continental, para organizar esa vasta agrupación de pueblos que soñó el Libertador. A pesar de los repetidos fracasos, no hay otro continente en donde tales proyectos tengan la larga tradición que tienen en América. Y Venezuela le ha dado a esa empresa, con Bolívar y Miranda, sus dos más grandes apóstoles. La creación de la Gran Colombia y el Congreso de Panamá han sido los mayores pasos en la realización de ese ideal. No puede haber para la juventud de América y sobre todo para la juventud venezolana, empresa más trascendental y más noble que ésa. Su comienzo está donde lo indicó el Libertador: en la unión de los pueblos que formaron la Gran Colombia.

Sin abandonar la Unión Panamericana, ni la Sociedad de las Naciones, aprovechando las oportunidades que Washington y Ginebra nos ofrecen para acercarnos y para colaborar con los demás países americanos, debemos consagrarnos a la tarea de laborar hasta su realización, por la unión continental que Bolívar soñó realizar en Panamá, dándole, como es natural, la estructura y las formas que exige la época actual.

Esta tarea no puede ser la obra de un día, sino que requerirá décadas. Lo importante es que se proceda con continuidad y método. Nuestra divisa debe ser la de Apeles: *Nulle dia sine linea.* Procediendo al mismo tiempo con audacia y con prudencia, fraccionando los obstáculos, realizando en cada momento solo la obra posible, desechando las construcciones demasiado ambiciosas, que siempre fueron ilusorias, no habremos de desesperar de llegar a la meta. Hoy una nueva facilidad para el comercio, mañana una nueva línea de comunicación, pasado mañana facilidades para la migración humana, y la creación de institutos científicos para el estudio de problemas comunes, y la unión irá haciéndose lenta pero inevitable. La formación de una gran potencia, capaz de influir en los destinos humanos, de una unidad económica dotada de la variedad y abundancia de nuestros recursos comunes, con una población susceptible de ofrecer mercados suficientes e industrias de mediana y aun de máxima grandeza, en fin, de albergar una economía próspera y rica, base de un desenvolvimiento correspondiente en los demás sectores de la vida social, es no solo un ideal noble y generoso, sino también un «programa sugestivo de vida colectiva».

Cuando hayamos llevado adelante esa obra, el mismo panamericanismo habrá ganado en solidez y en fecundidad para el bien. La mayor debilidad del panamericanismo, su pecado, el secreto de su impotencia, casi podría decirse de su futilidad, está en la extrema desproporción de fuerzas que hoy existe entre el pueblo anglosajón del Norte y los pueblos latinos del Sur. El gran país del Norte tiene que sufrir malas tentaciones al ver estos pueblos débiles del Sur, fáciles presas de su poder imperial. Los pueblos de este lado del Río Grande tienen que sentir una extraña inquietud en presencia de ese corpulento hermano del Norte. El día en que lleguemos a un satisfactorio equilibrio de fuerzas no habrá lugar a las malas tentaciones del uno, ni a las inquietudes de los otros.

Para resumir. El nacionalismo actual es una manifestación de espíritu típicamente europeo, en un momento de turbación ante el trágico balance de una guerra pasada y los peligros cada día más amenazantes de una guerra por venir. Producto de otro continente y de sus tragedias, de un espíritu vuelto al pasado, no está en su elemento en esta tierra de América que no sabemos todavía lo que es, pero que es ciertamente diversa de Europa, porque está hecha de promesas y de porvenir. No acariciemos con mucha complacencia esos principios que están caducos, aun cuando parecen más que nunca llenos de vida. Tendamos más bien nuestras voluntades hacia la integración de nuestro continente, matriz de una nueva raza y de una nueva civilización, para que se realice el más alto y el más fecundo de los ideales del Libertador. Por el momento, hagámosnos dignos de colaborar en la restauración de Colombia la Grande, núcleo de esa unidad continental.

Julio, 1935.

Las primas de exportación

Un breve cambio de ideas en la Redacción con el doctor Alberto Adriani, miembro de la Junta nombrada para el estudio de tan delicado asunto, nos permitió recoger datos de capital importancia sobre la gestación del proyecto presentado por la mencionada Junta al Ejecutivo Federal y el criterio que dictó el Decreto mencionado.

Podemos escoger el café para dar una idea cabal del asunto y señalar con líneas netas la verdad de la situación. Se trata de un fruto que no tiene mercado o que tiene un mercado que no cubre el precio actual de producción. No se trata de un grupo de productores, grandes o pequeños, que se encuentran en la estacada, sino de una crisis que afecta a toda nuestra industria cafetera. Y estas condiciones adversas que acogotan al pequeño productor, son por lo general mortales para los grandes fundos. Es decir, el proceso de la bancarrota se inicia en el gran productor, y debe, por tanto, regir un criterio igual: organizarse la defensa de la industria cafetera en su totalidad.

Al respecto final, considera el doctor Adriani que la prima ha debido ser para los exportadores y que así, por obra del libre juego comercial y de la natural competencia, iría infaliblemente a beneficiar al productor grande y pequeño, y se hubiera evitado, hasta el mínimum, nada que afectara al comercio cafetero, tan delicado y obra de tantos años de esfuerzo y de trabajo.

Entre el proyecto presentado por la Junta y el Decreto Presidencial existen diferencias de importancia y es criterio de nuestro informante que vienen a limitar el radio en la acción benéfica de la medida. Algunas de las diferencias aparejan graves dificulta des para el cumplimiento del Decreto, hasta el punto de que pudieran resultar disposiciones irrealizables, y ello aportaría el decaimiento moral que es fruto nefando para los gobiernos cuando se dictan leyes que no se pueden cumplir. Tal pudiera ocurrir con la complicada fiscalización de la propiedad del fruto, cuando tal fiscalización, en el aspecto que existiera, tenía que ser muy sencilla y práctica, de manera de evitarse por su misma sencillez todo manejo desmoralizador. Además, el proceso comercial que sigue el fruto de los pequeños productores, urgidos de numerario y careciendo de suministros, pues ya no se dan en las regiones apartadas, aumenta el nudo de las dificultades. Es necesario recordar que en cada lote de exportación concurren, en ocasiones, hasta doscientos productores pequeños, y se vislumbrará el alcance de los tropiezos con que se topará en el cumplimiento de la medida.

Cuatro puntos esenciales nos señala Adriani que difieren entre el proyecto elaborado por la Junta y el Decreto del gobierno, los cuales podrán ser objeto del estudio, análisis y crítica por parte de los conocedores de nuestra situación económica, y en especial de quienes se preocupan por una cuestión tan ardua como es la situación de nuestra industria cafetera.

Primero: Las primas indicadas en el Decreto son más bajas que las indicadas en el Proyecto de la Junta.

Segundo: La Comisión únicamente excluía de las primas a las existencias de café propiedad de casas exportadoras localizadas en Caracas y en los puertos de embarque.

Tercero: En el Proyecto de la Junta las primas debían ser pagadas al exportador mediante la sola presentación del conocimiento de embarque, por medio del Banco de Venezuela.

Cuarto: No se fijaba ningún plazo para limitar el efecto de la medida y el plazo que fija el Decreto es prácticamente de un mes menos, por los trabajos que hay que realizar, para los productores de la Cordillera, para los cuales, entonces, el plazo vendría a terminar el 30 de mayo en lugar del 30 de junio.

He aquí, pues, un grupo resumido de consideraciones alrededor de la medida que ojalá rinda un máximo de beneficios para todos nuestros productores.

28 de enero, 1936.

El convenio sobre el cambio

Se discute desde hace semanas sobre la oportunidad de mantener o terminar el convenio que mantuvo hasta hace días el tipo de cambio del dólar entre 3,90 y 3,93. ¿Será oportuno, ahora que se conoce la entidad de las primas acordadas por el Gobierno Nacional, terminar dicho convenio?

Hace ya algún tiempo que la Junta nombrada por el gobierno para estudiar la mejor manera de extender a otras ramas de la industria agrícola nacional la ayuda acordada en beneficio de los productores de café, por Decreto del 21 de diciembre pasado, presentó su informe. En este informe la Junta hizo una recomendación con respecto al convenio del cambio. Consideraba la Junta que el momento en que el gobierno iba a conceder una ayuda generosa a los productores de géneros agrícolas exportables, era el más oportuno para terminar el convenio existente sobre cambios y dejar que éstos recobraran su nivel del punto oro. Con esta medida, si es verdad que se reducirían las primas que iban a acordarse, se daría, en cambio, un paso en el sentido de equilibrar nuestra economía, principalmente mediante la reducción del costo de la vida. También se lograría hacer más favorable la balanza de pagos del país. Los que habrían podido sentirse más perjudicados serían los importadores, pero, en la actualidad las existencias de mercaderías son bastante reducidas, y las pérdidas, por este respecto, podrían ser compensadas en razón de que muchas de estas mercancías serían pagadas con giros obtenidos al nuevo curso de cambio. La Junta terminaba recomendando que se tomarán las medidas necesarias para conseguir la estabilidad del cambio.

Sin embargo, las primeras sugeridas por la Junta fueron sustituidas por otras relativamente modestas. En vista del Decreto del 27 de enero, es claro que no podrían mantenerse las sugestiones del informe relativas al convenio sobre el cambio. Toda alza del cambio del bolívar implicaría una reducción de la modesta prima acordada, y si llegara hasta el punto oro, vendría a anularse casi por completo. Hay que notar que el alza de los jornales que se ha hecho inevitable, como consecuencia del salario fijado por la Administración de Obras Públicas, ha tenido como consecuencia aumentar considerablemente los costos de producción de los artículos exportables, así como también de los de primera necesidad y consumo interno. De tal manera que puede afirmarse que aun cuando el alza del bolívar hasta el punto oro no consiguiera anular completamente el importe de la prima, la situación de los productores de artículos exportables sería mucho peor que antes de la ayuda.

Algunos venezolanos, que pertenecen a la categoría de importadores y banqueros —a los cuales habría que agregar ahora los exportadores de capital y los viajeros obligados— están en favor de que se deje el cambio libre. Los unos piensan que con ello se conseguirá la baja del cambio, aun cuando no es seguro, en vista de las compras que el Gobierno Nacional se propone hacer en el exterior. Para los banqueros, por lo menos para ciertos banqueros, las fluctuaciones son siempre bienvenidas, pues implican un mayor margen de ganancia y favorecen ciertas especulaciones.

Los intereses de los importadores y de los banqueros son dignos, naturalmente, de tomarse en cuenta, y deben satisfacerse, si ello no se oponen intereses colectivos de mayor monto. En el caso que consideramos, es seguro que tales intereses se oponen a los intereses de los exportadores, que son los mismos de nuestros productores. Si nuestro cambio vuelve al punto oro, sin que de alguna manera se compense a los productores, nos pondremos en situación de mayor inferioridad que la actual con respecto a la casi totalidad de los países competidores de Venezuela en los mercados mundiales, los cuales disponen, con sus monedas desvalorizadas, de un potente instrumento de política comercial, mediante el cual han podido reducir sus costos de producción, librarse en buena parte del peso muerto de las deudas privadas, corregir muchos desequilibrios, en fin, poner en marcha su vida económica. Si la producción de la mayoría de nuestros artículos exportables deja de ser remuneradora, como hasta el Decreto de ayuda a la agricultura, es claro que se reducirán las exportaciones, y esos productores dejarán de ser consumidores, aun cuando se verifique la reducción del costo de la vida, y los importadores y banqueros sufrirán inevitablemente. Se puede asegurar que ninguna empresa, aun cuando sea una empresa bancaria venezolana, puede realizar buenos negocios en el vacío económico.

Se ha dicho, sin aducir naturalmente las pruebas, que a Venezuela no le conviene el cambio bajo del bolívar porque importa más de lo que exporta. Para llegar a esa conclusión se excluye de nuestras exportaciones el petróleo, lo cual, evidentemente, no es razonable, porque las exportaciones de petróleo son exportaciones venezolanas, en cuanto representan trabajo venezolano e impuestos pagados al Erario venezolano. Pero supongamos que sea cierto que tenemos una balanza comercial deficitaria. Este hecho no sería definitivo. Lo que importa para un país, más que su balanza comercial, es su balanza internacional de pagos, y nuestra balanza de pagos es ciertamente favorable. Se podrían aducir estadísticas y cálculos en prueba de este aserto. Pero nos basta fijarnos en el oro que el país ha acumulado en los dos últimos años con los excedentes de su balanza de pagos.

Pero se puede aceptar la tesis de los que afirman que Venezuela importa más de lo que exporta, sin tomar en cuenta la balanza de pagos. A su manera, y muchas veces sin saberlo, estos señores son mercantilistas, y los mercantilistas consideran que la balanza comercial deficitaria es un grave mal para el país que la padece. Aun cuando no sea uno mercantilista hay que convenir en que la balanza comercial desfavorable es un mal para países productores de materias primas, como el nuestro. Sería el caso de hacer algo para remediar ese mal, pues si es verdad que el político debe ver las realidades tales como son, no es menos cierto que frente al malla mejor conducta no es la que se inspira en el fatalismo oriental. Pues bien, si se encarece nuestra moneda, ese mal no solo no se alivia sino que se agrava, pues la experiencia ha demostrado hasta la saciedad que la moneda cara favorece las importaciones y dificulta las exportaciones.

En las actuales condiciones, tengo el convencimiento de que el convenio existente sobre el cambio satisface los intereses de los productores, sin sacrificar de ninguna manera los intereses de los importadores, ni causarle perjuicios indebidos a los banqueros, y menos todavía a nuestros exportadores de capital. Ni los importadores, ni los banqueros, pueden estar interesados en el alza del bolívar, si con ello se va a hacer aún más difícil la situación de los productores de nuestros principales artículos exportables, y disminuir el poder adquisitivo de muchos consumidores, y hasta ocasionar tal vez su completa ruina. Evidentemente que eso no les conviene, ni como comerciantes, ni como interesados en el bienestar social de la colectividad.

Es necesario también declarar que es de la mayor urgencia que se estabilice el cambio, y termine la incertidumbre que tanto perjudica a los negocios. Puede afirmarse que el peor vicio de una moneda es la inestabilidad. Los negocios prosperan con la confianza, y la moneda inestable es enemiga de la confianza.

Las especulaciones malsanas son las únicas que prosperan con la moneda inestable, y entre los especuladores es claro que se cuentan los Bancos, especialmente interesados en esos negocios, aun cuando no todos se benefician.

La estabilización, en mi opinión es cosa relativamente fácil. Bastaría que el Banco de Venezuela, el cual como agente de la Tesorería es el encargado de regularizar la circulación monetaria, obtuviera, con la mediación del Gobierno Nacional, un crédito de dos millones de dólares, por ejemplo, en un Banco de Nueva York, para que la estabilización quedara asegurada. Este es un procedimiento que ha sido empleado en otros países con éxito, sin que en algunos casos tales créditos hayan tenido que ser empleados.

También podría el gobierno conseguir la estabilización indicando el propósito de importar o exportar oro, cuando el cambio sobrepase los límites del punto oro. Yo creo que el solo anuncio del gobierno, en este sentido, bastaría para conseguir la estabilidad.

Para concluir, las actuales circunstancias aconsejan que se mantenga el convenio existente sobre el cambio, y que se haga lo necesario para mantener la completa estabilidad.

Caracas, febrero de 1936.

Mientras dictaminan los expertos

El comunicado de la Cámara de Comercio de Caracas, publicado en *El Universal* del 8 de los corrientes, contiene interesante información en lo relativo al actual convenio sobre el cambio, pero nada concluye sobre el problema que hoy preocupa a nuestros agricultores, comerciantes y banqueros: el de la estabilización del tipo de cambio.

No podría decirse que la Cámara de Comercio sea indiferente en cuanto a la solución que se dé al asunto. En todo caso, no debería serlo. Pero la verdad es que no parece contrariada el agnosticismo del gobierno, precisamente porque no tiene ninguna convicción sobre el particular, ni tampoco puede ofrecer alguna recomendación. Solo se limita a declarar que «lo más aconsejable, desde el punto de vista patriótico, es estudiar concienzudamente esta clase de problemas». Sobre lo cual se puede tener la seguridad de que no habrá quien disienta.

La Cámara de Comercio afirma que ni el Ejecutivo Federal ni los fiscales de Bancos tienen autorización legal para establecer un control rígido de las operaciones de cambio. Esto es cierto en cuanto se refiere a los fiscales de Bancos. Pero es por lo menos discutible, en lo que respecta al Ejecutivo Federal. Si el gobierno lo quiere, ya se descubrirán no una, sino muchas maneras de hacerlo. Podría, por ejemplo, valerse del Artículo 72 de la Ley Orgánica de la Hacienda Nacional, que autoriza al Ejecutivo Federal para adoptar, en receso de las Cámaras Legislativas, las medidas de emergencia de orden económico o financiero que pudieran ser requeridas por circunstancias extraordinarias imprevistas. Aun cuando es ocioso, en el presente caso, averiguar si el gobierno tiene o no poder para intervenir en la materia, ¿acaso no intervino en el convenio que todavía está vigente? ¿Por qué habría de necesitar autorización del Congreso para importar o exportar oro? ¿Qué le impide mediar para que el Banco de Venezuela consiga un empréstito, con el fin de alcanzar la estabilización? Si se quiere intervenir, no me parece que el gobierno tendrá que detenerse ante obstáculos insuperables.

Todos debemos celebrar que el gobierno esté gestionando la venida de técnicos extranjeros para que lo ilustren sobre tan «complicado» problema. Yo encuentro que debería procederse de igual manera en lo que concierne a otros problemas técnicos, pues es mejor aprender con los que saben, que correr el peligro, un peligro que no es imaginario, de que nuestro país sea un conejo de laboratorio, condenado a ser víctima de los aprendices y del aprendizaje.

Pero, en fin, el problema de la estabilización del cambio, al nivel establecido en el convenio, no es cosa del otro mundo, ni requiere que los expertos hayan estudiado antes el conjunto de nuestros problemas monetarios y bancarios. Hay que ayudarse con un poco de buen sentido. El actual convenio no se ha salvado de los críticos, pero puede asegurarse que no ha causado graves perjuicios a ningún sector de nuestra economía. Sería de desear que los críticos competentes se tomaran el trabajo de documentar sus críticas. En cambio, la inestabilidad si será un mal innegable, por la incertidumbre que acarrea y por las especulaciones malsanas que siempre prosperan a la sombra de esa incertidumbre.

¿Qué razón poderosa hay para que mientras los expertos estudien «Concienzudamente» el problema del cambio, se modifique el actual convenio? ¿Por qué habrán de preferirse los cambios inestables, la incertidumbre y las especulaciones? Evidentemente que es más divertido, y más cómodo, por supuesto, sentarse a presenciar las «fluctuaciones naturales de la ley de la oferta y la demanda». Después de todo, los gustos son también hijos de la naturaleza.

Caracas, febrero de 1936.

La tributación y el nuevo Estado social

Bajo este título, publica *The Nation*, la conocida revista neoyorquina, una serie de artículos sobre los problemas financieros del Estado moderno, bajo la dirección de Paul Studenski, profesor de economía política en la Universidad de Columbia. En este simposium toman parte eminentes autoridades financieras de los Estados Unidos de América y de Europa. Aun cuando estos artículos estudian los problemas financieros con especial referencia en los Estados Unidos, vale la pena fijar la atención sobre algunos puntos de interés para todos los estudiosos y técnicos de la finanza.

La estructura financiera del nuevo Estado

Todos los autores que toman parte en el *simposium* están de acuerdo en que el Estado liberal ha dejado de existir. Ese Estado, cuya divisa en el campo de la economía era *laissez-faire, laissez-passer*, limitaba sus actividades a la protección de la vida y de la propiedad. Eran los días en que existía el convencimiento casi general de que el individuo sabía administrar la riqueza mucho mejor que el Estado. Los impuestos eran módicos, y su recaudación se efectuaba de acuerdo con los beneficios que los ciudadanos derivaban de las actividades protectoras del Estado. La mayor parte de las rentas, como todavía sucede en muchos países, se destinaba a la defensa nacional y al pago de las deudas de guerra.

Estas teorías, como todas las teorías, no tienen sino la realidad sustentada por los hechos, y el hecho es que a espaldas del liberalismo y no obstante los prejuicios corrientes sobre la incapacidad económica del Estado, las funciones de éste no han cesado de crecer en todas partes. Esta afirmación puede documentarse en forma que no admite discusión. El nuevo Estado es intervencionista. No puede contenerse, en ningún campo, con dejar hacer y dejar pasar. Sin abandonar sus actividades tradicionales, el nuevo Estado, cuando no hace, fiscaliza. Es productor de mercaderías y servicios, organiza y dirige la conservación y el desenvolvimiento de los recursos naturales, resguarda la salud de la población, asegura su educación universal y gratuita, cuida de los indigentes, fiscaliza las condiciones del trabajo, e interviene en los seguros contra el desempleo, los accidentes del trabajo, las enfermedades y la vejez.

Este acrecimiento de actividades ha producido la transformación de la estructura financiera del Estado Moderno. Ha sido necesario aumentar los impuestos existentes y crear otros nuevos. En los Estados más progresistas de Europa la administración pública absorbe hasta el 20 y 25 % del rédito nacional. La tendencia actual es el aumento de los gastos. Como dice míster Slade Kendrick, uno de los autores que toman parte en el simposium, «el retorno a la filosofía económica del individualismo y del *laissez-faire* es tan poco probable como el retorno a los medios de transporte de hace un siglo». Los viejos prejuicios sobre la incapacidad económica del Estado han desaparecido o, en todo caso, han perdido su eficacia. Cuando se creía que el Estado era económicamente incapaz y apenas debía ejercer las funciones que se suponían inevitables, se comprende que los impuestos se consideraran como un mal y se buscara escapar a ellos. En la actualidad, lo que se considera como un mal es que no rinda ciertos servicios socialmente útiles, que el individuo o la iniciativa priva da no podrían producir en las mismas condiciones.

Es claro que ha desaparecido también la prevención contra los impuestos, que se consideran como un bien para la colectividad y para los mismos particulares, cuando se emplean para finan ciar servicios sociales útiles.

Poderes financieros del nuevo Estado

Todos los economistas y los expertos financieros están de acuerdo en que las actividades financieras del Estado ejercen una influencia decisiva en las «coyunturas» económicas. Mediante su poder de tributación y sus actividades en el campo del crédito y como supremo regulador del sistema monetario, el Estado puede contribuir poderosamente a estabilizar la vida económica, impidiendo la inflación desmedida, en los periodos de auge y la deflación incontrolada en los periodos de depresión. El Estado puede valerse de estos poderes financieros como un agente poderoso de control social, procurando que la tributación sirva para conseguir una mejor distribución de la riqueza, de manera que se beneficie toda la colectividad. La opinión sobre las consecuencias de la actividad fiscal en la vida económica y en lo que respecta a los fines sociales que deben satisfacerse con la tributación, ha alcanzado cierta unanimidad. Tan solo se requiere que el Estado adquiera clara conciencia de los nuevos desarrollos de la economía tributaria y se resuelva a adoptar una política deliberada. Como dice Paul Studenski, en vez de conformarse solamente a los cambios que ocurran en el orden social, la tributación debe impulsarlos. Entre todos los medios pacíficos susceptibles de promover el nuevo Estado social, la tributación es el más poderoso. Debería usarse, no solo como un expediente para recaudar rentas, sino como una fuerza positiva de reconstrucción social.

Estas corrientes de opinión se van imponiendo. Una de las causas de la presente crisis es, en la opinión de muchos, el hiato que ha venido a abrirse entre la producción y el consumo. Pues bien, según el reputado economista inglés J. A. Hobson, el des ajuste entre la producción y el consumo se debe al excesivo aumento del capital fijo, el cual proviene invariablemente de los grandes réditos. Según Hobson, ese desajuste podría desaparecer si la tributación se encargara de dirigir tales réditos hacia las masas consumidoras.

¿Cuál es la naturaleza del poder de tributación? La teoría contractual es evidentemente anticuada y está en contradicción con las teorías más recientes del derecho público. La teoría de la contraprestación según la cual el impuesto corresponde a beneficios recibidos del Estado, ha sido renovada y expuesta en forma brillante por Viti de Marco. Según las teorías más recientes de las finanzas alemana e italiana, los dos principios que inspiran los sistemas tributarios modernos son el principio de la capacidad contributiva y el principio del beneficio. Con estas ideas se acuerdan las expuestas por las autoridades del simposium. Studenski, observa que las intervenciones cada día más frecuentes del Estado en la vida económica hacen de él un socio de todas las empresas, y así se justifica su derecho a reclamar una participación en los beneficios que contribuye a obtener. Este nuevo principio del Estado socio y el de la capacidad contributiva deben ser, según Studenski, la fundamentación de los sistemas tributarios del porvenir.

¿Cuáles son los impuestos que tienen hoy preferencia? Los autores del simposium prefieren los impuestos directos, en particular el impuesto progresivo sobre la renta y sobre las sucesiones, que es el que mejor puede adecuarse a la capacidad contributiva y el más susceptible de servir, al mismo tiempo, de instrumento de control social.

En la América Latina el impuesto sobre la renta ha sido establecido en algunos países. Sin embargo, aun cuando ningún sistema tributario puede llamarse racional si no cuenta con impuestos directos e indirectos, es menester proceder, en nuestros países, con la necesaria cautela y moderación. Hay que observar que, no obstante los ataques que le dirigen los partidos llamados de izquierda, la tributación indirecta representa una parte necesaria, y muchas veces preponderante, en las entradas de los Estados modernos. Por otra parte, todo sistema tributario debe conformarse a la estructura económica de cada Estado. Los países latinoamericanos son pobres de capital, y la política fiscal no debe de ninguna manera dificultar la formación del capital líquido y debe facilitar la amortización del capital fijo. De manera que la necesidad de darle a la organización fiscal una estructura moderna deberá siempre conciliarse con las limitaciones de cada economía.

En lo que concierne al impuesto sobre la renta hay que atener se a ciertas reglas. Los réditos mínimos no pueden ni deben pecharse. Los réditos medianos deben pecharse con gran moderación. Como lo demostró Alberto de Stefani, en lo relativo a Italia y Francia, la riqueza ofrece su mayor dinamismo, es decir, el coeficiente máximo de acrecimiento, en las fortunas medias, que por este hecho se convierten en las más útiles desde el punto de vista social.

La presión mayor debe descansar sobre las grandes fortunas. En nuestra América, en donde todavía domina la «economía de consumo», para usar la calificación que Werner Sombart dio a la economía medioeval, los grandes capitales tienen un origen turbio, y si no en la primera, en la segunda generación, caen en manos de despilfarradores, viciosos, degenerados. Es decir, en la América Latina los grandes capitales son más para el consumo que para la producción. Indudablemente que la mayor presión, por razones de orden social y de equidad, debe pesar sobre las grandes fortunas.

En la actualidad, no es misterio para nadie que la política de crédito público puede ejercer una influencia decisiva en la evolución de las coyunturas económicas. Los expertos del simposium abogan porque se adquiera plena conciencia de ese hecho y se racionalice el crédito, teniendo en vista su acción en la crisis. Según ellos, el Estado debe acudir al crédito, en los periodos de depresión, en la medida que lo requieran el sostenimiento de los servicios públicos, la ejecución de programas extraordinarios de obras públicas y la ayuda para el desarrollo de la producción planificada privada. Tales deudas deben pagarse en los periodos de prosperidad, aumentando los impuestos, de manera que sea posible también evitar las especulaciones antieconómicas y perturbadoras. Paul Studenski opina que el enorme aumento que se ha realizado en la deuda pública de los Estados Unidos, en los últimos años, podría pagarse en siete u ocho años, sin tocar los servicios públicos. En los periodos de crisis el capital privado se vuelve tímido y se esconde. Es necesario entonces que el Estado emprenda una política de obras públicas y otros gastos, en forma tal que los recursos pasen a la circulación general, y constituyan una adición neta del poder adquisitivo, favoreciendo el alza de los precios.

Uno de los poderes financieros de mayor importancia, en el Estado moderno, es el relacionado con el sistema monetario. Las dos últimas décadas han permitido que nos demos cuenta de la importancia que el sistema monetario tiene en la vida económica y social de un país. Durante esos mismos años ha podido también observarse que algunos intereses particulares han llegado a considerar, porque en ello estaba su interés, la moneda como el fundamento de la vida económica, a la cual ésta puede sacrificar se. Arbitraria afirmación, porque, como dice el conocido economista sueco Casse, no es la economía la que debe ponerse al servicio de la moneda, sino la moneda la que debe ponerse al servicio de la economía. En tal virtud, en todos los Estados modernos, el sistema monetario se ha independizado de los intereses particulares casi siempre miopes y rapaces, y se ha encomendado su administración a Bancos centrales, constituidos de manera que puedan guiarse por los intereses generales.

La coordinación de los sistemas tributarios[87]

La estructura del Estado moderno, el desarrollo verdaderamente extraordinario de sus funciones, y la tendencia que hoy domina, según la cual el Estado debe proponerse, en su acción fiscal, fines sociales deliberados, llevan a considerar como un todo los varios sistemas tributarios de un país, no como un conglomerado de sistemas disparatados y sin conexión entre sí.

Algunos de los grandes Estados modernos se han dado última mente a la tarea de conseguir tal coordinación. Italia, por ley de 1932, dio una solución al problema, y estableció los límites dentro de los cuales pueden moverse los impuestos locales. Las reformas más radicales han ocurrido en Inglaterra y en Alemania. Alemania ha estado últimamente trabajando en la organización de

---

87 «Taxation avel the News Social State», en: *The Nation*, números 3.615 a 3.635.

un sistema único de tributación, en el cual la fiscalización está encomendada al poder central. Los organismos locales tienen el deber de rendir un mínimum de servicios públicos, que puede superarse pero solo hasta cierto límite. Algunos impuestos han sido reservados a la administración provincial y municipal, pero en muchos casos los administra el poder central. El Estado central contribuye a las rentas locales, y, para esta contribución, se toman en cuenta las necesidades de cada localidad.

En los Estados Unidos se han sugerido varias soluciones. Clarence Heer, propone la creación de una Comisión compuesta de representantes del Estado Federal y de los estados, con el fin de formular un plan de coordinación. La Comisión tendría el encargo de estudiar las necesidades fundamentales de la Administración Federal, de los Estados y de los cuerpos locales, atendiendo a su importancia para el conjunto del país. Sobre la base de este estudio, formularía un plan maestro de tributación federal, estadual y local, eligiendo la forma de recaudación más racional, económica y equitativa. De conformidad con este plan, se someterían proyectos de leyes en el Congreso Federal y en las legislaturas de los estados.

La coordinación de los sistemas tributarios es una tarea urgente en nuestros países americanos y, por supuesto, en Venezuela. En todos nuestros países sería oportuno someter a nuevo examen toda la cuestión de los servicios públicos de las varias administraciones y de su financiación, con el fin de conseguir una coordinación completa, y de alcanzar en los servicios públicos el mínimo costo y la mayor eficiencia. En todos los países que formaron parte del Imperio Español, no hay duda de que los cabildos fueron la institución más interesante, aun cuando hay muchos que, como el argentino A. García, afirman que tales cabildos no fueron sino una triste parodia de los cabildos españoles disueltos por Carlos V, después de Villalar. Sin insistir mucho en el pasado, no hay duda de que pueden jugar un importante papel en nuestra organización política del porvenir. Para que el municipio viva es imprescindible asegurarle las rentas adecuadas. Hay que determinar el mínimum de servicios que cada municipio debe rendir a la comunidad y asegurarle los medios de financiarlos. Las demás unidades de nuestra organización administrativa también merecen cuidadoso estudio, con el fin de asegurar a la colectividad nacional los servicios más eficientes y menos costosos.

Caracas, febrero de 1936.

Alocución por radio

La *Gaceta oficial* del sábado publicó dos decretos que, estoy seguro, habrán tenido calurosa acogida entre los agricultores y criadores del país y que, en todo caso, van a tener considerable influencia en nuestra situación económica, moderando los efectos de la crisis que aún perdura en Venezuela, como en el mundo entero.

Por el primero de estos decretos se reforma el dictado el 27 de enero pasado, sobre ayuda a la agricultura nacional. Se modifican algunas de las primas, se alarga la duración de los efectos del decreto y se confiere poder al Ministerio de Agricultura para extender, mediante resoluciones, el alcance y beneficios de dicho decreto, a otras ramas de la industria agrícola nacional, y modificar el monto de las primas acordadas. Las primas revisadas son las relativas al papelón, al azúcar y al ganado vacuno en pie. Para el papelón y el azúcar, el decreto anterior establecía una prima de Bs. 6 por cada cien kilos. El presente decreto la eleva a Bs. 10. El ganado vacuno gozaba, en virtud del decreto anterior, de una prima del 25 % ad-valorem. Según los cálculos efectuados por la Comisión Consultiva, creada en virtud del decreto, la prima que hasta ahora ha correspondido a cada novillo exportado, ha sido en promedio de Bs. 16,14. El nuevo decreto establece una prima fija de Bs. 20, siempre que el novillo tenga un peso mínimo de 350 kilos, y si se trata de ganado para la ceba, posea talla capaz de alcanzar ese peso. En los dos casos, se han tenido en cuenta las solicitudes de los productores interesados a la comprobación de que las primas acordadas anteriormente no eran suficientes. En realidad, en lo que concierne al azúcar y al papelón, se puede asegurar que, aun con el beneficio de la prima, las exportaciones no son remuneradoras ni mucho menos. La extensión del plazo tiene una importancia considerable. El decreto anterior estableció que sus efectos cesarían el 30 de junio del corriente año. La brevedad del plazo dentro del cual quedarían suspendidos los efectos de la protección, ya habían comenzado a hacerse sentir en la situación del mercado de los productos favorecidos. Muy pronto se habría establecido, entre los tenedores de café, cacao y otros productos, protegidos, la puja por vender. Y era de esperarse que los negociantes del exterior se habrían aprovechado de la coyuntura que se les ofrecía para hacer rebajar los precios. Por otra parte, sin la certidumbre de que la producción del próximo año va a beneficiarse con la prima, es claro que se habrían reducido considerablemente los trabajos de las haciendas en vista de la próxima cosecha.

Por el segundo de estos decretos se destina la cantidad de Bs. 5.000.000 para el crédito agrícola y se encarga al Banco Agrícola y Pecuario de su distribución. Con el objeto de que esta suma vaya a remediar las necesidades más urgentes e inmediatas de nuestra agricultura, el decreto establece que no podrán destinar se sino a créditos de suministros para las cosechas. El gobierno espera que esta medida tendrá efectos muy beneficiosos para el desarrollo de nuestra agricultura y de nuestra ganadería y que contribuirá, en buena parte, a hacer retornar a nuestros campos a los obreros agrícolas, que han afluido a la ciudad y a los campa mentos de obras públicas. Esta suma que hoy se destina al crédito agrícola va a servir de ensayo y de experiencia. Si en el futuro queda demostrado que ella no es suficiente a las necesidades que se requiere satisfacer, estoy seguro de que el gobierno erogará sumas mayores.

Estrechamente relacionada con estos decretos es la medida que se acaba de concertar entre el Ministerio de Agricultura y el Banco de Venezuela. Existe actualmente, sobre todo en algunas regiones del país, una paralización de los negocios cafeteros, debido a la flojedad reinante en el mercado norteamericano, a las existencias por vender y a la consiguiente falta de numerario. Para remediar esta situación, el doctor Vicente Lecuna, atento a las necesidades nacionales, y los demás miembros de la Junta del Banco de Venezuela, han convenido, a excitación del Ministro de Agricultura, en pignorar café y cacao, en las condiciones siguientes: el Banco anticipará a los interesados hasta el 80 % del valor del producto, comprendido el valor de la prima correspondiente. Cobrará un interés del 4 % anual. Los pagarés de pignoración serán a 6 meses de plazo para el café y a 3 meses para el cacao. La pignoración será solo para el café y el cacao exportables, con exclusión de las pasillas. Para obtener la pignoración se requiere que el interesado presente la declaración jurada de que el café no proviene de productores excluidos del beneficio de la prima y que los productores de quienes proviene, han recibido ya la prima que les corresponde. Cuando los interesados no presentaren esta declaración, la pignoración se hará por el valor del producto, excluido el valor de la prima. Con el objeto de contribuir a que se faciliten las expresadas operaciones, el gobierno pagará los gastos de depósito y seguro del café pignorados y resarcirá al Banco de

Venezuela las pérdidas que pueda tener en las operaciones de pignoración, siempre que dichas pérdidas fueren causadas por la baja de los precios. En el campo del crédito esta medida no tiene precedentes en Venezuela y no exagero al considerarla trascendental para el porvenir.

Estas tres medidas que acabo de exponer, contribuirán a aliviar la crítica situación de nuestra agricultura y de nuestra ganadería, que había venido agravándose como resultado de la crisis mundial y de ciertos factores de orden interno, asociados a la tiranía arbitraria y rapaz que gobernó a Venezuela hasta el mes de diciembre pasado. Constituyen un programa mínimo de emergencia.

El programa a largo plazo, el programa constructivo del Ministerio de Agricultura, es el mismo expuesto el 21 de febrero pasado, por el señor presidente de la República. Ese programa contempla las necesidades de nuestra industria agrícola y señala las medidas que deben tomarse. Mi labor será la de trasladarlo a la realidad, mediante una acción metódica y tenaz. Como medida previa, indispensable para formular un plan racional de conservación y desarrollo de nuestros recursos naturales, se requiere un conocimiento de los suelos y un inventario de nuestra riqueza agrícola. El Ministerio la pondrá en ejecución. No existe en el país una organización técnica adecuada a las necesidades de nuestra agricultura. Se procederá a establecerla. Se requiere que en todos nuestros cultivos y explotaciones animales, se introduzcan y apliquen los métodos científicos. Se trabajará ininterrumpidamente para conseguirlo. Hay que desarrollar nuevos cultivos y nuevas industrias animales, que se adapten a las condiciones de nuestro medio y puedan encontrar fácil colocación en los mercados interior y exterior. El Ministerio dedicará a este propósito su atención más decidida. Es indispensable defender nuestros cultivos y nuestros ganados contra las pestes ruinosas. El Departamento se propone establecer los servicios de sanidad vegetal y animal con tal fin. Nuestros bosques y nuestras aguas constituyen un patrimonio invalorable, que se está despilfarrando en forma absurda y criminal. Se va a estudiar esta cuestión, para formular una política de bosques y aguas, con la firme voluntad de asegurar su conservación. Las normas para la utilización y disposición de las tierras públicas influyen de una manera decisiva en la organización económica y social del país. El Ministerio dedicará particular atención al estudio de estos problemas, así como también a los relativos a la parcelación de ciertos latifundios improductivos, con la mira de incrementar la pequeña propiedad campesina. Un sistema racional de crédito agrícola y la organización de cooperativas de producción y de venta, pueden contribuir de una manera considerable al desarrollo y prosperidad de nuestra agricultura. El Ministerio trabajará desde ahora mismo para reorganizar debidamente el crédito y para establecer y fomentar dichas cooperativas. Las riquezas potenciales de nuestro país son considerables, pero nada valen sin el concurso laborioso del hombre, es decir, mientras no sean explotadas. Por ello, una de nuestras necesidades vitales, es la de poblar nuestro territorio, mediante un crecimiento del coeficiente vegetativo de nuestra población nativa y mediante la inmigración. El Ministerio se ocupa también de esta materia y espera llegar pronto a realizaciones concretas.

En la ejecución de este vasto programa puede tener el país la certeza de que se trabajará con entusiasmo, tenacidad y método. No sería honesto y nos pondríamos fuera de la realidad, si prometiéramos resultados espectaculares para dentro de breve plazo. Nuestros males no son de los que pueden remediarse en días, aun cuando los empíricos tengan la audacia, propia de la ignorancia, de exigirlo y prometerlo. La labor puede, sin embargo, iniciarse desde ahora mismo. Es claro que muy poco se podrá hacer en un ambiente de intranquilidad y de zozobra. La disciplina y el orden son indispensables. En este campo, como en las demás ramas oficiales, todo depende de la colaboración honrada y de la fe activa de los venezolanos. Para la labor del Ministerio de Agricultura invoco y solicito, en particular, el apoyo de los hombres del campo, de ese campo que es el nervio de nuestra economía, nuestra reserva demográfica y el factor más precioso del equilibrio social. En estos momentos la nación espera mucho de los hombres fuertes, rudos y de buena voluntad de sus campos. No hay que dejar la tierra sin cultivos y no se debe permitir que el pan falte a los venezolanos. El gobierno confía en que ninguno le negará su colaboración. Así trabajarán para su propio bienestar y para el bien mismo de la Patria.

La vieja plaga y nosotros

Los días que vivimos recuerdan los que causaron la ruina de la Primera República de Venezuela o los que preludiaron la sangrienta, ruinosa y retrasante Guerra de la Federación. Más todavía, recuerdan todos los que sucedieron a las muchas tiranías que han afligido a nuestro país, sin que supiéramos afianzar nunca las libertades conquistadas a precio de sangre o concedidas gratuitamente por algún caudillo de generosa inspiración.

Después de la declaración de Independencia se trataba de conservar las libertades recién adquiridas, de organizar el país para la defensa contra las fuerzas reaccionarias. Pero prevalecieron nuestros ingenuos ideólogos tropicales, que se dedicaron exclusivamente al oficio de elaborar una constitución perfecta, con federalismo y demás impedimenta. Innecesario referir que estos ideólogos no supieron hacer la guerra y como la reacción triunfante acabó con esa República perfecta y absurda acabó con muchos de los ideólogos que la habían formulado, y dejó un país menos preparado para establecer el Estado que era posible y realizable, si estos ideólogos no hubieran estorbado su establecimiento.

El periodo que precedió a la Guerra de la Federación es un momento interesante en la historia de nuestra nacionalidad. Existía un visible descontento, que era la obra de factores de orden económico y social, y que hubiera podido disiparse si se hubieran afrontado con coraje los problemas que envolvía. Pero no fue así. Nuestros ideólogos volvieron a prevalecer, y plantearon la lucha en forma incorrecta y tal vez hipócrita. El país se lanzó a la guerra sobre una plataforma solamente política: centralismo o federación. Triunfó la Federación porque entre sus huestes había un caudillo y no porque triunfó la Federación. Se le puso al país la etiqueta federal, sin que el pueblo sintiera la tentación de averiguar todo el contrabando que cubría esa etiqueta, porque, arruinado y desangrado, solo se interesaba en la pronta terminación de la lucha. El «Dios y Federación», con que en adelante iban a terminar las notas oficiales, era el único consuelo que le quedaba a nuestros ideólogos, pues el régimen triunfante no traía en su bagaje la solución de ninguno de los problemas económicos y sociales que estaban sobre el tapete cuando se desató el insanable conflicto. Y cualquiera que hubiera sido el sistema triunfante, la misma habría sido, después de larga y extenuante lucha, nuestra realidad venezolana: un país que había perdido los restos de clase dirigente que habían podido salvarse en la Guerra de Independencia, y que así quedaba convertido en casi pura plebe; que, necesitado de población, había sacrificado toda una generación en los campos de batalla; que, siendo pobre, había despilfarrado en el humo y el pillaje considerables riquezas; que había retrocedido en su progreso moral y material —en fin, un pueblo que tenía que encontrar ahora mucho más difíciles de resolver esos problemas económicos y sociales que lo turbaban antes de la guerra.

Ahora parece como si fuera a repetirse, para nuestra desgracia, la misma trágica experiencia, la misma horrible pesadilla. El país, después de casi tres décadas de oprobiosa tiranía, que tan solo terminó, es necesario hacerlo constar, con la muerte natural del tirano, se encamina en paz hacia un régimen de legalidad y de eficiencia administrativa, conducido por un hombre probo y ecuánime. Esa evolución se ha venido realizando en paz, cuando todo el país temía, con buen fundamento, que no podría efectuarse el cambio de gobierno sin que se produjeran el caos y la guerra, con su caudal de dolores y miserias. Este hombre, que nuestra patria ha tenido la fortuna de encontrar en su camino en un momento difícil de su existencia, ha presentado al país un programa de gobierno que atiende a nuestras necesidades vitales, a la solución de nuestros problemas concretos, que son de sanidad, de educación, de comunicaciones, de economía, en una palabra de nuestro tremendo atraso nacional. Estos son los problemas que están verdaderamente en el primer plano. Resolverlos es cuestión de vida o muerte para el país, y siendo problemas técnicos, habremos de resolverlos de la misma manera como los resolvería la Rusia soviética, la Italia fascista, la Suiza democrática, o la Australia laborista. Se trata de una guerra contra el analfabetismo, las enfermedades y flagelos sociales, el aislamiento, la despoblación y el atraso e ineficiencia de nuestra economía. Una guerra en la cual todos podemos y debemos tener un puesto de acción y de combate. Una guerra, sin ruinas, sin sangre, sin lágrimas, sin amarguras, cuyas victorias serán saludadas con júbilo por todo el pueblo venezolano. Y haremos esa guerra, si volvemos nuestros ojos a la dolorosa realidad venezolana, si nuestros oídos están atentos a las demandas y a los clamores de nuestro pueblo, que no puede satisfacer sus necesidades más elementales, y pide trabajo remunerador en la tierra, en las oficinas y talleres; que es víctima de enfermedades y flagelos sociales, y pide médicos, casas de maternidad, hospicios, hospitales y acueductos; a quien la falta de comunicaciones esteriliza su trabajo, y que pide carreteras, servicios de navegación, correos, telégrafos y teléfonos eficientes; que se siente inhábil para la lucha por la vida, por la falta de instrucción y de técnica, y que pide escuelas, colegios y universidades modernos; que anhela, en fin, todos los progresos que habrán de remediar su actual inferioridad en el mundo. Cuando examinamos la trágica contabilidad de sus guerras y de sus luchas pasadas, nos resistimos a creer que Venezuela quiera oír a quienes solo le darían un mero cambio de etiqueta.

La verdad es que ahora pululan los detalladores de etiquetas y de humo. Ha vuelto a cundir la peste de los ideólogos tropicales, que se empeñan en arrastrarnos a disputas bizantinas sobre sistemas políticos, a discusiones sobre metafísica política; que persisten en mirar hacia atrás, como la mujer de Lot; y, sobre todo, que se afanan en transmitirnos los morbos que van asociados con la Rusia de Stalin, la Alemania de Hitler y la Francia de Herriot. Es claro que Venezuela no es ni Rusia, ni Alemania, ni Francia. Es cosa de Perogrullo, pero que hay que repetírselo a los que se empeñan en no hacer sus cuentas con hecho tan elemental. Se quiere partir en armas contra ese molino de viento que es el capitalismo venezolano, el capitalismo de un país que casi no tiene capital, en donde hay muchos ex propietarios y muchos otros propietarios adeudados e hipotecados, algún banquero rapaz próspero, pocos comerciantes afortunados, que por poco se convierte en propiedad exclusiva de la cáfila de políticos que acumularon sus crecidas fortunas sobre la miseria y el dolor del pueblo. Se quiere armar un nacional-socialismo en un pueblo sin una densa población industrial, sin la ciencia ni la técnica alemanas, sin la tradición política prusiana, sin la disciplina alemana de la escuela y del cuartel. Se predica una democracia a la francesa en un país sin población densa y homogénea, sin prolongada tradición política, sin sólida cultura, sin clase media numerosa, sin idéntica difusión de la propiedad campesina que encontramos en Francia. ¿Por qué descuidamos las realidades venezolanas? ¿Estaremos siempre condenados a imitar a los demás, a ser el eco de los demás, a vivir la vida de los otros, a fugarnos de nuestro país, a la manera de esos literatos de la generación pasada, que se hicieron sus mundos artificiales, o a quedarnos aquí a justificar todos nuestros pecados, como lo hicieron los sociólogos de la misma generación? ¿Será acaso imposible llegar nunca a planear una labor constructiva y civilizadora que surja de la realidad venezolana, que entronque en nuestra tradición, que responda a nuestra vocación nacional?

Debemos hacerlo. En todo caso, intentarlo. Para eso tenemos que aislar esos verbosos e impulsivos ideólogos, que quieren desviarnos del camino real. Con su flujo verbal, con su incontinencia verbal, con sus prédicas de extrañas ideologías, que se mueven en el vacío de la realidad venezolana, estos ideólogos están haciendo obra vana y que podría ser perversa. Se trata de un verdadero onanismo intelectual, fecundo en todos los males del onanismo, absolutamente estéril para el bien. Si en algunos no estuviera acompañado de cierta dosis de malevolencia, y de apetitos voraces de poder, podría atribuirse completamente a esos pecados de nosotros tropicales, que son la pereza y la superficialidad. Es mucho más fácil discurrir sobre ideas generales, tejer diatribas ácidas y atiborrar cráneos proletarios de ideas abusivas y propósitos desordenados, que pasar meses en el estudio silencioso y metódico de alguno de nuestros problemas técnicos, imponerse una disciplina de trabajo que permita dominarlo con desenfado.

Otra práctica de onanismo, no menos infecunda, es la de fundar partidos y elaborar programas. No son ¡ay! programas lo que hace falta en nuestro país. Lo que se requiere urgentemente es que nuestro pueblo, todo nuestro pueblo, se una en el propósito tenaz, en la feroz voluntad de lanzarse a la acción para resolver de una vez por todas la media docena de problemas de todos conocidos que condicionan nuestro bienestar y el definitivo enrumbamiento de Venezuela por las vías de la civilización. Sería trágico que nos entretuviéramos en luchar con el solo fin de decidir cuál es la etiqueta con que vamos a marchar a la ruina. Sería inmensamente doloroso que malbaratáramos este tiempo precioso en que reverdecen nuestras esperanzas en deliberar cuál es el santo, de marca soviética, fascista o radical, a quien vamos por fin a encomendarnos en la hora de la agonía. Después de todo, no nos agrada ser Casandras, siempre a la búsqueda de calamidades que profetizar, ni queremos imitar esas mujercillas histéricas, que se alarman con nimiedades. Estos temores son más bien remotos. La tierra que dio a Bolívar, Bello, Miranda, Sucre y tantos hombres superiores, está llamada a grandes destinos y no equivocará esta vez su camino. El pueblo venezolano demostrará que tiene mejor sentido que estos vendedores de humo y falsos profetas, que habrán perdido el tiempo, que nunca pudieron ni supieron utilizar con provecho.

Caracas, abril de 1936

Libros a la carta

A la carta es un servicio especializado para
empresas,
librerías,
bibliotecas,
editoriales
y centros de enseñanza;
y permite confeccionar libros que, por su formato y concepción, sirven a los propósitos más específicos de estas instituciones.

Las empresas nos encargan ediciones personalizadas para marketing editorial o para regalos institucionales. Y los interesados solicitan, a título personal, ediciones antiguas, o no disponibles en el mercado; y las acompañan con notas y comentarios críticos.

Las ediciones tienen como apoyo un libro de estilo con todo tipo de referencias sobre los criterios de tratamiento tipográfico aplicados a nuestros libros que puede ser consultado en Linkgua-ediciones.com.

Linkgua edita por encargo diferentes versiones de una misma obra con distintos tratamientos ortotipográficos (actualizaciones de carácter divulgativo de un clásico, o versiones estrictamente fieles a la edición original de referencia).

Este servicio de ediciones a la carta le permitirá, si usted se dedica a la enseñanza, tener una forma de hacer pública su interpretación de un texto y, sobre una versión digitalizada «base», usted podrá introducir interpretaciones del texto fuente. Es un tópico que los profesores denuncien en clase los desmanes de una edición, o vayan comentando errores de interpretación de un texto y esta es una solución útil a esa necesidad del mundo académico.

Asimismo publicamos de manera sistemática, en un mismo catálogo, tesis doctorales y actas de congresos académicos, que son distribuidas a través de nuestra Web.

El servicio de «libros a la carta» funciona de dos formas.

1. Tenemos un fondo de libros digitalizados que usted puede personalizar en tiradas de al menos cinco ejemplares. Estas personalizaciones pueden ser de todo tipo: añadir notas de clase para uso de un grupo de estudiantes, introducir logos corporativos para uso con fines de marketing empresarial, etc. etc.

2. Buscamos libros descatalogados de otras editoriales y los reeditamos en tiradas cortas a petición de un cliente.

www.ingramcontent.com/pod-product-compliance
Lightning Source LLC
Chambersburg PA
CBHW031532040426
42445CB00010B/494